Archibald D. Hart

Wer zu viel hat, kommt zu kurz

Archibald D. Hart

Wer zu viel hat, kommt zu kurz

*Zum Wesentlichen finden –
das Leben genießen*

BRUNNEN
Verlag Giessen · Basel

Der Psychologe und Hirnforscher Dr. Archibald Hart
gilt als einer der renommiertesten Wissenschaftler
in der psychophysiologischen Forschung unserer Zeit
und versteht sich selbst als engagierter Berater und Seelsorger.
Der Vorsitzende des INCC* ist Professor für Psychologie
sowie Ehrendekan der Graduiertenfakultät für Psychologie am Fuller Seminary
in Pasadena/Kalifornien.
Dr. Hart ist schriftstellerisch aktiv und schreibt neben Büchern
für verschiedene Zeitschriften und Magazine.

* Internationales Netzwerk für Christliche Beratung,
www.internationalchristiancounselling.com

FSC

Mix
Produktgruppe aus vorbildlich
bewirtschafteten Wäldern und
anderen kontrollierten Herkünften

Zert.-Nr.GFA-COC-001278
www.fsc.org
© 1996 Forest Stewardship Council

Die amerikanische Originalausgabe erschien unter dem Titel
„Thrilled to Death – How the endless pursuit of pleasure is leaving us numb"
bei Thomas Nelson, Nashville, Tennessee, USA
© 2007 Archibald D. Hart
All Rights Reserved. This Licensed work published under license.

Aus dem Englischen übersetzt von Dr. Friedemann Lux

© 2010 Brunnen Verlag Gießen
www.brunnen-verlag.de
Lektorat: Petra Hahn-Lütjen
Umschlagmotiv: Shutterstock
Umschlaggestaltung: Ralf Simon
Satz: Die Feder GmbH, Wetzlar
Herstellung: CPI – Ebner & Spiegel, Ulm
ISBN 978-3-7655-1451-7

Inhalt

Teil I: Die Unfähigkeit, sich zu freuen

Teil II: Erobern Sie Ihre Lust zurück!
Sieben Schritte

Danke!

Wie jeder Autor weiß, sind die schwierigsten Seiten eines Buches die mit den Danksagungen. Dies nicht deswegen, weil er nicht wüsste, wem er danken muss, sondern deswegen, weil zu einem Buch so viele Menschen beitragen, dass es schier unmöglich ist, allen gerecht zu werden und alle zu nennen. Dieses Buch ist keine Ausnahme.

Ich möchte zunächst all denen danken, deren Namen aus verschiedenen Gründen ungenannt bleiben müssen, aber in deren tiefer Schuld ich stehe, weil sie mein Leben geprägt haben. Ganz oben auf dieser Liste stehen die vielen Klienten, die ich im Laufe der Jahre gehabt habe. Ich frage mich oft, wem die Psychotherapie mehr nützt: dem Klienten oder dem Therapeuten. Bei mir scheint es der Therapeut zu sein, aber vielleicht habe ich auch nur Glück gehabt in den vielen Therapiestunden mit meinen Klienten. Ich bin ihnen mehr zu Dank verpflichtet, als sie je ahnen können. (Ich möchte an dieser Stelle gleich erwähnen, dass die Geschichten und Fallbeispiele in diesem Buch wahr und absolut typisch, aber nicht Wiedergaben je eines konkreten Falles sind, sondern Zusammenfassungen aus mehreren Fällen. Alle Informationen, aus denen man auf die Identität der Klienten schließen könnte, sind sorgfältig verschlüsselt worden.)

Aber jetzt zu denen, die ich namentlich nennen möchte. Zunächst einmal möchte ich den Leuten des Verlages Thomas Nelson danken, vor allem Ernie Owen, der mein erstes Buch herausgab und der mich als Autor nie aufgegeben hat, und David Moberg, der mich schon so lange unterstützt. Weiter Debbie Wickwire, für ihren unerschütterlichen Glauben an das Thema dieses Buches und ihren Sachverstand bei der Gestaltung von Form und Inhalt, sowie meiner Lektorin, Jennifer Stair, die mich so gekonnt durch das Labyrinth der Regeln der Manuskriptgestaltung und des guten Stils begleitet hat.

Doch nicht nur meinen Klienten und dem Verlag, sondern auch meiner Familie gilt mein Dank, insbesondere meiner ältesten Tochter, Dr. Catherine Hart Weber, für ihre Hilfe in mehreren wichtigen Bereichen, sowie meiner lieben Ehefrau, Kathleen, die mit großer Geduld und Liebe die verschiedenen Entwürfe zu jedem Kapitel durchgelesen und mir gezeigt hat, wo ich mich klarer oder differenzierter ausdrücken musste. Ich weiß nicht, wie ich ohne Kathleen ein Buch zustandebringen sollte.

Euch allen sage ich hiermit *Baie dankie* – das ist Afrikaans und drückt die tiefste Dankbarkeit aus, die man empfinden kann.

Warum Sie dieses Buch unbedingt lesen müssen

Im Kopf volle Dröhnung ... im Herzen leer: Beileibe nicht nur ein Thema für die amerikanische Kultur! Mal ganz abgesehen davon, dass Archibald Hart ein echter Weltbürger ist – geboren und aufgewachsen in Afrika, lebt er nun seit vielen Jahren in Kalifornien. Auch als Ruheständler ist er ständig unterwegs, in Europa, Asien, Afrika. Der Vorsitzende des „INCC" (Internationales Netzwerk für Christliche Beratung, www.internationalchristiancounselling.com) kennt viele Kulturen von innen, und was er beschreibt, ist ein weltweites Phänomen: *Immer ist was los, überall wird unsere Aufmerksamkeit gefordert, Handys klingeln, Knopf im Ohr, umgeben von Bildschirmen, immer weniger Zeit – in allen Bereichen der Gesellschaft wird es lauter, unsere Sinne sind ständig auf Maximalkapazität.* Auch in Gottesdiensten und christlichen Veranstaltungen ist unglaublich viel Action angesagt: Nicht selten wird dabei spirituelle Erfahrung mit hirnphysiologischer Überlastung verwechselt. Es ist aber ein wesentlicher Unterschied, ob wir vom Geist Gottes erfüllt sind oder vom frommen Lärm erschlagen.

Das Problem, in dem wir Europäer den Amis nicht viel nachstehen: Wir werden immer abgestumpfter. *Die leisen Töne haben keine Chance mehr, durchzukommen.* Nur – das Glück verschwindet, wenn wir nicht mehr in der Lage sind, verzückt an einer Rose zu riechen, uns tief berührt an einem Kinderlachen zu freuen, oder bei ganz normalen Spaghetti mit Käsesoße ein „hhmmmm – das ist ja so was von lecker!" zu spüren. *Wenn wir die Stille nicht mehr suchen, finden und irgendwann auch nicht mehr aushalten, verschwinden aus unserem Leben die Sinnlichkeit und der Genuss.*

Das alles erklärt Arch Hart in diesem Buch viel besser, als ich es könnte. Doch: Der Psychologe und Hirnforscher ist nicht nur einer der renommiertesten Wissenschaftler in der psychophysiologischen Forschung unserer Zeit, sondern vor allem leidenschaftlicher Seelsorger. So viel ist klar: *Wer zu viel hat, kommt zu kurz.* Doch nicht das Jammern über Fehlentwicklungen unserer Kultur, sondern die Liebe zu Menschen und zur Gemeinde Jesu prägt Arch Hart. Er zeigt Wege, wie wir in unserer Gesellschaft dazu finden können, Genuss (wieder ganz neu?) zu lernen. Und seit vielen Jahren mit ihm herzlich befreundet, weiß ich: Auch Arch und sein Leben stehen ständig in der Gefahr, im „Zuviel" unterzugehen. Und es tut gut zu spüren: Er predigt nicht herab, sondern steht mittendrin.

Wer nicht genießt, ist ungenießbar. Nur wer wirklich genießt, hat Freude an sich selbst, an seinen Mitmenschen, an der Welt – und an Gott. Nicht die egomanische Suche nach Spaß, sondern die Fähigkeit zum Genuss macht auch uns zur Freude für andere. In diesem Sinne: Viel Lesevergnügen wünscht Ihnen

Ulrich Giesekus

Freudenstadt, September 2009

Dr. Ulrich Giesekus, Psychologe, tätig als Berater, Coach und Referent, ist Autor von „Liebe, die gelingt", „Männer sind einfach …" und „Vergeben kann man nicht müssen" www.BeratungenPlus.de

Warum wir uns „zu Tode amüsieren"

Freude. Lust. Genuss. Wir alle kennen das Gefühl. Es ist der Schmelz einer guten Schokolade auf der Zunge. Oder das Kribbeln, das ein junger Mann in der Herzgrube spürt, nachdem er seine Angebetete zum ersten Mal ausgeführt hat. Für den Geschäftsmann ist es der nächste Verkaufsabschluss, für eine junge Mutter das erste Lächeln ihres Babys. Für mich sind es die letzten Nägel, die ich in den neuen Gartenschuppen schlage, oder das befriedigende Gefühl, wenn das neue Computerprogramm, das ich für meine Tests gebastelt habe, endlich „läuft". Die Suche nach Freude, Spaß, Lustgewinn steht hinter so ziemlich allem, was wir in unserem Leben unternehmen.

Doch wir leben heute in einer Zeit, in der wir in unserer Suche nach Freude und Lust den Bogen überspannt haben, mit dem Ergebnis, dass wir gegenüber eben dem Schönen, das wir so eifrig suchen, abgestumpft worden sind. Wie dieses Buch zeigen wird, führt die ständige Überstimulierung der Lustschaltkreise in unserem Gehirn zur Lustunfähigkeit. Wer die schönen Gefühle in immer stärkeren „Kicks" sucht, macht sich selber zur Geisel dieser Überreizung, setzt das Lustzentrum in seinem Gehirn matt und wird unfähig zu den vielen kleinen Freuden des Lebens.

Wir haben in unserer Suche nach Freude und Lust den Bogen überspannt, mit dem Ergebnis, dass wir gegenüber eben dem Schönen, das wir so eifrig suchen, abgestumpft sind.

Wir amüsieren uns heute in einem sehr wörtlichen Sinne zu Tode – nämlich zum Tode unserer Fähigkeit, echte Freude und echte Glücksmomente zu empfinden.

Heute sind wir durch neue bildgebende Verfahren zur Untersuchung des menschlichen Gehirns besser in der Lage, zu verstehen, wie der Stress des modernen Lebens uns emotional abstumpfen lässt. Während man früher diesen Verlust der Fähigkeit, Freude zu empfinden (der Fachmann spricht hier von *Anhedonie),* vor allem mit solchen ernsten Erkrankungen wie Schizophrenie, Depressionen oder Drogensucht in Verbindung brachte, erleben wir ihn heute auch bei an sich „gesunden" Menschen. Wir alle sind heute mehr oder weniger dabei, unsere Fähigkeit, uns über die Glücksmomente des Alltags zu freuen, zu verlieren, und genau das: dieser Lustverlust, der ist das Thema dieses Buches.

Während unsere Großeltern noch fähig waren, an relativ alltäglichen Dingen Freude zu haben, brauchen wir heute enorm starke Reize, um auch nur ein bisschen Lust zu empfinden. Wir leben in einer Zeit der galoppierenden inneren Abstumpfung. Wenn Sie es nicht glauben, fragen Sie meine Enkelkinder. Immer mehr Zeitgenossen geben an, ein *freudloses Leben* zu führen – ein Leben, wo selbst die größten Leistungen und Erfolge einen „nicht mehr jucken" und wo Dinge, die einen früher glücklich machten, nur noch ein Gefühl der faden Leere hinterlassen.

Anhedonie, der Verlust der Lebensfreude, allgemeiner Lustverlust – das ist heute nicht mehr etwas, was man nur im Wartezimmer des Therapeuten antrifft. Lustverlust, das ist der Alltag vieler ganz normaler Menschen. Wir tun uns immer schwerer, in unserer chaotischen Welt so etwas wie Freude zu empfinden.

Für die Christen unter meinen Lesern möchte ich hier gleich hinzufügen, dass auch moderne „Anbetungsgottesdienste" und andere spirituelle Praktiken, sofern sie einseitig gelebt und nicht durch „ruhige Formen" wie das persönliche Gebet, Bibelstudium und Meditation ergänzt und korrigiert werden, das Lustzentrum in unserem Gehirn chronisch überreizen und damit letztlich lähmen können.

Ich hoffe, dass dieses Buch Ihnen helfen wird, aufzudecken, was es ist, das Sie persönlich innerlich vielleicht abstumpft oder taub werden lässt – zumindest taub werden lassen kann! Im ersten Teil werde ich den Ursachen für den Verlust unserer Fähigkeit, Freude zu empfinden, nachgehen und Ihnen zeigen, wie Sie und Ihre Kinder den Fallgruben der Sucht, die das Entstehen des Lustverlusts begleiten, ausweichen können.

Im zweiten Teil werde ich Ihnen dann sieben Schritte vorstellen, die Ihnen helfen können, Ihre Fähigkeit, sich zu freuen, wieder ins Lot zu bringen – nach dem Motto „Zurück zum Glück". Dazu werde ich Ihnen auch konkrete Übungen vorschlagen. Bitte lesen Sie zunächst alle Kapitel durch und gehen Sie dann zu Schritt 1 zurück und fangen Sie mit den Übungen an.

Ein Grundprinzip will ich gleich jetzt verraten: Ein gesundes „Freude-, Lust- und Genussmanagement" erreichen Sie am besten, indem Sie die Freuden in Ihrem Leben möglichst breit „streuen". Wir sollten Spaß an unserer Arbeit haben (grundsätzlich!), aber auch an unserer Freizeit, an unseren Hobbys, aber auch an unserer Familie, wenn wir an unserem Tagebuch schreiben, aber auch wenn wir Freunde besuchen, wenn wir in der Natur sind, wenn wir allein unsere Bibel lesen und wenn wir im Gottesdienst sind. Wie bei so vielen anderen Dingen im Leben geht es auch hier um das rechte Gleichgewicht. Ihre Lebensfreude, Ihr Glück ergibt sich aus all dem verschiedenen Schönen, das Sie in den einzelnen Bereichen Ihres Lebens erleben.

Ein gesundes „Freude-, Lust- und Genussmanagement" erreichen Sie am besten, indem Sie die Freuden in Ihrem Leben möglichst breit „streuen".

Und jetzt kommen Sie mit und erfahren Sie, wie Sie wieder mehr Freude am Leben haben und ein glücklicher Mensch werden können.

Archibald D. Hart, PhD

Teil I:
Die Unfähigkeit, sich zu freuen

KAPITEL 1

Wo ist all die Freude hin?

Ich kann mir nichts Freudloseres vorstellen
als das ständige Jagen nach Freude.
(John D. Rockefeller)

Nach dem, was er mir in dem ersten Gespräch über sein Leben verriet, schien Bernard ein Glückspilz zu sein. Er war in einem der besten Viertel der Stadt aufgewachsen, mit Eltern, die ihm die allerbeste Erziehung und Schulbildung angedeihen ließen. Es folgten eine tolle Ehefrau und zwei sehr liebe Kinder. Ehrlich gesagt: Fast war ich ein bisschen neidisch auf Bernard in jener ersten Sitzung am Donnerstagmorgen. Kaum zu glauben, dass dieser Mann Hilfe brauchte. Er sah überhaupt nicht aus wie jemand, der „krank" war.

Aber als wir uns dann weiter unterhielten und Bernard seine inneren Türen öffnete, kam sein ganzes Elend heraus. Aus etlichen der Gründe, die ich im Laufe dieses Buches noch beschreiben werde, war Bernard ein äußerst unglücklicher Mensch. O, sein Leben war eine einzige Erfolgsstory. Mit 34 Jahren war er zum Vertriebsleiter befördert worden, komplett mit Dienstwagen und diversen außertariflichen Leistungen. Er war aktiv in seiner Kirchengemeinde und in der Stadt, und seine Familie freute sich gerade auf die Urlaubsreise in ein paar Wochen.

> *Unser ständiges Jagen nach mehr und noch mehr Stimulation lähmt unsere Fähigkeit, uns über die einfachen Dinge zu freuen.*

„Warum fühl ich mich dann innerlich so leer?", fragte er mich. „Ich hab alles, was ich mir wünschen könnte, aber irgendwie kann ich mich nicht darüber freuen. Egal, was ich erreiche oder mir kaufe, es lässt mich alles kalt. Was ist bloß los mit mir?"

Eine Art innere Taubheit war Bernards täglicher Begleiter geworden. Früher ein Mensch voller Leben und Energie, war er in eine chronische Apathie gerutscht, in der er sich für schier nichts mehr begeistern konnte. Dinge, die ihm früher Spaß gemacht hatten, ließen ihn kalt, und es musste schon etwas ganz Besonderes her, damit er aus seiner Lethargie erwachte. An den normalen, kleinen Dingen des Alltags sich freuen konnte er überhaupt nicht mehr.

Bernard konnte sich nicht mehr freuen; er war ein *Anhedonist* geworden. Und Bernard ist mit diesem Problem nicht allein; es betrifft so ziemlich jeden in unserer Gesellschaft, und von alleine weggehen wird es nicht. In unserer schnelllebigen Spaßgesellschaft sind wir pausenlos damit beschäftigt, die Reizdosis zu erhöhen, um auch beim nächsten Mal noch etwas zu spüren. Der nächste Film muss mehr Action haben als der letzte, das nächste Konzert oder die nächste Musik-CD noch lauter, fetziger oder sensationeller sein. Und wenn unser Pastor seine nächste Predigt nicht mit einem neuen Gag beginnt, suchen wir uns womöglich eine andere Gemeinde. Wir sind süchtig geworden nach dem nächsten „Kick".

Was daran so schlimm ist? Wir amüsieren uns zu Tode! Unser ständiges Jagen nach mehr und noch mehr Stimulation lähmt unsere Fähigkeit, uns über die einfachen Dinge zu freuen.

Und nicht nur das. Viele Anhedonie-Forscher glauben, dass wir nicht nur langsam, aber sicher die Fähigkeit, uns zu freuen, verlieren, sondern dass diese Störung auch eine maßgebliche Rolle bei vielen emotionalen Problemen (z. B. Depressionen und Ängste) sowie bei der Entstehung von Süchten (Sexsucht, Arbeitssucht, Drogensucht u. a.) spielt. Was mich persönlich besonders beunruhigt, ist die Tatsache, dass der Lustverlust mit jeder Generation schlimmer zu werden scheint; Kinder und Teenager sind stärker betroffen als ihre Eltern. Wenn wir hier nicht das Ruder herumreißen, sehe ich schwarz für die Zukunft der nächsten Generationen; sie werden Psychopharmaka brauchen, um überhaupt noch so etwas wie Freude erleben zu können, und dieses chemische Glücksgefühl wird nur ein kümmerlicher Ersatz für wirkliche Freude sein.

Was ist Anhedonie?

Anhedonie ist der Rückgang bzw. Verlust der Fähigkeit, Freude zu empfinden – also Lustverlust. Sie ist ein Phänomen, das zusehends um sich greift. Die Wissenschaftler versichern uns, dass wir durch die ständige, wachsende Überstimulierung in unserem Leben die zum Lustzentrum unseres Gehirns führenden Leitungsbahnen buchstäblich verstopfen. Diese Verstopfung führt dazu, dass unser Gehirn immer stärkere Reize verlangt, bevor es seine Lustgefühle „liefert", was wiederum dazu führt, dass wir uns über die einfachen Dinge des Alltags nicht mehr freuen können. Ich beobachte diesen Prozess bei meinen Klienten, bei meinen Freunden und Verwandten und auch bei mir selber.

> *Anhedonie ist der Rückgang bzw. Verlust der Fähigkeit, Freude zu empfinden – also Lustverlust.*

Ja, auch bei mir selber. Ich hatte natürlich unter meinen Klienten Anhedoniker erlebt, aber das waren halt Leute, die stark depressiv waren oder sonst eine psychische Störung hatten. Einem „normalen" Menschen konnte so etwas nicht passieren – dachten wir Psychologen lange Zeit.

Wie war das bei mir? Mein Leben war immer mit Glückserlebnissen vollgestopft gewesen. Ich bin jemand, dem es keine Mühe macht, sein Lustzentrum im Gehirn einzuschalten. Meine Hobbys z. B. machen mir viel Freude. Wie viele schöne Stunden habe ich allein damit verbracht, Goldringe für meine Frau oder meine Töchter zu fertigen. Wenn ich das Land meiner Kindheit, Südafrika, besuche, das eines der größten Goldproduzenten der Welt ist, sammele ich immer *altes* Gold. Ich bin in einer Goldminenstadt groß geworden, und die Schönheit des Goldes hat mich schon immer fasziniert.

Es kann mir auch ungeheuren Spaß bereiten, ein Computerprogramm zu erstellen, das ich für meine Forschungsarbeit brauche, ein Instrument für mein Labor selber zu bauen, das Dach meines Hauses auszubessern oder mein Auto zu reparieren. Es gibt so viele Dinge, die mir Freude machen, dass ich manchmal Angst habe, dass ich nicht lange genug leben werde, um all das zu schaffen, was ich gerne schaffen möchte. Wohlgemerkt, es geht hier um Dinge, die ich tun *will*, nicht um Arbeit, die ich tun *muss,* was ein großer Unterschied ist. Aber dann und wann passiert es mir plötzlich, dass mir alles egal ist. Die Freude ist weg, ich spüre nichts. Es ist gerade so, als ob in meinem Gehirn etwas ausgeschaltet worden ist und auf einmal alles nur noch grau, fade und reizlos ist.

Ich schätze, vielen von Ihnen geht es ganz ähnlich. Ihre Lebensfreude ist wie ein Jo-Jo – mal auf, mal ab. Viele von uns leiden an einer neuen Krankheit, die die Fachleute *hedonische Dysregulation* nennen. Das Lustzentrum unseres Gehirns arbeitet nicht mehr richtig; wo es Freude ausschütten sollte, bleibt es untätig.

Dass einer keine freudigen Gefühle hat, wäre an und für sich vielleicht noch nicht so schlimm (und ich bräuchte nicht ein ganzes Buch darüber zu schreiben). Aber Lustverlust bedeutet eben nicht nur, dass in der Chemie des Gehirns etwas fehlt, sondern er hat Konsequenzen, die unser ganzes Leben betreffen. Die Unfähigkeit, Freude zu empfinden, trifft alle Bereiche unseres Lebens, von „B" wie Beziehungen über „G" wie Glauben bis zu „S" wie Sex. Jawohl, auch den Glauben; schon die mildeste Form von Anhedonie beeinträchtigt unsere Fähigkeit, Gott voll und ganz zu erleben, empfindlich.

Der Lustverlust ist eine der großen seelischen Seuchen der Zukunft, und viele von uns hat sie bereits in ihrem Griff.

Die innere Welt des Anhedonikers

Eine typische Beschreibung der inneren Welt eines stark anhedonischen Menschen ist die folgende, die von einem Klienten von mir stammt, der ein ausgeprägter Karrieretyp war: „Mein Essen hat keinen Geschmack mehr. Eine schöne Frau zieht mich nicht mehr an. Ich mag keine Musik mehr hören und nicht mehr ins Kino gehen. Meine Freunde langweilen mich. Ich kann mich auf nichts mehr freuen. Sterben will ich nicht gerade, aber das Leben ist mir egal geworden. Mir macht rein nichts mehr Spaß, außer vielleicht ein besonders großer Geschäftsabschluss."

Dies sind nicht die Worte eines schwer depressiven Menschen, sondern ist die Erfahrung vieler, vieler ganz normaler Zeitgenossen. Ich begegne solchen Menschen jeden Tag. Ich bin gerade von einer Vortragsreise durch drei Länder zurückgekehrt und kann Ihnen versichern, dass es Anhedoniker nicht nur in den USA gibt, sondern auch in Deutschland, der Schweiz und Südafrika.

Was sind die äußerlichen Symptome des Lustverlusts? Anhedoniker lächeln kaum oder gar nicht. Wenn jemand einen guten Witz erzählt, lachen sie nicht. Sie können auch nicht weinen oder Trauer zeigen. Je stärker der Lustverlust ist, umso mehr lähmt er unsere Fähigkeit, freudige Gefühle zu haben und auszudrücken. Dies kann bis hin zu handfesten Depressionszuständen gehen. Ganz so schlimm ist es bei den meisten Anhedonikern nicht. Bei der sogenannten *stressbedingten Anhedonie* sind die Symptome weniger schwer, aber immer noch problematisch. Das Leben wird Schwerarbeit, wenn man ständig auf der Suche nach dem nächsten Höhepunkt, dem nächsten „Wow!"-Erlebnis ist, um ein bisschen Freude zusammenkratzen zu können.

Falls Sie sich gerade fragen, wie schlimm es bei Ihnen ist, haben Sie noch etwas Geduld. Im nächsten Kapitel werden Sie einen Lustverlust-Test machen können, der Ihnen zeigen wird, wie weit Sie das Lustsystem in Ihrem Gehirn bereits heruntergewirtschaftet haben.

Aber mehr als alle Definitionen der Anhedonie, des Lustverlusts bringen vielleicht zwei Beispiele. Hier das erste: Sandra hat gerade ihr erstes Kind zur Welt gebracht. Es war eine leichte Geburt, alles lief wie am Schnürchen. Sandra hatte sich auf dieses Kind sehr gefreut, vor allem, nachdem ihre erste Schwangerschaft mit einer Fehlgeburt geendet hatte. Dieses Kind, es sollte die große Entschädigung werden für ihre Angst, nie mehr Mutterfreuden erleben zu können. Sie können sich also vorstellen, wie sie erschrak, als die Hebamme ihr das Neugeborene in die Arme legte – und sie sich nicht freuen konnte. *Das müssen wohl die Medikamente sein,* dachte sie, *oder vielleicht bin ich gerade auch zu müde. Morgen wird das anders sein.* Aber am nächsten Tag war es gerade das Gleiche; sie hielt ihr Kind, dieses Geschenk des Lebens, Fleisch von ihrem Fleisch, in den Armen, und spürte – nichts. Ein typischer Fall von Lustverlust, hier als Begleiterscheinung einer Wochenbettdepression.

Beispiel Nr. 2: Marie, 17, ist eine junge Frau, die gerade ihren Führerschein macht. Einen Ferienjob sucht der Teenager auch, denn nach dem Führerschein will Marie sich ein Auto kaufen; die Hälfte des Geldes hat ihr Vater zugesagt, die zweite Hälfte muss sie selber aufbringen. Die meisten ihrer Freunde sind bereits motorisiert, da will sie nicht zurückstehen. Die Fahrprüfung klappt reibungslos. Als sie mit dem Führerschein nach Hause kommt, will ihr Vater wissen, wie sie sich jetzt fühlt. Ihre Antwort: „Ach, so wie gestern auch." Ihr Vater wundert sich nicht; so redet seine Tochter schon seit einiger Zeit. Wie hat sie der Fahrprüfung entgegengefiebert – und jetzt das. Teenager-Anhedonie.

Anhedonie geht uns alle an

Das Fremdwort *Anhedonie* kommt aus dem Griechischen *(an =* „ohne", *hedone =* „Vergnügen"). *Hedone* ist auch die Wurzel unseres Wortes *Hedonismus*, das eine philosophische Lehre bezeichnet, nach der das Streben nach Genuss das Höchste im Leben ist; ein *Hedonist* ist dementsprechend jemand, der dem Hedonismus frönt. Etwas ausgefallener ist das Fremdwort *Hedonophobie*, das die krankhafte Angst vor Lustgefühlen bezeichnet.

Um es mit einem Bild auszudrücken: Anhedonie ist, wenn ich in meinem Leben nichts habe, das mein Herz schneller schlagen lässt. Damit aber habe ich keine Lebensfreude. Ich erlebe Lustverlust.

Für die Kollegen aus Psychologie und Psychiatrie, die dieses Buch lesen, möchte ich hier klarstellen, dass ich den Begriff *Anhedonie* nicht im strikten klinischen Sinne verwende. Wie jeder Psychologe und Psychiater weiß, ist eine starke Anhedonie ein Hauptsymptom solcher Krankheiten wie Depression und Schizophrenie. Was ich in diesem Buch mit *Anhedonie* oder *Lustverlust* meine, ist ein subtileres Geschehen: der allmähliche Verlust der Fähigkeit, Freude über die kleinen Dinge und Ereignisse des Alltags zu empfinden, während man gleichzeitig immer stärkere Reize braucht, um überhaupt noch etwas zu fühlen. Was uns früher begeisterte, lässt uns heute kalt. Es ist das Austrocknen des Lustbrunnens, mit dem wir geboren sind, weil die exzessive Jagd nach mehr und immer noch mehr Erregung, die in der heutigen Welt herrscht, das Lustzentrum unseres Gehirns lahmgelegt hat. Das suchthafte Jagen nach Kitzeln und Kicks, die außerhalb des normalen Alltags liegen, hat in uns die Fähigkeit zum Sichfreuen versiegen lassen.

> *Anhedonie ist, wenn ich in meinem Leben nichts habe, das mein Herz schneller schlagen lässt.*

Nicht zuletzt Pastoren wissen, was ich hier meine. (Ich halte u. a. auch Seminare für Geistliche.) Als sie ihre erste Gemeinde hatten, waren sie ganz begeistert von ihrer Arbeit für Gott, jeder neue Tag war ein Abenteuer. Aber dann, als Folge vieler der Faktoren, über die ich in diesem Buch sprechen werde, verblasste diese Begeisterung. Wie ein Pastor es mir kürzlich sagte: „Ich freue mich nicht mehr über meine Arbeit als Pastor. Auch nicht mehr über meine Frau und meine Kinder. Und kürzlich dämmerte es mir eines Abends, dass ich mich auch nicht mehr über Gott freue." Ein ehrlicher, aber wahrer Satz, der uns zeigen kann, wie weitverbreitet der Lustverlust mittlerweile ist.

Aber Kopf hoch – dies ist kein pessimistisches Buch. Im Gegenteil. Es ist nämlich möglich, den Teil Ihres Gehirns, der Ihnen tiefe, erfüllende Freude liefert, zu reparieren und wieder ein Mensch zu werden, der sich freuen und das Leben genießen kann. Ich weiß das, denn ich habe das selbst ausprobiert. Und vielen Menschen geholfen, es ebenfalls zu tun.

Wenn zu viel zu wenig wird

Der Lustverlust entsteht paradoxerweise durch die übermäßige Jagd nach Lusterlebnissen. Ihre Hauptursache ist der ungeheure Stress, in dem die meisten von uns heute leben. Sie ist ein Nebenprodukt der fantastischen technischen Möglichkeiten der heutigen Welt. Wir leben heute in einer solchen Reizüberflutung, dass wir binnen Sekunden „etwas erleben" können.

Überlegen Sie selbst. Fühlen Sie sich manchmal einsam? Dann nichts wie rein in die Chatgruppe im Internet und ade Einsamkeit! Ihnen ist gerade langweilig? Her mit dem Walkman oder iPod. Sie haben sich über jemanden geärgert? Ab geht die SMS, mit der Sie Ihren Dampf ablassen. (Worauf Ihr Adrenalinpegel eine halbe Minute später natürlich noch höher schießt, wenn die Antwort des Angegriffenen kommt.) Sie müssen eine wichtige Arbeit erledigen? Da kommt der iPod-Stöpsel in das eine Ohr, der Ohrstöpsel Ihres Handys in das andere, da wird der Laptop eingeschaltet, um die E-Mails abzurufen, und schon kann die Arbeit anfangen.

> *Es ist möglich, den Teil Ihres Gehirns, der Ihnen tiefe, erfüllende Freude liefert, zu reparieren und wieder ein Mensch zu werden, der sich freuen und das Leben genießen kann.*

Diese Dinge und noch viele andere mehr bombardieren Ihre Gehirnzellen so lange, bis sie verstopft sind. Die moderne Technologie revolutioniert unser Leben und ruiniert unser Gehirn. Nichts gegen Technologie, aber zu viel ist zu viel.

Das Lustzentrum in unserem Gehirn

Dies bringt uns zu dem zentralen Punkt dieses Buches. Das ganze Problem der Anhedonie dreht sich um ein wichtiges Areal unseres Gehirns, das zunehmend die Aufmerksamkeit der Wissenschaft genießt. Um das Problem des Lustverlusts zu verstehen, muss man etwas über die Lustmechanismen in unserem Gehirn wissen. Was „tut" das Gehirn, wenn wir uns freuen?

Vor noch gar nicht so langer Zeit entdeckten Wissenschaftler, dass das Gehirn von Menschen wie Tieren ein sogenanntes *Belohnungs-* oder *Lustzentrum* hat, das für unsere freudigen Gefühle verantwortlich ist. Es gibt verschiedene Nervenbahnen, die zu diesem Zentrum führen, je nachdem, was die Lust erzeugt. Dieser Teil des Gehirns hat eine einzige Funktion: in unserem Bewusstsein Freude oder Lust zu erzeugen. Die Wissenschaftler entdeckten das eigentlich durch Zufall, und das war so:

1954 experimentierten zwei Forscher, Olds und Milner, mit Elektroden, die sie in das Gehirn einer Ratte implantierten. Sie entdeckten, dass dann, wenn sie ein schwaches elektrisches Signal in ein ganz bestimmtes Areal des Gehirns schickten, die Ratte furchtbar aggressiv wurde. Sie hatten das *Wutzentrum* des Rattengehirns entdeckt. Sobald sie dieses Zentrum elektrisch stimulierten, geriet die Ratte in heftige Wut, die unvermittelt wieder aufhörte, sobald das elektrische Signal aufhörte. Eines Tages schoben die Forscher aus Versehen die Elektrode in ein benachbartes Hirnareal. Als sie den Schalter drückten, wurde die Ratte nicht rasend, sondern im Gegenteil höchst vergnügt und zufrieden. Sie konstruierten einen Hebel, den die Ratte selbst drücken konnte, um weitere elektrische Signale in diesen neu entdeckten Teil ihres Gehirns zu senden, und siehe da, sie hörte gar nicht mehr auf, den Hebel zu drücken.

Dieses Gehirnareal (es existiert nicht nur bei Tieren, sondern auch beim Menschen) erhielt den wissenschaftlichen Namen *locus accumbens;* bekannter ist es unter dem Namen „Lustzentrum". Viel später entdeckte man dann, dass es im Gehirn mehrere Zentren gibt, die zusammen Lust erzeugen; in diesem Buch nenne ich dieses komplexe System vereinfachend das *Lustsystem*, und sein Zentrum ist das Lustzentrum.

Dieses Lustzentrum hat eine ungeheure Macht. Experimente mit Ratten, die (wie das oben beschriebene) sich mittels eines Hebels so oft elektrische Lustimpulse holen konnten, wie sie wollten, zeigten, dass die Tiere schier unersättlich waren; eine Ratte schaffte es, den Hebel in einer Stunde 10.000 Mal zu drücken. Die Tiere brachten es fertig, diese Selbststimulierung buchstäblich Tag und Nacht ohne Ruhepause durchzuhalten. Sie verzichteten auf Futter und Sex, ja brachten es fertig, über ein Gitter zu laufen, das ihren Füßen schmerzhafte Stromschläge versetzte, um zu dem magischen Hebel zu gelangen.

Vielleicht die drastischste Illustration der Macht dieses elektrischen Lusterlebnisses ist das klassische Experiment, bei dem die Ratten, vor die Wahl gestellt, ob sie lieber Futter oder die elektrischen Lustimpulse wollten, buchstäblich freiwillig verhungerten. Sie wollten Lust, und wenn es sie das Leben kostete.

Wenn das Gehirn nicht genug kriegen kann

Aber unsere Forscher mit ihren Rattenexperimenten fanden noch mehr heraus. Das Lustzentrum des Gehirns ist allerdings nicht nur ein hochpotenter Lieferant euphorischer Freudenerlebnisse: Wenn es direkt (z. B. durch die beschriebenen Elektroden) stimuliert wird, ist das Tier anschließend nie völlig zufrieden. Das Gleiche gilt für uns Menschen. Der Drang nach Lust kennt keine Grenzen. Diese Lust ist ein Fass ohne Boden; je mehr sie hat, je mehr sie will.

Behalten wir diese Tatsache im Hinterkopf, wenn wir uns im Folgenden anschauen, auf wie viele verschiedene Arten wir unsere Fähigkeit, Freude zu empfinden, ungewollt ruinieren können. Wir haben es hier mit einem System zu tun, das nicht weiß, wann es genug ist. Es braucht ein höheres System, das es kontrolliert und ihm befiehlt, mit seinem Schreien nach mehr aufzuhören. In einem gesunden Gehirn führt z. B. der Verzehr einer guten Mahlzeit schließlich zu einem Sättigungsgefühl, sodass wir mit dem Essen aufhören. Doch das anhedonische Gehirn wird nie satt und muss einfach weiteressen – der sichere Weg zu Fettsucht und Esssüchten.

Ursachen des Lustverlusts – die Tretmühle

Nach Meinung mancher Forscher muss der moderne Mensch ständig hinter Dingen herrennen, die ihm schöne Gefühle verschaffen: Erfolg, Leistungen, Süchte, Konsumgüter. Die Glücksforscher nennen das die *hedonische Tretmühle.*

Gestern ging ich mit meinem Hundewelpen Andy ins Zoogeschäft, um Futter für ihn zu kaufen. Sie kennen meinen Andy noch nicht? Er ist eine Mischung aus Dackel und Chihuahua, mit sehnsüchtigen braunen Augen. Ein noch lieberes Tier werden Sie auf der ganzen Erde nicht finden.

Wir gingen also in den Zooladen, und da sah ich in der einen Ecke mehrere kleine Käfige, in denen Hamster ihre Räder bearbeiteten. Andy zog eifrig an seiner Leine, um sich die Sache genauer anzusehen, und so gingen wir zu den Käfigen. Der Anblick war köstlich – diese kleinen Hamster, die in ihren Rädern rannten und rannten und doch nirgends hinkamen.

Ich schaute den Tieren zu und musste daran denken, wie wir das Leben gerne mit so einem Hamsterrad oder einer Tretmühle vergleichen. Sind wir nicht alle wie solche Hamster? Wir rennen und rennen und kommen nie ans Ziel. Je mehr Dinge wir besitzen, umso mehr wollen wir – und geben dem Rad den nächsten Schubs. Je mehr Erfolg wir haben, umso mehr wollen wir ihn wiederholen, und weiter dreht sich das Rad.

Ist das ein Problem? Viele Fachleute sagen „Ja". Das ständige Strampeln lässt uns keine Zeit, die Reise zu genießen. Wir müssen den Lustpegel ständig erhöhen. Jede neue Drehung des Rades verlangt gleich die nächste. Die kleinste Pause und die Anhedonie meldet sich.

> *Sind wir nicht alle wie solche Hamster? Wir rennen und rennen und kommen nie ans Ziel.*

Ich habe noch keinen wirklich erfolgreichen Menschen kennengelernt, der ehrlich von sich sagen könnte, dass er *heute* glücklicher ist als zu Beginn seiner Karriere – und zwar glücklich allein aufgrund seiner Erfolge, und nicht, weil er bewusst daran gearbeitet hat, glücklich zu bleiben. Wenn das bei Ihnen anders ist, schreiben Sie mir, damit ich Ihnen einen Platz im Museum besorgen kann.

Wenn wir nicht durch Karriere, Kommerz und Kohle glücklich werden, durch was dann? Wir werden auf diese Frage noch zurückkommen, aber zuerst muss ich Ihnen noch genauer erklären, wie das Lustzentrum unseres Gehirns funktioniert und wodurch es geschädigt wird.

Die Anhedonie-Epidemie

Jetzt kommt eine ganz schlechte Nachricht. Aber Kopf hoch: In den nächsten Kapiteln wird es wieder besser. Freude gehört zum Leben dazu, ja sie ist gesund und macht das Leben erst schön. Wenn wir uns also nicht mehr freuen können, haben wir ein Problem. Wer sich nicht freuen kann, wird krank, und diese Krankheit ist heute auf dem Vormarsch.

Viele berühmte Menschen waren bzw. sind Opfer des Lustverlusts. Ein Beispiel unter vielen mag genügen, um das Problem zu illustrieren. In einer amerikanischen Zeitschrift fand ich folgende Notiz über den amerikanischen Football-star Terry Bradshaw, der wiederholt seine Mannschaft zum Sieg im „Super Bowl", dem jährlichen Turnier zwischen den Spitzenmannschaften der beiden großen nationalen Football-Ligen in den USA, geführt hatte. Bradshaw machte 2003 ein erstaunliches Geständnis: „Ich konnte nicht verstehen, warum ich mich nach jedem Super-Bowl-Sieg anschließend nicht freuen konnte."[1]

> *Freude gehört zum Leben dazu, ja sie ist gesund und macht das Leben erst schön.*

Ich finde das erschreckend. Wären Sie nicht auf Wolke sieben, wenn Sie gerade Ihre Mannschaft zu „dem" Meistertitel geführt hätten? Aber Bradshaws Kommentar ist absolut typisch für das Phänomen des Lustverlusts – und immer mehr Menschen geht es ganz ähnlich wie ihm.

Manche Fachleute sprechen heute von einer Anhedonie-Epidemie, und ich glaube, sie haben recht. Immer häufiger finden wir den Lustverlust nicht nur bei schwer depressiven Klienten, sondern bei ganz normalen Menschen. Ich finde ihn bei mir selbst und bei meinen Verwandten. Ich erlebe ihn immer häufiger bei meinen Klienten und bei den Pastoren, die in meine Seminare kommen. Das Anhedonie-Problem wird nicht kleiner; im Gegenteil, es wird immer größer.

Wie unser Lustzentrum funktioniert

Aber jetzt schauen wir uns zunächst einmal genauer an, wie das Lustzentrum in unserem Gehirn funktioniert; nur so können wir Strategien zur Vorbeugung und Behandlung des Lustverlusts entwickeln. Wie schon gesagt, ist das „Lustzentrum" eigentlich ein Netzwerk von mehreren Zentren in unserem Gehirn. Mindestens drei Gehirnregionen sind durch das sogenannte Lust- oder Belohnungsfaszikel miteinander verbunden. (Ein Faszikel ist ein Bündel von Nervenbahnen.) In diesem hoch komplizierten System wird das Gehirn durch alles, was Freude oder Lust erzeugt, erregt, worauf es diese Erregung so „belohnt", dass ein Anreiz entsteht, das die Lust erzeugende Handeln bzw. Verhalten zu wiederholen. Es ist gerade so, als ob das Gehirn möchte, dass Sie sich freuen, und daher alles unterstützt, was zum Erleben von Freude führt.

Abbildung 1 ist eine vereinfachte Darstellung, wie die verschiedenen Nervenbahnen Signale in das Lustzentrum des Gehirns transportieren. Der Grundmechanismus ist dabei immer derselbe, egal, ob man sich über eine Blume freut oder kokain- oder alkoholsüchtig ist. Wir haben nur *ein* Lustzentrum, und alles, was Lust erzeugt, muss durch dieses Zentrum hindurch. Werden die entsprechenden Bahnen blockiert oder verstopft, werden wir anhedonisch; wir können uns nicht mehr freuen.

Wege zum Lustzentrum

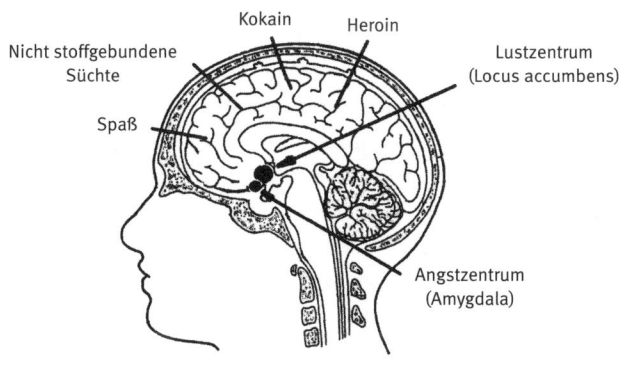

Abb. 1

Ein berühmtes Experiment

Die Entdeckung, wie das Gehirn uns freudige Gefühle liefert, hat eine erstaunliche Geschichte und begann in den 1960er-Jahren, als ein Psychiater der Tulane University in New Orleans (USA) ein etwas exotisches und ethisch nicht unproblematisches Experiment durchführte. Er hatte einen Klienten, der an starken Depressionen, Schizophrenie, unheilbaren Schmerzen und Selbstmordgedanken litt. Es war ein Fall, gegen den kein Kraut und kein Medikament gewachsen schien, und der Psychiater beschloss schließlich, das Elend des Klienten mit einer Überdosis Lust zu betäuben. Immerhin hatten seine Symptome alle eines gemeinsam: Der Klient war unfähig, Freude zu empfinden, er war ein Anhedoniker.

Man implantierte also eine Elektrode tief in das Lustzentrum des Gehirns des Klienten. Wir erinnern uns an die Ratten, die man mit leichten Elektroschocks euphorisch machen konnte. Würde das bei diesem Klienten genauso funktionieren?

Nun, der Klient gab an, dass er sich in der Tat besser fühlte. Doch diese Besserung war nicht nachhaltig; sobald man den Strom abstellte, gingen die schönen Gefühle wieder weg. Und wenn man dem Klienten den Schalter für den Strom in die Hand gab, sodass er ihn selbst drücken konnte, drückte er ihn pausenlos (wir erinnern uns wieder an die Ratten). Der Psychiater wandte sich bald darauf anderen Forschungsthemen zu, und die Entdeckung des Lustzentrums im menschlichen Gehirn schlummerte mehrere Jahrzehnte vor sich hin.

In den frühen 1980er-Jahren machte man eine andere, beunruhigendere Entdeckung. Das Lustzentrum produziert nicht nur Glücksgefühle, es „belohnt" auch Verhaltensweisen, die zu solchen Gefühlen führen. Es zeigte sich, dass der chemische Stoff, der die entsprechenden Botschaften durch unser Gehirn zu diesem Belohnungszentrum sausen lässt, das Dopamin ist. So weit die gute Nachricht, und jetzt die schlechte: Die Belohnung von Verhaltensweisen, die zu Lustgefühlen führen, kann so stark sein, dass der Betreffende regelrecht süchtig nach diesen Verhaltensweisen werden kann.

In den folgenden Jahren zeigte es sich, dass sämtliche Formen der

Sucht mit diesem Lustsystem im Gehirn zusammenhängen. Ob Porno oder Pralinen, Lotto oder LSD – überall spielt es eine zentrale Rolle. Tausende von Studien, Millionen Dollar Forschungsgelder und ganze Wissenschaftlerkarrieren sind in das Verstehen dieses kleinen Areals in unserem Gehirn geflossen, das man auch den „G-Punkt des Gehirns" genannt hat. Wenn wir die richtigen Freuden im Leben kultivieren und unser Lustzentrum damit pflegen, stehen uns alle möglichen körperlichen, seelischen und, jawohl, auch religiösen Genüsse offen. Aber wenn wir dieses System missbrauchen, verlieren wir die Fähigkeit, uns über diese Dinge zu freuen.

> *Zu viel des Guten, einschließlich zu viel Lust, ist schlecht für unser Gehirn.*

Die Fähigkeit, Freude und Lust zu empfinden, ist etwas sehr Gutes; ohne sie können wir eigentlich nicht leben. Aber zu viel des Guten, einschließlich zu viel Lust, ist schlecht für unser Gehirn. Ein Zuviel betäubt das Lustzentrum, sodass es schließlich nur noch auf die allerstärksten Reize (z. B. Drogen oder übersteigerten Sex) reagiert. Die Wissenschaftler versichern uns, dass es bei der Lust eine natürliche Grenze gibt und dass dann, wenn wir diese Grenze überschreiten, die Lust verloren geht. Wie alle anderen Systeme unseres Körpers auch, braucht unser Lustsystem Zeiten der Ruhe und Erholung. In den folgenden Kapiteln werden wir noch sehen, dass viele der Trends unserer Zeit eine wahre Anhedonie-Zeitbombe sind.

Wie man die Freude verliert

Um den Prozess der Blockade des Lustzentrums zu illustrieren, habe ich drei einfache Skizzen erstellt, die Sie auf den folgenden Seiten finden. Sie zeigen den allmählichen Übergang von einem gesunden Lustsystem, das uns erlaubt, uns über die einfachen Dinge des Alltags zu freuen, zum Stadium der voll entwickelten Anhedonie, wo nur noch die allerstärksten Reize die Schwelle zum Lustzentrum überspringen können.

Abbildung 2 zeigt den „gesunden" Zustand. Die Lustsignale können frei über die Dopaminbahnen fließen und unser Lustzentrum stimulieren. Selbst ein Löwenzahn am Wegrand kann uns Freude bereiten. Abbildung 3 zeigt, wie durch Überstimulierung und ein Zuviel an Dopamin eine Reizschwelle entsteht, die immer höher wird, sodass eine immer stärkere Stimulation nötig wird, um die Schwelle zu überwinden. Die Experten sprechen hier von einem *Suchtprozess*, denn genau diese Entwicklung ist typisch für jede Sucht: Man muss den Reiz ständig erhöhen, oder das schöne Gefühl bleibt aus.

Abbildung 4 zeigt die Phase der voll entwickelten Anhedonie, den vollen Lustverlust. Die Dopaminüberschwemmung ist so massiv und die Schwelle so hoch geworden, dass nur noch extrem hohe Reize, wie sie für viele Drogen und Süchte (Sexsucht, Spielsucht, andere Nervenkitzel) typisch sind, sie überspringen können. Vorbei die Zeit, wo ernste Fälle von Anhedonie die Domäne von schweren Depressionen und Schizophrenie waren. Die Anhedonie wird als realer Lustverlust heute immer mehr zu einer Krankheit ganz normaler Menschen wie Ihnen und mir.

Gibt es eine Lösung? Können wir uns vor den Glücksräubern schützen? Wir können, und darum habe ich dieses Buch geschrieben.

Der Anhedonie-Prozess: Wie Lustverlust sich entwickelt

Ausgangspunkt: Der Weg zum Lustzentrum des Gehirns ist frei

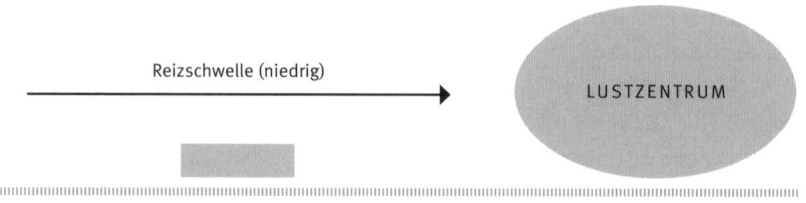

Abb. 2: Die gesunde Lustreaktion

Zwischenphase: Durch Überstimulierung kommt es zur Dopaminüberschwemmung; die Reizschwelle wird höher

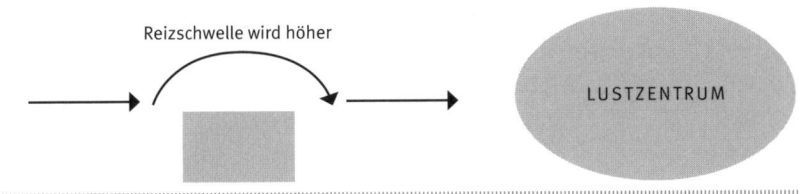

Abb. 3: Beginn der Blockade des Lustzentrums

Voll entwickelte Anhedonie

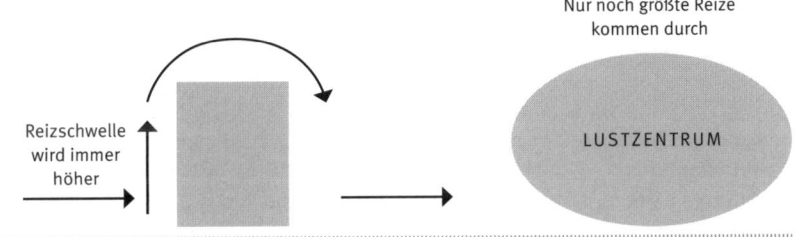

Abb. 4: Voll entwickelte, schwere Anhedonie

KAPITEL 2

Viele Wege führen zur Lust

Als Erster etwas tun, etwas sagen, etwas sehen –
dies bringt ein Vergnügen, gegenüber dem
andere Freuden läppisch sind.
(Mark Twain)

Während ich dieses Kapitel schreibe, sitze ich in einer Ferienwohnung am Strand von Waikiki. Draußen vor dem Fenster grüßt der Ozean. Ich bin gerade von einer Konferenz zurückgekommen, auf der meine Frau und ich über das Thema dieses Buches sprachen. Als ich da vorne an dem Rednerpult stand, bat ich den vollen Saal, einen Augenblick über folgende Frage nachzudenken: Fällt es Ihnen heute genauso leicht, sich zu freuen, wie in Ihrer Kindheit? Jeder, bei dem die Antwort „Ja" war, sollte die Hand heben.

> Mit unserer ständigen Überstimulierung des Lustzentrums in unserem Gehirn legen wir dieses Zentrum allmählich lahm, sodass es seine Macht, uns zu begeistern, verliert.

Keine einzige Hand ging hoch, und ich schätze, bei jedem beliebigen anderen Publikum wäre es das Gleiche gewesen. Die Freuden der Kindheit – der Erwachsene kennt sie oft nicht mehr. Irgendwo auf unserem Lebensweg sind sie auf der Strecke geblieben.

Grundsätzlich ist es etwas Normales, dass sich beim Älterwerden ein gewisses Maß an Lustverlust einstellt. Der Reiz des Neuen weicht dem Gewohnten. Die Narben auf unserer Seele wirken als Freudenhemmer. Als Kind war ich ganz fasziniert von Schmetterlingen; diese fantastischen Farben und Muster ... Als ich fünf Jahre alt war, kaufte ich mir von meinem Taschengeld ein Vergrößerungsglas, um die Flügel der Schmetterlinge richtig studieren zu können. Ich versuchte sogar, aus ein paar

Glasflaschen ein Mikroskop zu basteln. Heute finde ich Schmetterlinge ganz hübsch, aber die alte Faszination, sie ist nicht mehr.

Aber ich glaube, was heute mit unserer Fähigkeit, uns zu freuen, geschieht, ist etwas Ernsteres als dieses Phänomen des „Kennen wir schon". Wir sind dabei, diese Fähigkeit geradezu systematisch zu zerstören. Mit unserer ständigen Überstimulierung des Lustzentrums in unserem Gehirn legen wir dieses Zentrum allmählich lahm, sodass es seine Macht, uns zu begeistern, verliert.

Ich bin davon überzeugt, dass ein Großteil dieses „Freudenverlustes" auf das Konto von a) viel zu viel Stress und b) ständiger Reizüberflutung geht.

Wenn der Tisch zu reich gedeckt ist

Wie schon im ersten Kapitel erwähnt, gibt es viele Türen, die zum Lustzentrum unseres Gehirns führen, und hinter jeder Tür liegen noch einmal verschiedene „Korridore". Das ist so ähnlich, wie wenn Sie einen Freizeitpark betreten. Wenn Sie den Haupteingang hinter sich haben, müssen Sie sich entscheiden, was Sie lieber wollen: den Baumhauspfad? Das Wildwasserfloß? Die Achterbahn? Die Weltraumkugel? Wer die Wahl hat, hat die Qual.

Das Problem mit diesem Markt der Vergnügungen ist, dass wir nicht wissen, ob ein besonderes Vergnügen gut oder schlecht für uns ist, gesund oder ungesund. Wir haben heute mehr Möglichkeiten, uns zu vergnügen, als je zuvor in der Geschichte der Menschheit – und sind wahrscheinlich die unglücklichste Generation, die je gelebt hat. Der Lustverlust hat uns mehr oder weniger alle im Griff. Stellen Sie sich einmal an eine belebte Straßenkreuzung oder in die Fußgängerzone und beobachten Sie die Gesichter der Passanten; fast alle sehen sie unglücklich aus, fast auf jedem steht unsichtbar das Wort „Lustverlust" geschrieben.

Die Ursachen des modernen Lustverlusts

Ich bin fest davon überzeugt, dass die Anhedonie, die so viele von uns heute erleben, etwas völlig anderes ist als die unserer Großeltern. Der moderne Lustverlust ist anders, er fühlt sich anders an, er hat ein anderes Gesicht. Und er hat viele verschiedene Ursachen.

Wenn Sie fähig werden wollen, sich ein gesundes Lust- und Genusssystem zu bauen, müssen Sie um diese Ursachen wissen. Nur dann, wenn sie wissen, wie es überhaupt zum Lustverlust kommt, können Sie Strategien zur Vorbeugung entwickeln – für sich selbst und die, die Ihnen wichtig sind.

Die zum Lustzentrum unseres Gehirns führenden Wege können auf mindestens fünf Arten blockiert werden.

1. Depressionen

Depressionen (häufige Ursachen sind Stress oder genetische Faktoren) können unser Lustsystem stark beeinträchtigen. Anhedonie ist eines der Schlüsselsymptome bei der Depression. In diese Kategorie fallen auch sogenannte bipolare Störungen, also Krankheitsbilder, bei denen der Klient zwischen schwerer Depression und extremer Manie oder Euphorie hin- und herschwankt.

Anhaltender starker Stress kann nicht nur Depressionen hervorrufen, sondern auch (durch direkte Übererregung der Lustbahnen im Gehirn) Lustverlust.

Diese Depressionen führen immer zu einem ausgeprägten Lustverlust; der Klient verliert jedes Interesse an Dingen, die ihm normalerweise Freude machen. Die ganze Welt sieht grau aus, oft wünscht er sich, zu sterben. Die Mutter schaut ihr Neugeborenes apathisch an, der Rosenliebhaber quittiert die neue Züchtung mit einem Achselzucken, der Fußballfan spürt nichts, wenn seine Mannschaft den Pokal gewonnen hat.

Es gibt wirksame Medikamente gegen Depressionen. Falls Sie also eine haben, sollten Sie so bald wie möglich einen Therapeuten aufsuchen. Je länger Sie warten, umso schwerer wird Ihre Depression sich behandeln lassen und Ihr ganzes Leben kann ein einziger Lustverlust werden.

2. Stress und Sorgen

Anhaltender starker Stress kann nicht nur Depressionen hervorrufen, sondern auch (durch direkte Übererregung der Lustbahnen im Gehirn) Anhedonie, den Lustverlust. Wie oben schon erwähnt, spricht man hier auch von Dopaminüberschwemmung, da die Gehirnchemikalie (Neurotransmitter), die die Lustbotschaften zu dem Lustzentrum bringt, das Dopamin ist. Wer bei Arbeit und Spiel ständig das Adrenalin schießen lässt, überlastet sein Lustzentrum, was zu einer verminderten Lustreaktion im Gehirn führt.

Da Stress die Hauptursache von Depression und Lustverlust ist, besteht die logische Gegenstrategie darin, Entspannungstechniken zu lernen. Suchen Sie sich jemanden, der Ihnen das richtige Stressmanagement beibringen kann.

3. Süchte

Süchte „besetzen" das Lustsystem. Sie vereinnahmen die Lustbahnen für sich, sodass nur noch die süchtig machende Substanz bzw. das Verhalten Botschaften an das Lustzentrum senden kann. Dies ist der Grundmechanismus der Sucht; sie verdrängt alles andere, was Lust und Freude verursacht; nur noch der nächste Schuss Kokain/die nächste Flasche Alkohol/der nächste Pornofilm/der nächste Überstundenabend „bringt es".

Dementsprechend bedeutet Entwöhnung von einer Sucht nicht nur, dass man die betreffende Substanz bzw. das betreffende Verhalten sein lässt, sondern vielmehr, dass man das Lustsystem im Gehirn so regeneriert, dass es wieder auf normale Reize reagiert. Mehr darüber später.

4. Reizüberflutung

Die vierte Ursache von Lustverlust ist die ständige Reizüberflutung unseres Gehirns. Dies ist die Ursache, um die es in diesem Buch geht. Sie ist (bei Wissenschaftlern wie Laien) die am meisten unterschätzte und gleichzeitig die häufigste Ursache. Die Übererregung des Lustzentrums kann genauso viel Schaden anrichten wie eine handfeste Drogensucht.

Die heutige permanente Reizüberflutung durch Handy, Computerspiele, Fernsehen, iPod und andere Segnungen der modernen Technik setzt einen regelrechten Suchtprozess in Gang, der nach und nach das Lustsystem des Gehirns lahmlegt. Mehr Details darüber später.

5. Krankheiten

Zahlreiche körperliche und psychische Störungen (z. B. Schizophrenie) können ebenfalls das Lustsystem stören und zum Lustverlust führen. Das geschieht, indem die Störungen die biochemischen Prozesse im Gehirn, die für Lust und Freude verantwortlich sind, durcheinanderbringen. Wundern Sie sich nicht, dass Sie sich innerlich apathisch fühlen, wenn Sie die Grippe haben. Wenn Sie die nächste bekommen, achten Sie einmal darauf, wie sie sich auf Ihr Lustempfinden auswirkt. Es könnte sein, dass diese vorübergehende Anhedonie eine Strategie unseres Organismus ist, Energie zu sparen, die für den Heilungsprozess benötigt wird.

Gefühl der Leere

Lustverlust hat nicht nur viele Ursachen, er kann auch viele Formen annehmen. Schauen wir uns einige an.

Im Zusammenhang mit bipolaren Störungen wird der Lustverlust (die Anhedonie) gerne als „Gefühl der Leere" bezeichnet, was eine sehr zutreffende Beschreibung ist. Die Welt der (angenehmen wie unangenehmen) Gefühle ist wie ausgeblendet. Dieses graue Loch bleibt nach dem Abklingen des bipolaren Stadiums noch eine Weile bestehen und kann sogar noch mitten im manischen Stadium vorhanden sein.

Dass jemand mit einer manischen Störung ein inneres Leeregefühl hat, versteht der Normalgesunde nicht. Bedeutet „manisch" denn nicht, dass man vor Aktivität überschäumt? Nun, ein manischer Mensch gibt folgende Beschreibung: „Stellen Sie sich vor, Sie sind auf hoher See und das Schiff befindet sich mitten in einem heftigen Sturm. Stellen Sie sich jetzt weiter vor, Sie haben Ihre Mütze, wasserdichten Handschuhe und Stiefel vergessen. Sie frieren gotterbärmlich, dass Ihre Zähne klappern. Eine Weile geht das so, dann merken Sie die Kälte nicht mehr. Ihre Hände und Füße werden taub, Sie spüren nichts mehr. Ihre Konzentration ist futsch, Sie sind supernervös, Ihr Körper bibbert, um sich warm zu halten."

Ein anderer Mann gab folgende Beschreibung: „Das Schlimmste an dieser Leere ist, dass man sie nicht versteht. Das ganze Gehirn ist wie ein tiefgefrorenes Knäuel, und man hat Angst, dass das Auftauen Ewigkeiten dauern kann."

Das ist das Leeregefühl der Anhedonie.

Eine andere Art Traurigkeit

Früher betrachtete man Depressionen als eine Art Traurigkeit: Wer depressiv ist, hat nahe am Wasser gebaut, so dachte man lange Zeit. Heute weiß man, dass es Depression in ganz unterschiedlichen Ausprägungen geben kann, und immer häufiger haben wir es mit einer Art Depression zu tun, in der das Hauptsymptom nicht Traurigkeit, sondern *Lustlosigkeit, die Freudlosigkeit* ist – eben Anhedonie.

> *Heute erleben wir immer häufiger eine andere Art Depression, in der das Hauptsymptom nicht Traurigkeit, sondern Lustlosigkeit ist.*

Der Klient mit dieser Art Depression hat nicht die klassischen Melancholie-Symptome, sondern mehr einen Mangel an Lebensfreude. Das Problem ist nicht so sehr Kraftlosigkeit, sondern Antriebslosigkeit. Was hier im Gehirn fehlt, ist wahrscheinlich die *Belohnung*skomponente. Das Gehirn hat die Fähigkeit, bestimmte Aktivitäten mit einem Befriedigungsgefühl zu „belohnen", verloren.

Eine andere Art Langeweile

Ich weiß noch, wie ich mich als Teenager oft langweilte. Ich bin in Südafrika aufgewachsen, wo außerhalb der Schulstunden nicht viel los war. In den Sommerferien warfen wir Steine auf Figuren, die „Feinde" darstellen sollten, oder stahlen in der Abenddämmerung die Äpfel vom Baum des Nachbarn. Es gab keine Kofferradios oder Kassettenspieler. Die Radios, die es gab, waren große, teure Kästen, in denen meist klassische Musik lief; Privatsender gab es nur auf Kurzwelle. Dann wurde das Fernsehen erfunden, kam aber zunächst nicht nach Südafrika, weil die calvinistische Regierung das Fernsehen als Teufelszeug, das unsere Werte bedrohte, verbot. Meine Werte blieben also intakt, aber Langeweile hatte ich trotzdem.

Heute erleben wir eine andere Art Langeweile. Unsere Teenager langweilen sich nicht deshalb, weil nichts los ist, sondern weil zu viel los ist. Meine Langeweile kam daher, dass es in meinem Leben einen Reizmangel gab; die heutigen Teenager leiden unter der unablässigen Reizüberflutung, die ihr Lustzentrum derart sättigt, dass es normaler Befriedigungsgefühle nicht mehr fähig ist. Viele heutige Teenager, ja sogar schon Kinder halten es nicht aus, länger als dreißig Sekunden nichts zu tun; sind die dreißig Sekunden um, wollen sie etwas Neues erleben.

Vor Kurzem stand in unserer Zeitung, dass mehrere Teenager aus gutbürgerlichen Familien Krippenfiguren aus diversen Kirchen vor Ort gestohlen hatten. Insgesamt hatten sie 27 Jesusfiguren mitgehen lassen, die sie verbrennen wollten. Als man sie fasste und fragte, warum sie die Figuren gestohlen hatten, antworteten sie: „Aus Langeweile."

Dergleichen Geschichten überraschen mich nicht. Die heutigen jungen Leute mit ihren iPods und MP3-Playern, Satellitenradios und ständig eingeschalteten Handys sind derart mit Reizen vollgedröhnt, dass das Lustzentrum ihres Gehirns nicht mehr funktionieren kann. Und das Allerschlimmste ist, dass sie noch weitere 50 oder 60 Jahre eines solch überstressten und freudlosen Lebens vor sich haben ...

Lustverlust als Apathie

Eine andere Art Lustverlust wird gemeinhin Apathie genannt. Sie wissen nicht, was Apathie ist? Dann müssen Sie ein glücklicher Mensch sein. Die Apathie ist der Anhedonie, also dem Lustverlust, so ähnlich, dass manche Wissenschaftler meinen, dass beide im Rahmen einer Ursache-Wirkung-Beziehung miteinander verwandt sind.

Wie fühlt man sich, wenn man apathisch ist? Hier einige Aussagen von Betroffenen:

- Das ist so, als ob du in der Badewanne sitzt und jemand hat den Stöpsel gezogen. Die ganze Kraft ist weg. Es ist Schwerarbeit, von einem Stuhl aufzustehen.
- Die anderen lachen, und du verziehst nur schmerzlich das Gesicht.
- Die Tage sind endlos lang, und man ist dankbar, wenn man endlich in das ungemachte Bett fallen kann. Aber am nächsten Morgen aufstehen, das ist die Hölle.

Apathie ist ein Gefühl intensiver Wurstigkeit. Was einem früher Freude machte, berührt einen nicht mehr. Man schafft nicht mehr so viel am Tag wie früher. Der Einkauf beim Bäcker wird zur Schwerarbeit, das neue Buch bleibt ungelesen. Man könnte sechs Richtige im Lotto haben und würde sich trotzdem nicht freuen. Der Apathische schlurft wie ein Schlafwandler durch sein unaufgeräumtes Leben; alles ist ihm egal.

Im Internet fand ich folgenden Beitrag von einer Nutzerin namens Andrea, der das Phänomen der Apathie gut beschreibt:

> Ich bin so lethargisch und weiß nicht, wie ich da rauskommen soll. … Ich kann mich zu nichts aufraffen. Wenn ich morgens endlich aufgestanden bin, hol ich die Zeitung rein und blättere darin, rauche 'ne Zigarette oder mach irgendeine Dose auf und ess z. B. ein Eis. Oder ich sehe fern oder surfe im Internet. Und jetzt hab ich 'ne neue Sucht entdeckt: Einkaufen im Internet. Mann, wird das teuer!!! … Ich habe 40 Pfund zugenommen, aber das ist mir auch egal. Ich bring es nicht fertig, die Wohnung zu putzen oder jemand zu besuchen. Der einzige Ort, wo ich sein möchte, ist mein Bett.[2]

Klingt ganz so wie eine Depression, nicht wahr? Und es könnte auch eine sein. Aber viele Experten sagen, dass Apathie und Depression nicht immer dasselbe sind. Bei einer Depression werden unsere Gefühle intensiver; die Traurigkeit fühlt sich extra traurig an, die Verzweiflung beißt einen wie ein Messer. Bei der Apathie passiert das genaue Gegenteil: Die Gefühle werden stumpf; man spürt nichts mehr, noch nicht einmal, dass man depressiv ist.

Während starke Apathie also äußerlich viele Gemeinsamkeiten mit einer Depression hat, passiert innerlich etwas ganz anderes; der tiefe emotionale Schmerz, der eine Depression begleitet, fehlt. Apathie ist typischerweise eine Folge von Lustverlust; nicht nur das Lustzentrum, sondern die ganze Gefühlswelt wird betäubt.

Was sind die Ursachen dieser Apathie? Es sind im Wesentlichen die gleichen wie bei der Anhedonie. Einer der Hauptfaktoren ist die sogenannte Spaßgesellschaft, in der wir heute leben. Wir sind permanente Konsumenten von Unterhaltung und Sensationen geworden. Ob Reality-TV, Seifenopern oder Wahlkampfduelle, es muss ständig etwas los sein, und wo es nichts Sensationelles oder Extremes gibt, gehen die Einschaltquoten sofort nach unten.

> *Der Suchtprozess, der heute unsere Welt beherrscht, nimmt uns nicht nur unsere Freude, sondern auch die Energie, die wir bräuchten, um uns Beschäftigungen hinzugeben, die sinnvolle Befriedigung bringen.*

Selbst Rocklegende Pete Townsend sieht das kritisch: Er warnt davor, dass die Musik-Downloads im Internet zu einer Generation „apathischer Zuhörer" führen, die für die Qualität der Songs oder der Darbietung kein Ohr mehr haben. Und ein Musikpsychologe stellt fest: „Die ständige Verfügbarkeit von Musik hat sie zu einer Selbstverständlichkeit gemacht; das tiefe emotionale Engagement, das früher mit Musikgenuss verbunden war, ist heute nicht mehr nötig." Arme nächste Teenagergeneration …

Fassen wir zusammen: Der Suchtprozess, der heute unsere Welt beherrscht, nimmt uns nicht nur unsere Freude, sondern auch die Energie, die wir bräuchten, um uns Beschäftigungen hinzugeben, die sinnvolle Befriedigung bringen. Dieser Prozess verändert buchstäblich unser Gehirn, und diesen Änderungen müssen wir uns stellen.

Sie finden das alles ziemlich deprimierend? Nun, es gibt Hoffnung.

Wir müssen nicht Däumchen drehend darauf warten, dass die Ärzte irgendeine Pille für uns erfinden. Diverse Studien und die Erfahrung mit Betroffenen zeigen, dass Lustverlust keine unheilbare Krankheit ist. Heilung ist möglich – durch eine veränderte Lebensführung, die ohne Reizüberflutung auskommt, plus einer guten Dosis gesunder kognitiver Therapie (wozu Sie alles Praktische und Wissenswerte im zweiten Teil dieses Buches finden), manchmal auch bestimmter Medikamente (vor allem solchen, die helfen, unser Lustsystem wieder ins Lot zu bringen).

Nicht alle Lust ist biologisch

Vieles, was uns Spaß macht, müssen wir erst lernen. Es ist daher ein Fehler, zu denken, dass Freude und Lust grundsätzlich auf rein biologischen Mechanismen beruhen. Das Lustsystem in unserem Gehirn ist zwar biologisch, wird aber von höheren Gehirnregionen kontrolliert – von Mechanismen, die erlernt sind. Nicht alle Lust ist rein instinktiv. Wie so vieles andere in unserem Gehirn, ist sie zu einem Gutteil programmierbar. Im Gegensatz zu niederen Lebensformen, die völlig auf Instinktmechanismen angewiesen sind, ist das menschliche Gehirn so hoch entwickelt, dass seine äußere Schicht, die sogenannte Hirnrinde (Kortex), lernfähig ist und die vorhandenen Instinktmechanismen überspielen kann.

Nehmen Sie z. B. Sex. Bei Tieren ist das sexuelle Verhalten nicht durch Intimität gesteuert wie beim Menschen. Tiere brauchen keine Beziehungskisten zu bauen; für sie ist Sex eine rein biologische Reaktion. Sie brauchen nicht darüber nachzudenken und können sich nicht mit sexuellen Fantasien stimulieren. Beim Menschen dagegen ist das Hauptgeschlechtsorgan die Hirnrinde, also der programmierbare Teil des Gehirns. Einfach ausgedrückt: Was ich gerade *denke*, kann mein sexuelles Verlangen so sicher anfachen oder ausschalten, wie das Sonnenlicht eine Blüte öffnet oder schließt.

Dies hat wichtige Konsequenzen dafür, wie unser Lustsystem funktioniert – und wie es entgleisen kann. Es gibt zunächst einmal gewisse

Dinge, die uns Lust bereiten, weil dies so in unser Gehirn einprogrammiert ist. Diese Instinkte sind Belohnungsmechanismen, die unser Überleben sicherstellen sollen. Wenn Sie z. B. auf einer längeren Wanderung sehr durstig werden und dann plötzlich an einen Bach mit kühlem, sauberen Wasser kommen, wird der Drang, mit diesem Wasser Ihr Gesicht zu kühlen und davon zu trinken, so überwältigend sein und der Geschmack des Wassers so köstlich, dass Sie alles andere liegen und stehen lassen. Aber weil wir unsere Hirnrinde haben, die bei unserer Geburt ein riesiges unbeschriebenes Blatt ist, das erst lernen und Verknüpfungen aufbauen muss, müssen wir bestimmte Dinge auch lernen, und unter anderem lernen wir, was uns legitimerweise Lust bereitet und was nicht.

Nicht alle Lust ist rein instinktiv. Wie so vieles andere in unserem Gehirn, ist sie zu einem Gutteil programmierbar.

Aber nicht alles, was unser Lustsystem als Lust bringend erlernt, ist auch gesund. Manche Dinge sind ausgesprochen ungesund, ja böse. Da verspürt jemand, der Mitglied in einer Gang ist, eine ungeheure Befriedigung, wenn er jemand aus einer anderen Bande töten kann. Hier ist das Lustsystem fehlprogrammiert worden, und solche Programmfehler liegen vielen unserer heutigen Probleme in der Gesellschaft zugrunde. Diese Fehlprogrammierungen zerstören unser Lustsystem zwar nicht, aber sie leiten unser Suchen nach gesunden Vergnügungen in die falsche Richtung und schalten dabei die höheren Werte im Leben, die unseren Lusterlebnissen erst ihren Sinn geben, aus – und das kann gerade so destruktiv sein wie die schlimmste Sucht.

Messen Sie Ihren Lustverlust

Und jetzt kommen wir zum wichtigsten Teil dieses Kapitels. Bestimmt haben Sie inzwischen gewisse Fragen, z. B. die folgenden: *Wie kann ich wissen, ob mein Lustsystem normal ist? Was sind die Anzeichen von Lustverlust? Kann man das messen?*

Nun, hier ist ein Test, mit dem Sie feststellen können, ob und wie

Apathie-Symptome

Apathie muss nicht immer etwas Schlimmes sein. Wir alle fühlen uns manchmal apathisch, z. B. nach einem mit Arbeit vollgestopften Tag oder wenn unser Immunsystem sich mit der Grippe herumschlägt. In solchen Fällen kann Apathie eine Schutzfunktion haben; sie „bremst" uns, sodass unser Organismus sich regenerieren kann. Aber woran merkt man, dass die Apathie selbst zur Krankheit geworden ist? Die folgenden Symptome sind, wenn sie längere Zeit anhalten, typische Alarmzeichen:

- Dinge, die Sie immer gerne taten, interessieren Sie plötzlich nicht mehr.

- Sie fangen an, Ihr Äußeres zu vernachlässigen.

- Sie erledigen bestimmte alltägliche Dinge nur noch dann, wenn jemand Sie extra daran erinnert.

- Sie meiden Besuche bei/von Freunden; der Aufwand ist Ihnen zu lästig.

- Sie bleiben den ganzen Tag im Schlafanzug.

- Sie können sich für nichts mehr begeistern.

- Ihre persönlichen Probleme sind Ihnen nicht mehr so wichtig.

- Es ist Ihnen egal, ob Sie morgen noch gesund sind oder leben.

- Sie verspüren keine Lust, sich etwas zu essen zu machen oder einzukaufen.

- Wenn Sie etwas anfangen, kriegen Sie es nicht fertig.

Wenn bei Ihnen (oder bei einem Menschen, der Ihnen nahesteht) mehr als zwei dieser Symptome vorliegen, sollten Sie den Ursachen nachgehen und gegebenenfalls Hilfe bei einem Experten suchen. Apathie kann ein Anzeichen für Lustverlust (Anhedonie) sein, aber auch für Depressionen oder andere, noch ernstere Gesundheitsstörungen.

stark Sie an Anhedonie leiden. Bedenken Sie dabei aber, dass Ihr „Anhedonie-Pegel" von Tag zu Tag variieren kann und dass z. B. unangenehme Erlebnisse ihn abrupt erhöhen können. Was Sie gleich messen werden, ist Ihr aktueller Zustand hier und jetzt. Sie selbst müssen überlegen, ob dies auch Ihr Normalzustand im Alltag ist.

Lustverlust- oder Anhedonie-Test

Definition
Lustverlust (Anhedonie) ist der Verlust der Fähigkeit, Freude bzw. Lust zu empfinden, oder die Unfähigkeit, sich über Dinge zu freuen, die einem normalerweise Freude machen.

Wie Sie den Test durchführen
Notieren Sie jeweils rechts von der Frage Ihre Punktezahl, wie folgt:
0 = Nie oder sehr selten
1 = Gelegentlich, aber ich habe das unter Kontrolle
2 = Oft (mehrere Male in der Woche)
3 = Immer (jeden Tag mehrmals)

Frage   **Punktzahl**

1. Früher habe ich gerne gut gegessen;
   jetzt bedeutet mir das nichts mehr.   _____

2. Ich fühle mich innerlich wie taub;
   wenn etwas Schönes passiert, sagt mir das nichts.   _____

3. Ich werde leicht urplötzlich traurig und weiß nicht,
   warum.   _____

4. Die anderen Leute sind glücklich –
   ich nicht.   _____

5. Ich habe morgens große Probleme,
   in Gang zu kommen.   _____

6. Ich habe kein Interesse mehr an Dingen,
   die mir früher Spaß machten.   _____

7. Was mir so richtig Spaß machen würde?
   Da fällt mir beim besten Willen nichts ein.   _____

8. Ich kann nicht mehr so gut Zuneigung geben
   oder entgegennehmen wie früher.

9. Ich habe den Eindruck, dass Gott ganz weit weg ist
   und ich ihm egal bin.

10. Ich habe kein Bedürfnis mehr,
    mit Menschen zusammen zu sein.

11. Ich kann mich nicht mehr aufraffen, in die Kirche/
    den Verein/auf Einladungen zu gehen.

12. Ich habe früher so gerne gestrickt/gemalt/an meiner
    Modelleisenbahn gebastelt/(anderes Hobby),
    aber jetzt sagt mir das nichts mehr.

13. Selbst wenn mir etwas ganz Wichtiges gelungen ist,
    kann ich mich nicht darüber freuen.

14. Das Meiste in meinem Leben langweilt mich; es muss schon
    etwas echt Besonderes passieren, damit ich auftaue.

15. Der schlimmste Augenblick am Tag ist, wenn ich morgens
    (oder nach dem Mittagsschlaf) wieder aufstehen muss.

Gesamtpunktzahl

Auswertung
Zählen Sie Ihre Punkte zusammen. Die maximale Punktezahl ist 45.
0 bis 7 Punkte: Lustverlust (Anhedonie) ist für Sie kaum oder gar kein Problem.
8 bis 15: In einigen Bereichen Ihres Lebens haben Sie womöglich eine milde, vorübergehende Anhedonie.
16 bis 20: Sie haben eine mäßig starke Anhedonie, die in manchen Lebensbereichen zum Problem werden kann.
21 bis 25: Ihr Anhedonie-Pegel ist schon recht hoch; wenn dies nicht nur eine vorübergehende Erscheinung ist, suchen Sie Hilfe. Lassen Sie abklären, ob Sie nicht vielleicht an Depressionen leiden.
26 bis 30: Ihre Anhedonie ist so ausgeprägt, dass professionelle Hilfe angesagt ist. Möglicherweise haben Sie sogar eine Depression.
31 bis 35: Sie haben eine starke Anhedonie, einen starken Lustverlust, und brauchen unbedingt Hilfe.
Über 35: Sie brauchen sofort Hilfe.

Grade des Lustverlusts

Lustverlust oder Anhedonie ist nicht etwas, was man entweder zu 100 Prozent hat oder gar nicht. Sie ist vielmehr ein graduelles Phänomen; die Skala reicht vom vollkommen gesunden Lustsystem bis zu einem Zustand, den man nur noch als stark krankhaft bezeichnen kann, weil das Lustsystem im Gehirn seinen Dienst eingestellt hat.

Wenn Sie den Eindruck haben, dass Ihnen nichts mehr richtig Freude macht, suchen Sie ärztlichen oder seelsorgerlichen Rat.

Ein Beispiel für extrem krankhafte Anhedonie wäre etwa eine sehr starke Depression oder Schizophrenie, bei der buchstäblich nichts mehr dem Klienten auch nur ein bisschen Freude macht. Nehmen wir einmal an, dieser Klient ist kokainsüchtig, dann kann diese extreme Anhedonie sogar die Kokainsucht blockieren; selbst das geliebte Kokain bringt ihm nichts mehr.

Zwischen den beiden Extremen gibt es diverse Zwischenstufen, von der milden Anhedonie, bei der das Lustsystem nur leicht blockiert ist, bis hin zu immer ernsteren Formen, wo das Lustsystem z. B. durch süchtig machende Stoffe oder Dinge besetzt ist.

Aber egal, wie viele Punkte Sie bei dem Lustverlust-Test gerade bekommen haben: Wenn Sie den Eindruck haben, dass Ihnen nichts mehr richtig Freude macht, suchen Sie Rat bei einem Experten. Das Leben ist zu kurz und zu kostbar, um es sich mit Anhedonie zu ruinieren.

Lustverlust und Hedonismus

Bevor ich dieses Kapitel beschließe, ein Wort speziell an die Christen unter meinen Lesern. Wahrscheinlich haben einige von Ihnen Schwierigkeiten mit Wörtern wie *Lust* und *Lustsystem*. Das Wort *Lust* hat in der Kirchengeschichte einen negativen Beigeschmack bekommen; es steht für viele z. B. für die Freuden (und Sünden!) des „Fleisches" und wird mit der Ideologie des Hedonismus in Verbindung gebracht, also dem egoistischen Jagen nach Vergnügen.

Nun, auch ich habe etwas gegen den Hedonismus. Ein hedonistischer Lebensstil ist in der Tat narzisstisch und egoistisch und hat keinen Raum für Gott. Die Bibel verbietet uns klar, den Spaß zu unserem Gott zu machen. Aber es gibt eben auch „Lust" in einem normalen, gesunden Sinne; unser Gehirn ist so erdacht und gemacht, dass es Lust und Freude empfinden kann und dies auch braucht. Ein Mensch, der in vertrauensvoller Beziehung zu Gott lebt, hat „Lust am Herrn"; ist dies etwa hedonistisch? Offensichtlich nicht. Gott will, dass wir Freude an ihm haben.

Aber woran erkennt man dann, ob ein Vergnügen echt und gut ist oder egoistisch und hedonistisch? Ganz einfach: Hedonistische Lust führt unweigerlich in den Lustverlust; so viel sollte nach all dem, was ich bisher gesagt habe, klar sein.

Angemessenes, gesundes Vergnügen – die Art Freude, die der ganz normale Alltag uns bringt und die nicht auf das Neue, Unerhörte und den ultimativen Kick angewiesen ist – ist immer etwas, das uns glücklich macht, denn diese Freuden sind die Bausteine echten Glücks. Und darum soll es im nächsten Kapitel gehen.

KAPITEL 3

Spaß oder Glück?

Freuden sind wie Pusteblumen –
fasst man sie an, zerstieben sie.
Oder wie Schnee, der in Wasser fällt –
ein weißer Punkt, bald weg für immer.
(Robert Burns, „Tam O' Shanter")

Im Jahre 2005 veröffentlichte das amerikanische Nachrichtenmagazin *Time* ein Sonderheft mit dem Titel „Die Wissenschaft des Glücks". In einem der Artikel, der „Die Biologie der Freude" hieß, stand zu lesen, dass ein prominenter Gehirnforscher entdeckt hatte, dass das für unser Lustempfinden so wichtige Gefühl des Glücklichseins „nicht nur ein vages, verschwommenes Gefühl" sei, sondern „ein physischer Zustand unseres Gehirns". Ferner sei es möglich, einen solchen Zustand des Glücks bewusst herbeizuführen.[3] Was doch wohl heißt, dass Glücklichsein etwas ist, das man wählen kann. Ob ich glücklich bin oder nicht, entscheide ich letztlich selbst.

Glücklich mit Haut und Haaren

Aber das ist noch nicht alles. Die Wissenschaftler haben bei ihrer Erforschung der Lustmechanismen des gesunden Gehirns auch herausgefunden, dass diese Mechanismen einen tiefen Einfluss auf den Rest unseres Körpers ausüben. Menschen, die glücklich sind (also deren Lustsystem fit ist), produzieren z. B. nach einer Grippeimpfung 50 Prozent mehr Antikörper als der Durchschnitt der Geimpften. Glückliche Menschen haben typischerweise auch mehr Hoffnung, Optimismus und Zufriedenheit und bekommen weniger leicht Herzkrankheiten, Diabetes, Bluthochdruck, Erkältungen und Erkrankungen der oberen Atemwege. Ein bemerkenswertes Gefühl, das Glück. Der Fall ist klar: Wir sind so konstruiert, dass unser Lust- und Glückssystem gut funktionieren muss, damit wir gesund leben können.

Die Experten glauben auch, dass die allgemeine Lebensfreude, die jemand hat, ein Produkt aus den Freuden in den verschiedenen Bereichen seines Lebens ist. Wer sich nur auf *eine* Quelle der Freude konzentriert, wird im Endeffekt wahrscheinlich ein weniger glücklicher Mensch sein als jemand, der seine Freuden mehr „streut". Eine weitere Tatsache ist, dass unsere Lebensfreude durch negative Befindlichkeiten wie Sorgen oder Erschöpfung beeinträchtigt werden kann; wer also diese Negativposten reduziert, der tut etwas für sein Glück.

Aber worauf ich vor allem hinaus möchte, ist dieses: So wichtig es auch ist, dass wir ein gesundes Lustsystem haben, so falsch ist es andererseits, wenn der ganze Sinn unseres Lebens Lust und Vergnügen ist.

> *So wichtig es auch ist, dass wir ein gesundes Lustsystem haben, so falsch ist es andererseits, wenn der ganze Sinn unseres Lebens Lust und Vergnügen ist.*

Die Freuden, die wir im Leben erfahren, sind wie die Bahnhöfe auf einer langen Eisenbahnfahrt: kurze Zwischenhalte, die uns ein Stück Freude und Erfüllung geben, aber dann fährt der Zug weiter. Der große schottische Dichter Robert Burns hatte recht; jawohl, Freude ist „wie Schnee, der in Wasser fällt – in weißer Punkt, bald weg für immer".

Aber unterschätzen Sie die Bedeutung dieser kurzen Freudenmomente auch nicht! Im Gesamtzusammenhang unserer Lebensreise sind diese „Vergnügungshalte" die Bausteine dessen, was man „Glücklichsein" nennt.

Was ist der Unterschied zwischen Lust und Glück?

Die meisten Experten finden, dass Glück und Freude (Lust, Vergnügen) nicht das Gleiche sind, und ich stimme ihnen hier ein ganzes Stück weit zu. Viele Menschen glauben ja, dass es möglich ist, sich mit genügend Geld und Fleiß Glück zu kaufen, aber was man sich da in Wirklichkeit kauft, ist lediglich ein Stückchen Lust und Vergnügen; ob daraus Glück wird, ist eine andere Sache, dazu braucht es noch weitere Voraussetzungen.

Doch andererseits können wir uns unmöglich glücklich fühlen, wenn unser Lustsystem blockiert ist. Ich glaube, dass hier der Grund dafür liegt, warum so viele unserer Zeitgenossen unglücklich sind. Sie haben kein gesundes Lustsystem. Mit anderen Worten: Sie leiden an Anhedonie. Aber ohne ein gesundes Lustsystem können sie kein Glück empfinden. Oder noch einfacher ausgedrückt: Man braucht ein gesundes Lustsystem, um das, was einen da glücklich machen will, überhaupt genießen zu können.

> *Wirklich glücklich sein kann nur, wer sein Lustsystem gut pflegt.*

Um glücklich sein zu können, muss ich die guten Dinge, die mir das Leben beschert, schätzen können. Also: Lust ist nicht gleich Glück, aber wirklich glücklich sein kann nur, wer sein Lustsystem gut pflegt.

Die hedonische Tretmühle

In einem neueren Artikel in einer psychologischen Fachzeitschrift berichtet eine Psychologin, wie sie bis vor einigen Jahren fast blind war. Dann ließ sie sich operieren, und zum ersten Mal seit ihrem zwölften Lebensjahr konnte sie perfekt sehen.

Sie war natürlich überglücklich. Dass sie wieder sehen konnte – es war ein Wunder! Aber nach nur einer Woche hatte ihre Begeisterung sich schon wieder gelegt. Die Frau verstand sich selbst nicht mehr, aber diese Begebenheit illustriert sehr schön die Fähigkeit unseres Gehirns, sich rasch auf positive wie negative Veränderungen im Lustsystem einzustellen.[4]

Es ist diese Tendenz unseres Gehirns, sich an alles, was uns Freude bereitet, zu „gewöhnen", die so viele Menschen den Weg der *hedonischen Tretmühle* gehen lässt: Ständig suchen sie neue Reize, die ihren

Glückspegel für den Augenblick etwas anheben. Doch auf die Dauer legt dieses Jagen nach immer mehr und größeren Reizen unser Lustsystem lahm. Praktisch handelt es sich hier um einen *Suchtprozess,* der das Streben nach Glück gerade nicht fördert, sondern sabotiert.

Die Wiederentdeckung des Glücks

In der letzten Zeit ist viel über das Glücklichsein geschrieben worden. Das meiste davon ist nicht sehr hilfreich oder sinnvoll, bedenkt man, dass unser Gehirn zwar ein bestimmtes Areal für die Lust hat, aber keines für das Glücklichsein. Es scheint, dass Glück eine Funktion des ganzen Gehirns ist, und nicht nur eines Teils von ihm.

Die Philosophen sind hier auch nicht sehr hilfreich. Die meisten warnen uns vor der Vergänglichkeit des Glücks. Wilfred McClay nennt das Glück fruchtbar und geheimnisvoll, ein Phänomen, das viele Größen und Farben und Formen hat.[5] Je verbissener wir dem Glück nachjagen, um so unzufriedener und unglücklicher werden wir. Glücklichsein ist vor allem eine Sache der richtigen Erwartungen. Sämtliche Menschen, die ich kenne, die richtig unglücklich sind, haben unrealistische Erwartungen für ihr Leben. Daneben scheinen wir uns oft dann am glücklichsten zu fühlen, wenn wir uns an vergangene glückliche Stunden zurückerinnern. Dieser Punkt ist so wichtig, dass ich ihn dem praktischen Teil, den ich Ihnen im zweiten Teil des Buches vorstellen werde, zugrunde gelegt habe.

Bis vor wenigen Jahren hatten auch die Psychologen nicht viel zum Thema „Glück" zu sagen. Lange Zeit behandelten sie das Gefühl des Glücklichseins stiefmütterlich-herablassend; es war ihnen zu subjektiv und keiner Messung zugänglich. Dies ist heute anders geworden; jetzt überbieten viele Psychologen einander mit Vorschlägen, wie man den Menschen helfen kann, sich glücklicher zu fühlen. Es ist nicht länger verpönt, unter Psychologen das Thema „Glück" zu erörtern. Ich selbst kann mich noch gut erinnern, wie ich ein Buch zu dem Thema schrieb, zu einer Zeit, als es unter Wissenschaftlern noch nicht salonfähig war.[6]

Viele Leute verwechseln Lust bzw. Vergnügen mit Glücklichsein und verbringen das halbe Leben damit, so viel Spaß wie möglich in ihr Leben zu pumpen, in der Hoffnung, dass das sie glücklich machen wird. Dies ist ein aussichtsloses Unterfangen, und in diesem Kapitel möchte ich Ihnen zeigen, wie ein gutes Verhältnis von Lusterlebnissen und Lebensglück aussieht. Nur zu leicht suchen wir das Glück an den falschen Stellen, wo es uns doch direkt vor der Nase liegt – in unserer angeborenen Fähigkeit, Freude zu erleben.

Doch bevor wir in unserer Untersuchung zum Glücklichsein weitergehen, lassen Sie uns einen kleinen Test machen, der uns helfen wird, den Unterschied zwischen Lust und Glück zu erkennen.

Ermitteln Sie Ihren Lust- und Ihren Glücksquotienten

Wie Sie den Test durchführen

Stellen Sie sich vor, dass die folgenden Ereignisse in Ihrem Leben möglich sind, und beantworten Sie die zehn Fragen, indem Sie jeweils „wahr" (für „meistens wahr") oder „falsch" (für „gewöhnlich falsch") ankreuzen.

Es macht mir große Freude, wenn ...   wahr   falsch

1. mir jemand etwas schenkt, das ich schon immer
   gerne haben wollte.   ☐   ☐

2. ein Freund, den ich lange nicht mehr gesehen habe,
   unversehens zu Besuch kommt.   ☐   ☐

3. ich mir ein neues Kleidungsstück oder sonst etwas Nettes,
   das ich schon länger haben wollte, kaufe.   ☐   ☐

4. ich zu Hause im Wohnzimmer sitze und ein Buch lese oder
   mit meinen Lieben zusammen bin.   ☐   ☐

5. ich die lang ersehnte Urlaubsreise antrete.   ☐   ☐

6. ich eine gute Tat tue, auch wenn sie mir vielleicht
   nicht gedankt wird.   ☐   ☐

7. ich in einen Film/ein Konzert/eine Sportveranstaltung
   gehe, auf den/die ich mich schon lange gefreut habe.   ☐   ☐

8. ich durch einen Park gehe, wo Kinder spielen.   ☐   ☐

9. ich eine aufwendige Arbeit endlich fertigbekommen
habe.   ☐   ☐

10. ich eine ältere, kranke Person besuche,
deren Verwandte sich nicht viel um sie kümmern.   ☐   ☐

Zählen Sie jetzt die „Wahr"-Antworten
    zu den Fragen 1, 3, 5, 7 und 9 zusammen: _____

Und jetzt zählen Sie bitte die „Wahr"-Antworten
    zu den Fragen 2, 4, 6, 8 und 10 zusammen: _____

Sind Sie fertig mit dem Test? Wenn ja, haben Sie jetzt zwei Ergebniszahlen, einmal zu den Fragen 1, 3, 5, 7 und 9 und einmal zu 2, 4, 6, 8 und 10; die Werte liegen jeweils irgendwo zwischen 0 und 5. Was das Ganze soll?
Nun, die „Wahr"-Antworten zu den Fragen 1, 3, 5, 7 und 9 ergeben Ihren „Lustquotienten" – das Maß der Freude, die Sie aus den „äußeren" Dingen in Ihrem
Leben beziehen, also Gegenständen, die Sie geschenkt bekommen, oder Ereig-
nissen, die Ihnen Spaß machen. Falls Ihr Lustzentrum normal funktioniert, haben Sie wahrscheinlich die vollen 5 Punkte erzielt.
Aber jetzt zu den Fragen 2, 4, 6, 8 und 10. Sie messen Ihren „Glücksquotienten".
Auch hier sind maximal 5 Punkte möglich, aber ich schätze, dass kaum jemand
von Ihnen sie erhalten hat, und es würde mich nicht überraschen, wenn Sie hier
auf 0 Punkte gekommen sind.

Ihr „Lustquotient"

Schauen wir uns jetzt zuerst Ihren „Lustquotienten" an, also die Fragen 1, 3, 5, 7 und 9. Lust oder Vergnügen ist die Freude, die aus dem
kommt, was „äußerlich" an Angenehmen in unserem Leben geschieht.
Diese Dinge können durchaus Glücksgefühle verursachen. Sie senden
über den Botenstoff Dopamin Signale in das Lustzentrum unseres Gehirns. Aber es sind Vergnügungen und nicht wirkliches Glück. Die Glücksgefühle, die sie verursachen, bestehen nur so lange
wie sie selbst.
    Und wir alle wissen, dass selbst das fantas-
tischste Erlebnis, das wir noch nie hatten, schon

> *Jedes Vergnügen
> verliert früher
> oder später seine
> Fähigkeit, uns
> glücklich zu machen.*

bald wieder verblasst; bald ist es nichts Besonderes mehr, wir haben uns daran gewöhnt. *Jedes* Vergnügen verliert über kurz oder lang seine Fähigkeit, uns glücklich zu machen. Was es mitnichten wertlos macht, aber alle Freude geht irgendwann vorüber. Früher oder später registriert unser Lustsystem sie als etwas Normales und fängt an, auf das nächste „neue" Vergnügen zu warten.

Ihr „Glücksquotient"

Und jetzt zu Ihrem „Glücksquotienten", also den Fragen 2, 4, 6, 8 und 10. Glück ist nicht auf eine ununterbrochene Serie von Höhepunkten und „Wow!"-Erlebnissen angewiesen. Es kommt eher aus einem tiefen Gefühl der Zufriedenheit; der Glückliche ist der, der die schönen Dinge in seinem Leben zu schätzen weiß. Glücklichsein kommt nicht Knall auf Fall. Es geht auch nicht schnell wieder weg; wir können es auf die allereinfachste Art und Weise festhalten: nämlich indem wir uns daran erinnern, worüber wir alles glücklich sein können – tiefe Freundschaften, das Gute, das wir anderen tun, Akte der Liebe und Freundlichkeit. Diese Freuden kommen vor allem aus der *Belohnungs*komponente unseres Lustzentrums.

> **Wahres Glück ist dauerhafter als Vergnügen.**

Der entscheidende Punkt ist hier: Wahres Glück ist dauerhafter als Vergnügen. Was nicht heißt, dass die Lustverdrahtungen in unserem Gehirn nicht nach wie vor sehr wichtig wären. Glück und Lust hängen zusammen; ohne das Lustsystem läuft nichts. Aber es wäre ein Fehler, zu meinen, dass man das große Glück dadurch bekommt, dass man so viel Vergnügen wie möglich in sein Leben hineinquetscht; wer das tut, landet nur in der großen inneren Leere.

Glücklich trotz Sigmund Freud

Jeder möchte glücklich sein. Ich auch, was der Grund dafür ist, dass mich dieses Thema in meinem Beruf als Psychologe immer fasziniert hat. Nachdem ich mehrere Bücher über Depressionen geschrieben hatte, nahm ich schließlich meinen Mut zusammen und schrieb eines über das Glück. Als meine *15 Principles for Achieving Happiness* herauskamen, war das Thema „Glück" unter Psychologen wie Theologen suspekt. Die Briefkastentante einer Frauenzeitschrift durfte sich vielleicht darüber äußern, aber ein Wissenschaftler? Mehr als ein Pastor sagte mir: „Aber ist es denn nicht egoistisch, ja eine Sünde, glücklicher werden zu wollen? Denken Sie doch mal an all die Hungernden in Afrika, während wir hier im Überfluss leben!" Dank Sigmund Freud und seinem „Lustprinzip", das angeblich nur etwas für „das Kind in uns" war, trauten sich die meisten Christen, aber auch viele andere buchstäblich nicht, glücklich zu sein.

Zum Glück hat hier ein Umdenken eingesetzt. Heute ist Glücklichsein big Business. Es gilt als solch wichtiger Schutz vor psychischen Erkrankungen, dass es heute an den größten Universitäten Amerikas Doktorandenkurse darüber gibt.

Was ist Glück?

Aber wir haben sie immer noch nicht beantwortet, die Frage: Glück – was ist das denn überhaupt? Wir alle bilden uns ein, die Antwort zu wissen, da wir doch alle das Gefühl des Glücklichseins kennen, aber die Wissenschaft tut sich enorm schwer, eine Definition zu formulieren. Es gibt keinen exakten Punkt im Gehirn, an dem man „Glück" verorten könnte, und noch schwieriger ist es, herauszufinden, was man tun muss, um sich glücklich zu „machen". Der Erfinder einer wirksamen Glückspille würde über Nacht zum Millionär werden.

Für mich ist eine Art Glück die, die ich erlebe, wenn am Ende eines geschäftigen Tages meine Frau und ich in unserem Wohnzimmer sitzen, zwischen uns unser Hund Andy, und ein Buch lesen oder uns eine britische Fernsehkomödie anschauen. Ich murmele dann oft: „Das ist himmlisch", worauf meine Frau immer erwidert: „Schatz, im Himmel ist es bestimmt noch schöner." Vielleicht hat sie recht, aber mir würde dieses Abendglück schon reichen.

Glück ist zweierlei: ein innerer, seelischer Zustand und eine Art, zu leben. Glück ist ein Gefühl, aber es ist ein zusammengesetztes Gefühl, dessen Komponenten von tiefer Zufriedenheit zu heller Freude reichen. Es gibt viele verschiedene Arten und Ebenen des Glücklichseins.

Eine andere Art Glück, die ich vor Kurzem erlebte, war, als ich miterleben durfte, wie meine Enkelkinder ihr Abitur machten. Oder wie mein Enkel strahlte, als er 21 wurde. Es gibt alle möglichen Arten von Glück, und alle möglichen Anlässe. Am unvermitteltsten kommt das Glück z. B. dann, wenn wir unverhofft einem Freund begegnen oder ein Projekt beendet haben. Aber man kann auch „einfach so" glücklich sein, ohne ein besonderes Hochgefühl – z. B. wenn man sich daran erinnert, für was man alles dankbar sein kann, etwa das Preisausschreiben, das man gewonnen hat, die Geburt eines Kindes, einen sonnigen Tag oder was auch immer.

Trainieren Sie Ihr Glücksbewusstsein!

Oft merken wir unsere Glücksgefühle erst dann, wenn sie wieder weggehen. Wir merken es viel leichter, wenn wir unglücklich sind, als wenn wir glücklich sind. Wäre es nicht eine gute Idee, wenn Sie Ihr „Glücksbewusstsein" etwas trainieren würden? Nein, ich meine nicht eine Übung, um immer glücklich zu sein. Wer versucht, pausenlos glücklich zu sein, wird seine Glücksantenne ruinieren. Es geht ganz einfach darum, dass wir es leichter merken, wenn etwas uns glücklich macht, denn dies ist die Vorbedingung für Dankbarkeit, die wiederum ein ganz wesentlicher Glücksbaustein ist. Also: Versuchen Sie die folgende Übung zum Training Ihres Glücksbewusstseins:

• Tragen Sie immer eine Karteikarte oder einen Zettel bei sich.
• Etwa jede Stunde überlegen Sie sich, wie glücklich Sie sich gerade fühlen, und tragen das Ergebnis als Zahl ein, auf einer Skala, die

von o (der bisher unglücklichste Tag Ihres Lebens) über 5 (mittel-glücklich) bis 10 geht (das größte Glück, das Sie je erlebt haben).

- Notieren Sie neben dieser Zahl, warum Sie gerade so glücklich bzw. unglücklich sind.
- Legen Sie für jeden Tag eine neue Karte an und bewahren Sie sie auf. Vergleichen Sie, während Sie dieses Buch durcharbeiten, hin und wieder die Karten, um zu sehen, wie Ihre Zahlen sich ändern, weil Sie neue Strategien für ein gesundes emotionales Leben ent-deckt haben.

Noch wichtiger als Arbeit, Sex und Geld

Glückliche Menschen wirken ansteckend. Ihr Glück hilft uns, unsere eigenen Glücksantennen auf Empfang zu schalten. Sie strahlen Gebor-genheit und Sicherheit aus, wie ein unglücklicher Mensch dies niemals könnte.

Verschiedene Studien in aller Welt haben ergeben, dass der Wunsch nach Glück gleich hinter dem Wunsch nach Gesundheit und einem langen Leben kommt, was sicher niemanden überraschen wird. Doch was erstaunlich ist, ist, dass der Wunsch nach Glück noch vor solchen Dingen wie Sex, Arbeitsplatz, Reichtum, Status und Berühmtheit ran-giert. Und weiter noch: Vergleicht man verschiedene Personengrup-pen, Kulturen, Religionen, Altersstufen, Geschlechter und Rassen, sieht man keine großen Unterschiede bei dem Wunsch nach Glück. Dieser Wunsch scheint wahrlich universal zu sein.

Aber diese Studien förderten auch etwas höchst Beunruhigendes zu-tage: Die meisten der interviewten Personen gaben an, dass sie sich meistens unglücklich fühlten. Geld z. B. scheint, wenn man erst einmal über das Existenzminimum hinausgekommen ist, das Lebensglück nicht sehr zu erhöhen; wer buchstäblich hungern muss, wird durch mehr Geld sicher auch glücklicher, aber der Satte nicht. Was uns am meisten glücklich macht, scheinen unsere *Beziehungen* zu sein: eine gute Ehe, liebe Freunde, Besuche, Unternehmungen mit Gleichgesinn-ten. Was mich sehr beunruhigt, ist, wie viele Menschen heute angeben, dass ihre Kinder ihnen keine Freude bringen. Ich kann nur sagen, dass meine Kinder mir viel Glück gebracht haben und noch bringen, obwohl Kinder einem auch schwere Stunden und schlaflose Nächte bescheren können.

Ihr Glücksnormalwert

Viele der Dinge, die uns angeblich glücklich machen, wenn wir nur genug davon haben, entpuppen sich im wirklichen Leben als unwirksam. Ob es mehr Sex, mehr Geld, mehr Freizeit oder mehr Erfolg ist – viel an unserem Glücksniveau ändern tut es nicht. Es scheint tatsächlich so zu sein, dass das Glück vor allem aus den kleinen Dingen des Alltags kommt, z. B. guten Freundschaften, einem harmonischen Familienleben, einem erholsamen Urlaub, guter Gesundheit und Seelenfrieden. Und zu viel Stress ist ein Torpedo, der all diese kleinen Glücksschiffe fast mit Sicherheit zum Sinken bringt.

Dies bringt uns zu einer sehr wichtigen Grundwahrheit über das Glücklichsein: So wie unser Gewicht so etwas wie einen „Normalwert" hat, sodass wir selbst nach der strengsten Diät wieder diesen kleinen Rettungsring um den Bauch bekommen, scheint es auch (sagen uns jedenfalls die Forscher) einen Normalwert für unser Glücklichsein zu geben. Selbst wenn wir sechs Richtige im Lotto gehabt haben – auf Dauer stellt sich der entsprechende Normalwert wieder ein. Man weiß auch, dass eineiige Zwillinge immer ungefähr gleich glücklich sind, egal, wie lange sie voneinander getrennt waren.

Eine wichtige Lektion in Sachen Glück kommt aus der Welt der Glücksspiele. Wohl jeder hat sich schon einmal gewünscht, den Jackpot zu knacken, weil er dachte, dass er dann glücklich würde. Nun, in England gab es eine faszinierende Reportage der BBC über das Schicksal von Lottokönigen in aller Welt.[7] Auf die anfängliche Euphorie über den Hauptgewinn folgt rasch der Kater. Die meisten Lottokönige sind bereits nach einem Jahr nicht mehr glücklicher als vor ihrem Gewinn. Viele werden sogar todunglücklich: „Wenn ich gewusst hätte, was mir das bringt, ich hätte den Lottoschein lieber zerrissen!"

Ich glaube, der Grund dafür hat mit dem Thema dieses Buches zu tun. Der plötzliche massive Geldsegen blockiert das Lustzentrum im Gehirn auf eine ganz ähnliche Weise, wie dies Kokain oder ein anderer Suchtstoff tut. Der Lottokönig ist so vollgedröhnt von der Euphorie des Hauptgewinns, dass er sich über normale Dinge nicht mehr freuen kann. Passt er jetzt nicht auf, versucht er, das verlorene Glück durch Drogen, sexuelle Abenteuer und anderes wiederzugewinnen; das Geld dafür hat er ja … Das Endergebnis können Insolvenz und Tod sein. Der Traum vom großen Glück durch Geld ist ein Schaum. Noch so viele Millionen können Ihren Glücksnormalwert nicht ändern. Warum nicht? Weil es beim Lotto nicht darum geht, was man gewinnt, sondern was man verliert. Das scheint den wenigsten klar zu sein – weil sie nicht wissen, wie die Lustmechanismen in ihrem Gehirn, die letztlich für ihr Glücksgefühl verantwortlich sind, funktionieren.

Aber kehren wir von den sechs Richtigen in das normale Leben zurück. Geld macht also nicht glücklich. Heißt das nun, dass wir für den Rest unseres Lebens unglücklich bleiben müssen? Nein, und damit kommen wir zu einer sehr guten Nachricht:

Es ist möglich, seinen Glücksnormalwert zu verändern. Ich muss das wissen, denn ich habe es selbst geschafft. *Wie* ich es geschafft habe? Im Wesentlichen durch einige der Übungen, die ich Ihnen im zweiten Teil dieses Buches vorstellen werde.

Unglücklichsein fällt nicht vom Himmel, sondern ist das Ergebnis bestimmter Handlungen und Einstellungen. Es gibt Dinge, die es einem geradezu garantieren, dass man unglücklich wird.

Glück ist mehr als Lust und Freude, aber Sie können nicht erwarten, glücklich zu sein, wenn Sie an Anhedonie leiden. Um sich glücklich zu fühlen, braucht man ein gesundes Lustsystem. Aber andererseits wissen Sie auch bereits: Wer ständig nach dem nächsten Vergnügen jagt, sabotiert sein Glück.

Eine Strategie, seinen Glücksnormalwert anzuheben, besteht darin, sich einmal zu fragen, was der Mensch, der das große Glück sucht, denn alles übersieht. Kennen Sie den Song in *Camelot*, den König Arthur und Guinevere singen, als diese ganz unglücklich ist, obwohl in ihrem Leben alles wie am Schnürchen läuft? Der Titel des Songs ist:

„Was tun die einfachen Leute?" Ich habe eine besondere Beziehung zu diesem Stück aus *Camelot,* weil meine jüngste Tochter vor einigen Jahren bei einer Aufführung des Musicals in Los Angeles die Guinevere spielte. Der Text des Liedes bringt das, was ich in diesem Abschnitt sagen möchte, sehr schön auf den Punkt.

> Wer ständig nach dem nächsten Vergnügen jagt, sabotiert sein Glück.

Guinevere (die sich wahrscheinlich anhedonisch fühlt) fragt König Arthur, was die einfachen Leute tun, wenn das Leben grau ist. Seine Antwort? Er hat aus sicherer Quelle vernommen, dass die einfachen Leute das ganz clever machen: Sie beginnen zu pfeifen, und das macht ihren Tag gleich heller.

Guinevere, die mit dieser Auskunft noch nicht zufrieden ist, bohrt weiter, und König Arthur nennt ihr noch drei andere Möglichkeiten: Ein junger Bursche, dessen Stimme drei Mal so groß ist wie er selber, beginnt zu singen, andere Leute tanzen, wieder andere überlegen sich, was die hohen Herrschaften alles treiben.

Ein wahrhaft königlicher Rat! Echtes, tiefes, bleibendes Glück kommt nicht aus den Höhepunkten des Lebens, sondern aus den schlichten Freuden des Alltags. Und dies ist genau der Punkt, an dem unglückliche Menschen fehlgehen.

Kaputtes Lustsystem, kaputtes Glück

Worauf will ich mit all dem hinaus? Viele von uns, die unglücklich sind, sind dies schlicht deswegen, weil sie ihr Lustsystem missbrauchen. So einfach ist das.

Dies hat Konsequenzen für die Art, wie wir unser Leben führen sollten und wie wir unseren Normalglückswert verändern können. Um es noch einmal zu betonen: Sie können in Ihrem Leben nicht dauerhaft glücklich werden, solange Ihr Lustsystem nicht richtig funktioniert. Oder andersherum ausgedrückt: Wer sein Lustsystem falsch behandelt, zerstört seine Fähigkeit, echt glücklich zu werden. Dies lässt sich leicht nachweisen anhand von zwei Gesundheitsstörungen, die erwiesenermaßen unglücklich machen, indem sie Lustverlust erzeugen.

Die erste ist das Phänomen der Sucht. Wir werden in einem späteren Kapitel noch eingehender sehen, dass Süchte dadurch zu Süchten werden, dass sie das Lustzentrum im Gehirn regelrecht besetzen und so Anhedonie hervorrufen. Der Spielsüchtige geht ins Kasino, weil er nur noch so Glücksgefühle bekommen kann; ähnlich beim Alkoholiker, Drogensüchtigen etc. Es ist nur logisch, dass dann, wenn nur noch *ein* „Stoff" die Schwelle zum Lustzentrum überwinden kann, der Betroffene über nichts anderes mehr glücklich sein kann.

Das zweite Beispiel sind Depressionen. Der Lustverlust ist eines der Hauptsymptome solcher Depressionen, und depressive Menschen sind immer auch unglückliche Menschen. Wieder sehen wir sie, die enge Verbindung zwischen Lustverlust und Unglücklichsein; wo das eine ist, ist das andere nicht weit.

Was hat das mit mir zu tun?

Aber was hat all dies mit normalen, gutbürgerlichen Menschen zu tun, die kein Rauschgift nehmen und sonntags zur Kirche gehen? Leider mehr, als wir vielleicht denken. Fast jeden kann sie erwischen, die fatale Jagd nach dem immer größeren Kick, die doch nur in die graue Welt der Anhedonie führt. Ich erlebe in meiner Praxis immer mehr Klienten, denen ich beibringen muss, in ihrem Streben nach dem Lebensglück einen Gang herunterzuschalten. Es handelt sich hier, wohlgemerkt, um ganz normale Menschen, nicht um irgendwelche „abartigen Leute".

Versuchen Sie, mit den Erlebnissen, die der Alltag Ihnen bringt, zufrieden zu sein; suchen Sie nicht ständig nach irgendeinem neuen Kitzel. Wenn Sie mit normalen Gefühlen zufrieden sind, werden Sie merken, dass diese viel schöner und erfüllender sind als irgendwelche Extremerlebnisse.

Erobern Sie Ihr Glück zurück!

1. Tun Sie jeden Tag eine gute Tat.

2. Gestatten Sie es sich, Fehler zu machen, und wenn Sie einen gemacht haben, verzeihen Sie sich rasch.

3. Hören Sie auf, von Ihren Mitmenschen zu erwarten, dass sie vollkommen sind; nehmen Sie sie so an, wie sie sind.

4. Wenn jemand Sie verletzt hat, vergeben Sie ihm sofort.

5. Versuchen Sie, Ihr Leben einfacher zu machen; genehmigen Sie ihm eine Entschlackungskur.

6. Gönnen Sie sich jeden Tag genügend Schlaf und Bewegung.

7. Verbringen Sie mit Ihren Lieben und Freunden so viel Zeit wie möglich.

8. Setzen Sie sich jeden Tag 20 Minuten still hin, um nachzudenken oder zu meditieren.

9. Schreiben Sie sich jeden Tag die Dinge auf, die Ihnen Sorgen machen – und dann streichen Sie diejenigen durch, über die Sie keine Macht haben.

10. Rufen Sie sich jeden Abend vor dem Einschlafen fünf Dinge in Erinnerung, für die Sie dankbar sein können.

Sie dürfen diese Liste gerne um weitere „Glücklichmacher" erweitern. Ich bin sicher, dass Sie mit etwas Nachdenken auf ein paar Dutzend kommen. Diese Übung ist eine gute Vorbereitung auf das nächste Kapitel, in welchem es um den vielleicht größten Glückskiller unserer Tage geht – den heutigen Stress.

Mehr Lust – mehr Glück

Das Leben ist reich. Es bietet uns ein Schlemmerbüfett gesunder Freuden an. Wir haben keinen Grund, permanent traurig zu sein – und sind wir es trotzdem, dann haben wir etwas falsch gemacht. Wir haben die Wahl: Wir können als Miesepeter durchs Leben gehen, die sich die harmlosesten Freuden nicht gönnen, oder wir können frei werden und die Tür zum Glück öffnen.

Zwei wichtige Glücklichmacher, die wir nicht ignorieren sollten, sind unsere Arbeit und unsere Hobbys. Mit die größte Freude im Leben kann man in sinnvoller Arbeit finden. Permanente Freizeit hat noch niemanden glücklich gemacht; wir brauchen Arbeit genauso dringend wie Essen und Schlafen. „Warten Sie, wenn ich pensioniert bin", höre ich oft in meiner Praxis, „*dann* werde ich endlich glücklich sein! Bis dahin muss ich halt weiter schuften." Was für ein Unsinn! Es gibt mittlerweile wissenschaftliche Studien, die zeigen, dass sinnvolle Arbeit das Lebensglück immer erhöht.

Aber auch Hobbys sind wichtig. Wo die Arbeit dumpfe Plackerei ist, kann man immer noch ein Hobby pflegen, das einem Erfüllung bringt. Etwas Kreatives tun, egal wie klein es auch sein mag, bringt immer Befriedigung. Ich liebe es, Menschen dabei zu helfen, ihre Kreativität zu entdecken. Ein Hobby braucht nicht viel zu kosten. Ich würde sogar sagen, dass ein Hobby, das ein Vermögen verschlingt, keines ist. Manche Dinge kann man völlig kostenlos sammeln. Zum Beispiel Blumen. Als ich kürzlich in der Schweiz war, pflückte ich Blumen, die ich sorgfältig zum Trocknen in ein Buch legte. Als ich wieder zu Hause war, schenkte ich diese Blumen einer meiner Töchter, die Trockenblumen sammelt. Sie war überglücklich; etwas Schöneres hätte ich ihr nicht mitbringen können.

Zum Ende dieses Kapitels möchte ich Sie einladen, die Liste des „Rezepts zum Glücklichwerden" in dem Kasten links durchzugehen. Überlegen Sie sich, wie viele der Punkte Sie sich zu eigen machen können.

KAPITEL 4

Stress und Lustverlust

Die meisten Menschen hasten so schnell hinter dem Glück her,
dass sie glatt an ihm vorbeirennen.
(Sören Kierkegaard)

Das Problem des Stresses hat sich so heimlich, still und leise aufgebaut, dass wir nicht gemerkt haben, wie tief es in unser Leben eingedrungen ist. Man mag es kaum glauben, aber schon 1880 versuchte ein Mann namens George Miller Beard, die Welt auf ein Phänomen aufmerksam zu machen, das er „Nervosität" nannte. Beard war ein Arzt und Neurologe aus New York, nach dem die Beard'sche Krankheit benannt wurde, die sich in unerklärlicher Erschöpfung und abnormer Ermüdbarkeit äußerte. Heute reden wir hier von Stress.

Was passierte in der Welt, als Beard anfing, auf das Problem des Stresses hinzuweisen? Es war die große Zeit der Eisenbahnen. Das Tempo des Lebens hatte plötzlich angefangen, schneller zu werden. Immer mehr Menschen brauchten das Reisen nicht mehr auf Schusters Rappen oder zu Pferde erledigen; man nahm einfach den Zug, und in der gesparten Zeit konnte man andere Dinge erledigen.

Willkommen zu einer neuen Art Stress! Bald nach der Eisenbahn kamen das Auto, dann die Gebrüder Wright, dann moderne Düsenflugzeuge, die ihre Passagiere in ein paar Stunden ans andere Ende der USA brachten, wozu der Zug mehrere Tage gebraucht hatte – Tage, an denen man viel Zeit zum Ausruhen hatte.

Dann das Telefon, Radio und Fernsehen. Lauter Erfindungen, die ganz harmlos zu sein schienen. Aber sie waren die Wegbereiter eines noch größeren Stressbringers – des Computers. Lauter Fortschritte der Technik, die das Tempo des Lebens beschleunigten, den Konkurrenzkampf verstärkten, den Menschen immer weniger Ruhe und Freizeit ließen und ihnen immer mehr Energie abverlangten.

Aber selbst das war erst der Anfang. Heute haben Handy, Internet und Co. das Tempo des Lebens noch einmal vervielfacht, und der Stress bricht alle Schranken.

Heute lebt der Normalbürger in einem solchen Hamsterrad der Überreizung und Überlastung, dass sein Körper bald nicht mehr weiß, wie er darauf reagieren soll. Wer hat heute noch wenig zu tun? Wer hat keine Sorgen? Wer fühlt sich nicht immer wieder erschöpft und am Ende? Wer beherrscht noch die Kunst der Entspannung? (Nein, unter Entspannung verstehe ich nicht, auf dem Sofa zu sitzen und fernzusehen.) Unsere Schulen, Firmen und, jawohl, Kirchengemeinden sind die reinsten Stressmühlen geworden, und selbst die „Nur"-Hausfrau-und-Mutter weiß nicht mehr, wo ihr der Kopf steht.

> *Das heutige Leben entfernt uns immer mehr von gesunden Freuden und Vergnügungen.*

Und all das fordert unerbittlich seinen Preis. Echte Freizeit, gesunder Spaß bekommt allmählich Seltenheitswert. Das heutige Leben entfernt uns immer mehr von gesunden Freuden und Vergnügungen.

Kann denn Burn-out Sünde sein?

Dass wir heute in einer so gestressten Welt leben wie noch nie zuvor, liegt vor allem daran, dass wir keine Erholungszeiten mehr haben. Wir kommen nicht mehr dazu, unser System zu regenerieren. Und wir wissen das auch. Der Arzt sagt uns, dass wir uns dringend mehr entspannen müssen, in Tageszeitung und Apothekenzeitschrift erscheinen Artikel über das Thema. Aber wenn wir ehrlich sind, ist die Zeit, in der wir uns der Gefahren des Stresses so richtig bewusst waren, eigentlich schon wieder vorbei. Die meisten unserer Zeitgenossen akzeptieren den Stress als einen Teil des Lebens, mit dem man sich halt arrangieren muss. Die populärsten Stressbücher sind heute die, die uns einzureden versuchen, dass Stress doch eigentlich gut für uns ist, also her damit!

Die Leute suchen nach Stimmen, die ihnen versichern, dass ihr hektisches Leben okay ist. Sie wollen es nicht lernen, sich zu entspannen, so scheint es; sie wollen allenfalls „relaxen", will sagen: ihren geliebten Stress in der Freizeit fortsetzen.

Dies ist ein typisches Beispiel für das, was die Psychologen „Rationalisieren" nennen, und die Alltagssprache „Schönreden". Tatsache ist, dass fortgesetzter Stress tödlich ist. Selbst wenn er uns nicht gleich den Herzinfarkt oder Schlaganfall bringt, eines tötet er immer: unsere Fähigkeit, glücklich zu sein.

> Der einzige „gute" Stress ist der, der schnell wieder weggeht.

Ich betone das deswegen so, weil ich die Erfahrung mache, dass meine Klienten immer resistenter gegen Hilfsangebote zur Reduzierung ihres Stresses werden. Sie wollen ihren Stress nicht loswerden, sie wollen wissen, wie sie mit ihm leben und noch belastbarer werden können. Ein Buch mit dem Titel *Ohne Stress leben* interessiert sie nicht, aber *Der Stress, unser heimlicher Freund* – das könnte etwas sein ... Wenn Sie meine Meinung wissen wollen: Der einzige „gute" Stress ist der, der schnell wieder weggeht.

Stress und unser Lustsystem

Was hat der Zermürbungskrieg mit dem Stress mit dem Verlust unserer Freude zu tun? Ganz einfach: Stress raubt uns die Fähigkeit, Lust zu empfinden. Er ist eine der Hauptursachen von Lustverlust.

Die psychischen und körperlichen Veränderungen, zu denen hoher oder anhaltender Stress führt, wirken direkt gegen wichtige chemische Botenstoffe, die unser Gehirn braucht, um richtig zu funktionieren. Diese Botenstoffe tragen Signale in alle Regionen des Gehirns, einschließlich des Lustzentrums. Das Ergebnis? Depressions- und Verspannungszustände, gefolgt von Lustverlust.

Dass Stress uns die Fähigkeit, an unserem Alltag Freude zu empfinden, wegnehmen kann, mag vielen Lesern merkwürdig, ja unglaublich erscheinen. Aber es ist eine wissenschaftlich belegte Tatsache. Es gibt zahlreiche Untersuchungen, bei Menschen wie bei Tieren, über die Auswirkungen von Stress auf das Lustsystem.

Eine dieser Studien, die ich besonders faszinierend finde, möchte ich hier wiedergeben. In Basel machten zwei Forscher ein hochinteressantes Experiment mit Mäusen. Mäuse scheinen, ähnlich wie wir Menschen, einen „süßen Zahn" zu haben; sie tun fast alles, um Süßigkeiten zu bekommen. Nun, diese Forscher gaben Mäusen in Wasser aufgelöste Saccharose. Als Erstes stellten sie fest, wie viel von diesem Süßgetränk eine Maus im Laufe von ein paar Tagen normalerweise zu sich nahm, um den Standardwert für den hedonischen, ungestressten Zustand der Tiere zu ermitteln. Dann begannen sie, die Mäuse unter Stress zu setzen. Es war ein Stress, der chronisch und eher mild war und in unregelmäßigen, nicht vorhersehbaren Abständen auftrat – gerade so wie bei uns Menschen, nur sozusagen auf Mausgröße angepasst.

Die Ergebnisse waren hochinteressant. Im Laufe von zwei Wochen ging der Konsum der Zuckerflüssigkeit durch die Mäuse stetig zurück. Je länger der Stress in ihrem Alltag anhielt, umso weniger interessierte ihr Lustsystem sich für süße Sachen. Der Stress war dabei, diese Mäuse anhedonisch zu machen.

Als Nächstes begannen die Forscher, das Stressniveau zu verändern – mal höher, mal niedriger. Das Lustsystem reagierte prompt; sank der Stress, tranken die Mäuse wieder mehr Saccharosewasser. Als die Forscher das Stressexperiment beendeten, pendelte der Saccharose-Konsum der Tiere sich rasch wieder auf sein Normalniveau ein; ihr Lustsystem war wieder hedonisch geworden.[8]

Andere Experimente, die technisch ausgefeilter waren, haben diese Ergebnisse bestätigt. Einige Forschergruppen benutzten anstelle von Zuckerwasser Elektroden, die sie in das Gehirn der Tiere einpflanzten und die diese selbst aktivieren konnten: Jedes Mal, wenn die Ratte einen Hebel drückte, verspürte sie ein Lustgefühl, ähnlich wie in dem in Kapitel 1 beschriebenen Experiment. Es zeigte sich, dass die Tiere unter Stress den Hebel deutlich weniger häufig drückten; ihr Lustsystem war stumpf geworden.

Vater und Sohn

Chronischer Stress ist nicht nur bei Ratten und Mäusen, sondern auch bei uns Menschen Gift für das Lustsystem. Wenn Sie voll im Stress sind, wundern Sie sich bitte nicht, wenn Ihnen nichts mehr Spaß macht.

Als ich vor fast zwanzig Jahren mein Buch *Adrenaline and Stress* schrieb, war das Leben schon gestresst genug. Nun, das war vor Laptop, iPod und Internet, und heute erscheint uns diese Zeit fast schon idyllisch. Wir leben fast in einer anderen Welt.

Nachrichtenmagazine, Frauenzeitschriften, die medizinische Fachpresse – immer wieder ist die Rede vom Stress, und das aus guten Gründen. Stressschäden an Körper und Seele haben ein epidemisches Ausmaß erreicht. Viele Experten sehen in dem chronischen Stress des Alltags im beginnenden 21. Jahrhundert ein Problem erster Ordnung, das dringend der Lösung bedarf. Wenn wir es nicht lernen, das Tempo zu drosseln, unsere Werte neu zu überdenken und unseren Lebensstil geruhsamer zu machen, werden die Herzinfarkte, Immunschwächen, Depressionen und hundert andere Krankheiten noch weiter zunehmen. Schlimmer noch: Wir werden unsere Hektik und die Unfähigkeit, den Stress zu drosseln, an unsere Kinder weitervererben.

> *Wenn Sie voll im Stress sind, wundern Sie sich nicht, wenn Ihnen nichts mehr Spaß macht.*

Hier ein Beispiel dafür, was Stress unseren Kindern antun kann. Einer meiner Klienten, Peter, merkte, dass in seinem Leben etwas aus dem Lot war. Einem erfolgreichen Anwalt, dessen Kanzlei im Zentrum von Los Angeles lag, hatte der wachsende berufliche Erfolg den Stress in seinem Leben immer höher geschraubt; fast jeden Tag gab es irgendwelche Krisen, die er lösen musste. Peter hatte immer häufiger Panikattacken (eine typische Folge von Stress), manchmal auch durch zu hohen Blutdruck, Schwindelanfälle. Am Ende des Tages hatte er regelmäßig heftige Kopfschmerzen, die daher kamen, dass der Adrenalinspiegel in seinem Blut endlich nach unten ging.

Aber der eigentliche Grund, warum Peter mich aufsuchte, war sein

14-jähriger Sohn, der dabei war, zunehmend depressiv und verschlossen zu werden. Ich untersuchte die Vorgeschichte, und es zeigte sich, dass Peter auch seinen Sohn mit der Leistungspeitsche angetrieben hatte. Der Junge war hochbegabt, und so hatte der Vater ihn auf eine der besten Privatschulen geschickt; sein Sohn sollte im Leben „Turbo-Erfolg" haben. Die Schultage begannen frühmorgens mit der langen Anfahrt zur Schule, und wenn der Junge spät wieder nach Hause kam, warteten noch mehrere Stunden Hausaufgaben auf ihn.

Eine Zeit lang schien das gut zu gehen, dann weigerte der Sohn sich eines Morgens, aufzustehen. Nicht, weil er nicht aufstehen *wollte*; er schaffte es buchstäblich nicht. Der Vater war in heller Panik. Was war das hier – simulierte sein Sohn oder war es etwas Ernstes?

Es war etwas Ernstes. So begabt der Junge auch war, der erbarmungslose Stress hatte ihn in eine tiefe Depression gedrückt. Sein überlasteter Organismus hatte die Notbremse gezogen.

Ich sorgte dafür, dass der Sohn die richtige Behandlung bekam, und dann setzte ich mich mit dem Vater zusammen und redete Klartext. Peter mochte es noch so gut meinen, aber er war dabei, das Leben des Jungen zu zerstören. Sein Sohn hatte alles getan, was er konnte, um seinem ehrgeizigen Vater zu gefallen, und das war also das Ergebnis. Die Warnrufe der Experten sind nicht zu überhören: Das Wohl und die Zukunft unserer Kinder stehen auf dem Spiel, weil sie von den ersten Lebensjahren an unablässig unter Stress stehen.

Stress und Lust mögen sich nicht

Man braucht nicht jahrelang Medizin studiert zu haben, um einzusehen, dass Stress und Lust nicht zusammenpassen. Schauen Sie sich nur Ihr eigenes Leben an: Waren die glücklichsten Augenblicke diejenigen, in denen Sie am stärksten unter Stress standen? Ganz sicher nicht. Die Stressreaktion (man nennt sie auch die *Kampf-oder-Flucht-Reaktion*) hat den einen Zweck, uns in einer Krisensituation das Überleben zu garantieren. Ob wir uns dabei wohlfühlen, ist unserem Gehirn egal; schöne Gefühle sind Luxus, wenn es um Sein oder Nichtsein geht.

Aber es gibt hier auch eine gute Nachricht, die oft übersehen wird: Die Beziehung zwischen Stress und Lust ist nämlich keine Einbahnstraße. Es ist nicht nur so, dass Stress ein Lustkiller ist (darüber später noch mehr), sondern die richtige Art Lust (ich möchte sie *natürliche Lust* nennen) ist ein potentes Gegenmittel gegen Stress.

Was ist „natürliche Lust"? Es sind solche Freuden und Vergnügungen, die aus einem guten Umgang mit unseren Sinnen, unserer Fantasie und Kreativität kommen. Wenn Sie auf einem Berg sitzen und einen Sonnenuntergang genießen, geben Sie Ihrem Lustsystem freie Fahrt, das zu tun, was es am besten kann – Ihnen auf natürliche Art Vergnügen zu bereiten. Und diese Art Vergnügen *senkt* Ihren Stresspegel. Garantiert!

> *Die richtige Art Lust (ich möchte sie natürliche Lust nennen) ist ein potentes Gegenmittel gegen Stress.*

Ein neuerer Gesundheitsreport kommt zu dem Ergebnis, dass die Art, wie wir mit unseren fünf Sinnen umgehen, meist unsinnig ist.[9] Wir haben sie so überstrapaziert, dass sie ausgeleiert sind. Wir schlingen unser Essen hinunter, ohne seinen Geschmack mitzubekommen, dröhnen uns mit Walkman und iPod die Ohren so voll, dass wir keine Musik mehr wirklich hören, und wir sehen (und spüren) ganz allgemein den Wald vor lauter Bäumen nicht.

Es ist wissenschaftlich erwiesen, dass solche „kleinen Alltagsfreuden" wie ein Besuch bei einem guten Freund, Spielen mit den Kindern oder Enkelkindern oder ein kreatives Hobby wie Basteln oder Musizieren den Kortisolspiegel im Blut deutlich senken können. Kortisol (alias Hydrokortison), ein von den Nebennieren abgesondertes Stresshormon, ist einer der Hauptakteure im Spiel des Stresses. Zu Beginn einer Stressphase ist es unser Freund und Helfer, aber wenn der Stress zu lange andauert (in der Regel länger als zwei Wochen), macht es unser Leben grau und trist. Dies hängt schlicht damit zusammen, dass unser Organismus von der Auseinandersetzung mit dem Stress umschaltet auf das bloße Überleben. Seien Sie also nicht böse auf Ihr Kortisol; es tut nur seinen Job. Am Leben bleiben ist wichtiger als sich wohlzufühlen.

Trainieren Sie Ihre Ohren. Lauschen Sie auf das Lachen Ihrer Freunde, das Murmeln eines Baches, das Singen eines Vogels hoch oben im Baum. Üben Sie Ihren Tastsinn; wie ist das, wenn Sie die Hand eines Kindes halten oder den Wind auf der Haut spüren? Schnuppern Sie ganz bewusst die verschiedenen Düfte eines guten Mittagessens. Essen Sie langsam, sodass die Geschmacksknospen auf Ihrer Zunge sich entfalten können. Auch wenn es vielleicht etwas abgedroschen klingt, diese kleinen Freuden können in Ihrem Gehirn wahre Wunder wirken. Mehr als alles andere.

Stressmanagement für Dummies

Wie wir alle wissen, sind viele gesundheitliche und psychische Probleme stressbedingt. Depressionen, chronische Schmerzen, chronische Müdigkeit, Angst, Immunschwächen, Arthritis, Fibromyalgie und Herz-Kreislauf-Erkrankungen sind nur einige Beispiele. Aber hier möchte ich mich darauf konzentrieren, wie der Stress unserer heutigen Zeit unsere Fähigkeit, Lust und Glück zu empfinden, untergräbt.

Anders als unsere Vorfahren leben wir in einer Zeit, in der der Stress permanent geworden ist. Auch frühere Jahrhunderte kannten extrem stressige Ereignisse, z. B. Kriege, Überschwemmungen, Epidemien und Dürrezeiten. Das Leben auf dieser Erde ist nie einfach gewesen. Aber früher hatte der Stress meist relativ schnell ein Ende. Die Menschen des vorindustriellen Zeitalters schliefen länger und arbeiteten deutlich weniger als wir heute.

Stress und Vereinsamung

Noch verstärkt wird der heutige Stress durch das Phänomen der wachsenden Vereinsamung in unserer Gesellschaft. In den USA haben 25 Prozent der Menschen niemanden, mit dem sie über alles reden können. Viele klagen darüber, dass sie buchstäblich keine Zeit für Freundschaften haben. Selbst viele Kinder haben übervolle Terminkalender und bekommen ihre weitere Verwandtschaft (also Onkel, Tanten, Vettern, Cousinen) nur selten zu Gesicht. Schul- und Arbeitsplatzwechsel zwingen uns, alte Freundschaften aufzugeben und neue aufzubauen – wenn wir denn die Zeit dazu haben.

Der Stress unserer Großeltern kam und ging; unserer ist permanent. Unsere Großeltern hatten Erholungspausen vom Stress, wir nicht. Großfamilie und Freundeskreis als „Stresspuffer" fallen zunehmend aus. Aber das adrenerge System in unserem Körper ist ein reines Notfallsystem (adrenerges System: alle Nervenzellen, deren Transmittersubstanz Noradrenalin oder Adrenalin ist; *Anm. d. Lekt.*). Wenn dieses, sagen wir einmal „Adrenalin-System" sich nicht mehr durch stressfreie Zeiten regenerieren kann, zahlen wir den Preis in Form von Stresskrankheiten.

> *Wenn unser adrenerges System sich nicht mehr durch stressfreie Zeiten regenerieren kann, zahlen wir den Preis in Form von Stresskrankheiten.*

Was hat all das mit Lustverlust zu tun? Sehr viel! Wenn Stress chronisch wird, wie das in unserem modernen, getriebenen und überstimulierten Lebensstil der Fall ist, ändert sich die Aufgabe unserer Stresshormone: Es geht jetzt nicht mehr um Stressbewältigung, sondern um das nackte Überleben. Die Beschwerden, die diese Hormone verursachen, sind wortlose Warnungen, dass wir drauf und dran sind, uns zu ruinieren.

Dieses Buch kann keine Einführung in die Funktionsweise unseres Stresshormonsystems sein, aber über *eine* Funktion sollten wir alle Bescheid wissen: Das Hormon Kortisol blockiert viele der emotionalen Neurotransmitter des Gehirns, wie Serotonin und Noradrenalin, und führt damit zu Anhedonie und letztlich (wenn dieser Prozess nicht unterbrochen wird) zu Depressionen. Aber es kann auch den „Lust"-Neurotransmitter Dopamin blockieren, den (Sie erinnern sich) Hauptbotenstoff des Lustsystems. Das ist der Grund dafür, dass bei Depressionen immer auch eine Anhedonie, ein Lustverlust, vorliegt. Der Depressive kann sich über nichts freuen und hat nicht die Energie, etwas zu suchen, das ihm Spaß macht.

Was am heutigen Stress anders ist

Der Stress des 21. Jahrhunderts ist anders als noch der des 20. Jahrhunderts. Es gibt zwei Punkte, in denen sich der heutige Stress von dem früherer Zeiten unterscheidet. Erstens das Tempo: Mit dem Leben ist auch der Stress schneller geworden. Meine Enkelkinder haben ständig den nächsten Termin. Es gibt mehrere Studien darüber, wie viel heutige Kinder im Vergleich zu früher lernen müssen – was sie alles in ihr Gehirn hineinstopfen müssen, um in Schule und Leben überhaupt noch mitzukommen, geschweige denn Erfolg zu haben. Computer und Internet haben sich als höchst zweischneidiges Schwert erwiesen, das für viele den Stresspegel noch erhöht.

Zweitens hat unsere moderne Technologie die verfügbaren Ruhepausen immer mehr reduziert. Jedes System in unserem Körper braucht Ruhezeiten – auch unser Gehirn, auch unsere Gefühle und nicht zuletzt auch unser Stresshormonsystem. Mit genügend Ruhepausen tun diese Systeme ihren guten Dienst, aber wenn wir sie überstrapazieren, versagen sie. Das Ergebnis: Stresskrankheiten.

Wie der Stress uns die Freude raubt

Ich habe schon mehrfach erwähnt, dass zu viel Stress ein Lustkilller ist. Wie geschieht das im Einzelnen? Nun, zunächst einmal kann Stress die Nervenbahnen, die die Lustbotschaften in unser Lustzentrum senden, blockieren. Ich habe weiter oben bereits erwähnt, dass es eine Form der Depression gibt, bei der das Hauptsymptom nicht Traurigkeit, sondern Lustlosigkeit ist, also Anhedonie. Es laufen viele Menschen herum, die nicht depressiv aussehen, aber die mehr oder weniger stark an Lustverlust leiden. Ihr Leben ist grau, lust- und glanzlos, trist, eintönig und fade. Sie gehen wie Roboter durch ihren Alltag; ihre Lebenslust ist weg. Und die Hauptursache dieser Art Depression ist oft schlicht Stress.

Zweitens kann Stress das Lustsystem durch Überreizung lahmlegen. Unser „Notfallhormon" Adrenalin hat die Aufgabe, uns in den Stand

zu versetzen, die Krisen in unserem Leben zu überstehen, und es tut
dies unter anderem dadurch, dass es dem Lustsystem ein Signal sendet,
das in uns ein angenehmes Gefühl erzeugt. Unser Körper ist so verdrahtet, dass dieses erhöhte Wohlgefühl ihm helfen soll, Krisen besser
zu bewältigen. Dieser „Adrenalinschuss", wie er manchmal auch
heißt, ist ein Energiestoß, der uns das Gefühl gibt, es mit allem und
jedem aufnehmen zu können.

Aber wenn wir (z. B. indem wir ständig den nächsten „Kick" suchen) unser adrenerges System überreizen, kann dies eben die Kom-
munikationsbahnen zu unserem Lustsystem sozu-
sagen verstopfen. Nach einer Periode intensiver
Aktivität oder Stress (z. B. wenn Sie die Hochzeit
Ihrer Tochter hinter sich gebracht oder ein span-
nendes Projekt beendet haben) legt Ihr System
eine Pause ein, um sich zu regenerieren. Das ist
völlig normal; dieses System ist schließlich dazu
da, uns in Krisen extra Power zu geben, aber nicht
dazu, uns durch unseren normalen Alltag zu brin-
gen. Das System schaltet auf Müdigkeit, damit es sich erholen kann.
Wir werden müde, gereizt und – jetzt kommt es – lustlos, denn auch
unser Lustsystem wird abgeschaltet, damit wir nicht gleich wieder los-
rennen und uns in das nächste Abenteuer stürzen.

Wenn Sie sich gestresst, depressiv oder extrem lustlos fühlen, suchen Sie sofort Hilfe!

Wie stark ist Ihr Stress?

Wie gestresst sind Sie? Es ist praktisch unmöglich, dies subjektiv zu
messen; zu groß ist die Gefahr, dass man den Stress eigentlich ganz gut
findet oder nicht merkt, wie schädlich er ist. Daher hier ein kleiner
Test, der Ihnen zeigt, wie stark Sie unter Stress stehen. Er ist speziell
auf die Art Stress abgestellt, die unser Lustsystem in Mitleidenschaft
zieht und mithin zu Lustverlust führt. Falls Sie wissen wollen, wie
hoch Ihr Risiko ist, aufgrund von Stress einen Infarkt oder Schlaganfall zu bekommen, müssen Sie andere Tests zurate ziehen, die Sie z. B.
in medizinischen Ratgebern finden.

Ermitteln Sie Ihr Anhedonie-Stress-Risiko

Wie Sie den Test durchführen

Notieren Sie jeweils rechts von der Frage Ihre Punktezahl, wie folgt:

0 = Sehr selten oder nie
1 = Gelegentlich, aber ich habe das unter Kontrolle
2 = Oft (mehrere Male in der Woche)
3 = Immer (jeden Tag mehrmals)

Frage | **Punktzahl**

1. Ich habe Brustschmerzen, die nichts mit dem Herzen zu tun haben.

2. Meine Kehle fühlt sich eng an, das Schlucken fällt mir schwer.

3. Ich habe Probleme beim Sex und kein sexuelles Verlangen mehr.

4. Ich bin unzufrieden mit meiner Arbeit und wünsche mir, etwas anderes tun zu können.

5. Ich bin müde und erschöpft und fühle mich richtig ausgelaugt.

6. Ich habe Schlafstörungen oder schlafe nachts weniger als sieben Stunden.

7. Ich gehe wegen Kleinigkeiten an die Decke.

8. Ich kriege leicht Langeweile und suche nach Dingen, die mich aufmuntern.

9. Ich muss mir mal irgendetwas gönnen (etwas Schönes kaufen, einen Einkaufsbummel machen etc.), damit ich auf andere Gedanken komme.

10. Mein Herz schlägt sehr schnell oder unregelmäßig.

11. Ich bin lieber im Internet als mit Freunden zusammen.

12. Ich kriege öfter eine Erkältung oder Grippe als meine Freunde.

13. Ich werde schneller traurig oder mürrisch oder mache mir mehr Sorgen als meine Freunde.

Punktzahl

14. Ich zittere andauernd.

15. Ich bin vergesslich, lasse alles herumliegen oder kann mich nicht konzentrieren.

Gesamtpunktzahl

Auswertung

Zählen Sie Ihre Punkte zusammen. Die mögliche Höchstzahl ist 45.

0 bis 10 Punkte: Sie haben sehr wenig Stress.

11 bis 15: Sie haben leichte Stress-Symptome.

16 bis 20: Ihr Stress ist mittelstark; möglicherweise haben Sie schon etwas Lustverlust.

21 bis 25: Sie haben erheblichen Stress; wenn Sie nicht aufpassen, sind Sie ein Kandidat für irgendeine Sucht.

26 bis 30: Ihr Stress ist sehr stark. Ihr Lustverlust ist möglicherweise bereits sehr ausgeprägt, und Sie sollten Beratung und Hilfe suchen.

Über 30: Sie stehen unter extremem Stress. Möglicherweise haben Sie bereits eine Depression; sie sollten sofort zum Arzt oder sonst einem Experten gehen.

Aber egal, wie hoch Ihre Punktezahl ist: Wenn Sie sich gestresst, depressiv oder extrem lustlos fühlen, suchen Sie sofort Hilfe! Dies sind Probleme, die sich mit der richtigen Behandlung gut beheben lassen.

Doch Stress ist nicht nur ein Problem der Erwachsenen; bei Kindern kann er sogar wesentlich schwerer sein. Wenn wir uns im folgenden Kapitel die stressige Welt der heutigen Kinder anschauen, werden die Parallelen zur Welt der Erwachsenen deutlich werden, sowohl was die Probleme als auch was die Strategien zur Lösung betrifft. Lesen Sie also weiter.

KAPITEL 5

Unsere Kinder in der Lustverlustfalle

Du sorgst dich, weil du siehst,
wie dein Kind seine jungen Jahre damit verbringt, nichts zu tun.
Was? Ist es etwa nichts, wenn man glücklich ist?
Nichts, wenn man den ganzen Tag spielen,
hüpfen und herumrennen kann?
Nie mehr in seinem Leben wird dein Kind so glücklich sein.
(Jean-Jacques Rousseau, *Emile*)

Unsere Kinder sind heute in großer Gefahr, aber nur wenige sehen das. Von Vorschulkindern bis Teenagern ist eine ganze Generation auf dem Weg in ein Leben ohne Freude, aber kaum jemand nimmt Notiz davon, ja Eltern, Medien und unsere ganze Kultur treiben die Kinder noch weiter an auf diesem Weg.

Erst kürzlich war ich in einem angesehenen christlichen College und theologischen Seminar der USA zu Gast. Ich fragte mehrere der Dozenten, was der Unterschied zwischen den früheren und den heutigen Studenten war, und alle gaben sie mir die gleiche Antwort: Die heutigen Studenten scheinen in ihrem Alltag nichts mehr zu finden, was ihnen Freude oder Zufriedenheit gibt. Ich war völlig überrascht, denn ich hatte mein Interesse am Thema „Lustverlust" mit keiner Silbe erwähnt, aber diese Professoren schienen wohlvertraut zu sein mit der schönen neuen anhedonischen Welt der jungen Leute – einer Welt, in der nur noch die stärksten und spektakulärsten Reize die Barrieren zum Lustzentrum zu überwinden vermögen. Die meisten der Dozenten gaben auch an, dass sie sich selbst oft ähnlich fühlten.

> *Eine ganze Generation ist auf dem Weg in ein Leben ohne Freude, aber kaum jemand nimmt Notiz davon.*

Die Multitasking-Generation

Der Kinder- und Teenager-Lustverlust ist massiv auf dem Vormarsch. Wie kommt das? Die Antwort war im März 2006 in einem Artikel des Nachrichtenmagazins *Time* zu lesen, der den Titel trug: „Sind unsere Kinder zu gut auf Draht?"[10] Der Artikel behandelt ausführlich die Licht- und Schattenseiten des Phänomens des „Multitaskings" bei Kindern und Jugendlichen, also der Neigung, stets mehrere Dinge gleichzeitig zu machen. Der Report beginnt mit der Geschichte einer vierköpfigen Familie in einem Vorort von Los Angeles, in der jeder in seiner eigenen kleinen Welt lebt. Während die Mutter im Wohnzimmer aufräumt und der Vater allein in der Küche sitzt und sein verspätetes Abendessen hinunterschlingt, sitzt der Teenagersohn vor seinem Computer und sammelt in Google Images Bilder seiner Lieblingsschauspielerin. Gleichzeitig sind mehrere IM-Fenster geöffnet, damit er mit einem MySpace-Kumpel chatten kann. Ebenfalls aktiv ist das Programm iTunes, das Popmusik in ohrenbetäubender Lautstärke von sich gibt. Was der Sohn eigentlich macht, während all das vor sich geht? Seine Hausaufgaben für morgen.

Gleich nebenan sitzt seine Schwester in ihrem Zimmer und macht so ziemlich dasselbe. Die Reporterin fragt sie, wie sie das schafft – gleichzeitig Musik hören und Hausaufgaben machen. „Heute macht man halt Multitasking", erwidert sie und fährt fort, wie toll es ist, wenn man an dem einen Ohr das Handy und am anderen den Hörerstöpsel seines iPods hat.

Warum Eltern besorgt sein sollten

Erschreckend? Sehr sogar, sagen die in dem *Time*-Artikel interviewten Experten. Doch viele Eltern sehen das lockerer. Sie sind geradezu dankbar, dass ihre Sprösslinge beschäftigt sind. Für die Kids von heute scheint Multitasking eine Selbstverständlichkeit zu sein, und viele sehen darin etwas Gutes. Als ich vor Kurzem gegenüber einem Vater, der ein bekannter Arzt ist, den *Time*-Artikel erwähnte, sagte er: „Ich schätze mal, wenn die Kids nicht mehr als eine Sache gleichzeitig tun könnten, würden sie nichts mehr fertigkriegen." Womit er natürlich den enormen Druck meinte, unter dem die heutigen Kinder und Jugendlichen stehen.

Doch die Eltern hätten allen Grund, sich Sorgen zu machen. Zur Zeit nehmen 32 Familien in und um Los Angeles an einer auf vier Jahre angelegten intensiven Studie der UCLA (University of California Los Angeles) über die Auswirkungen des modernen Lebens auf die Familie teil. Das Multitasking steht zwar nicht im Zentrum dieser Studie, aber es zeigt sehr gut, wie dramatisch sich die Situation seit einer ähnlichen, vor zwanzig Jahren durchgeführten Studie verändert hat.

> *Für die Kids von heute scheint Multitasking eine Selbstverständlichkeit zu sein, und viele sehen darin etwas Gutes.*

„Schaffen wir doch glatt", sagen viele Teens, wenn man sie fragt, ob sie mehrere Sachen gleichzeitig tun und dabei noch lernen können. Viele Experten haben da ihre Zweifel. Sie registrieren z. B., dass viele so vertieft in ihren Multitasking-Alltag sind, dass sie keine Notiz mehr von ihren Eltern nehmen, wenn diese in ihr Zimmer kommen, was definitiv kein gutes Anzeichen ist. Auch die Schule leidet. Hier einige alarmierende Fakten aus dem *Time*-Report, die man sich einmal zu Gemüte führen sollte:

- Eine Umfrage unter jungen Amerikanern zwischen 8 und 18 Jahren ergab, dass die Kids zwar nicht noch mehr Zeit in die elektronischen Medien investieren als früher – es blieb bei 6,5 Stunden (!) pro Tag –, aber dass sie diese Zeit durch Parallelkonsum doppelt und dreifach belegen: iTunes hören, DVDs anschauen, E-Mails an Freunde senden etc. ergeben zusammen das Äquivalent von 8,5 Stunden!
- Im Zeitalter des Internets beschleunigt sich das Phänomen des Multitasking geradezu raketenartig.
- Auch wenn Multitasking-Kids vielleicht manchmal besser vorbereitet sind, finden viele Psychologen den Trend alarmierend. Der Leiter eines Labors für kognitive Neurologie an einer großen amerika-

nischen Universität wörtlich: „Teenager, die gleichzeitig ihre Hausaufgaben erledigen, SMS verschicken, Onlinespiele machen und fernsehen, werden auf Dauer Schwierigkeiten bekommen."

- Viele Pädagogen und Psychologen fordern die Eltern dringend auf, etwas zu unternehmen, damit ihre Teenager vom Bildschirm loskommen und wieder mit Menschen aus Fleisch und Blut zusammen sind. Viele Kids haben andererseits so viel um die Ohren, dass sie kaum noch Zeit für das gemeinsame Mittag- oder Abendessen mit der Familie haben. Zahlreiche Teenager und Studenten sagen, dass ihre vielen Termine sie zum Multitasking zwingen.

- Es ist wichtig, dass Eltern und Erzieher den Kindern beibringen (am besten durch das eigene Vorbild), wie man mal Pause macht und sich ein paar Minuten entspannt und gar nichts „tut".

- „Das Problem", kommentiert ein Psychiater aus Massachusetts, „ist, was man alles nicht tut, wenn man zu lange vor dem Bildschirm sitzt. Man isst nicht mehr mit dem Rest der Familie zu Abend; man spricht nicht mehr miteinander; man lässt sich nicht mehr beraten, ob man mit einem Jungen ausgehen soll, der am ersten Abend schon Sex erwartet; man erlebt keinen Familienausflug mehr; man sitzt nicht mehr im Garten und schaut zu den Wolken hoch. Die Frage ist nicht so sehr: Was tue ich meinem Gehirn an mit all den Videospielen?, sondern: Was tue ich meinem Leben an mit all den Dingen, zu denen ich nicht mehr komme?"

- Ein Professor der Universität Stanford bemerkte, dass seine Studenten es nicht fertigbringen, in den paar Minuten zwischen zwei Seminaren still zu sein, sondern sofort ihr Handy hervorholen und telefonieren. Viele Teenager (aber auch immer mehr Erwachsene, wenn ich das hinzufügen darf) scheinen schier Panik zu bekommen, wenn einmal „nichts los ist" – ein typisches Lustverlustsymptom.

- In einer neueren Studie mit Oberschülern, die über 90 Mal am Tag mit ihrem Handy telefonierten, gaben die Befragten als Hauptgrund für ihre Telefoniermanie Langeweile und Unzufriedenheit mit dem Leben an. Es zeigte sich auch, dass diese Teenager stärker zu Depressionen und Ängsten neigten als die Gleichaltrigen, die weniger als 70 Mal pro Tag telefonierten.

Die Pädagogen und Sozialwissenschaftler haben gerade erst angefangen, sich dieses Problems anzunehmen, sodass wir bald mehr darüber hören dürften.

„E" wie „Eltern" und „Ehrgeiz"

Aber manche Eltern machen das Problem noch schlimmer, indem sie von ihren Kindern Erfolg um jeden Preis verlangen. Nicht, dass sie das zugeben würden, aber eine Tatsache ist es trotzdem.

Madeline Levine schreibt, dass Eltern, die ihre Kinder unter Erfolgsdruck setzen, „eine ganze Generation von Mittelklassejugendlichen zu Stress und Depression verdammen" (und, so möchte ich hinzufügen, zu lebenslangem Lustverlust).[11] Levine, eine klinische Psychologin, hat eine neue, wachsende Spezies ehrgeiziger Eltern identifiziert: die „Gluckeneltern", so genannt, weil sie alles und jedes im Leben ihrer Kinder kontrollieren müssen. Diese meist besserverdienenden Väter und Mütter erwarten, dass ihr Kind überall – in Mathematik und Musik, in Naturwissenschaften und Sport – unter den Allerbesten ist. Diese Kinder wachsen überstimuliert und überfordert auf und sind jedes Mal todunglücklich, wenn sie die Erwartungen der Eltern nicht erfüllt haben. In einer Phase ihres Lebens, in der sie es eigentlich lernen sollten, sich über das Leben zu freuen, erleben sie sich als hilf- und hoffnungslose Versager in einer Welt, in der es keine Freude gibt. Kein Wunder, dass viele von ihnen im Selbstmord enden.

> *Manche Eltern verlangen von ihren Kindern Erfolg um jeden Preis.*

Es überrascht nicht, dass Kinder aus wohlhabenden Elternhäusern ein dreimal größeres Risiko laufen, Depressionen und Angstzustände zu bekommen, als der durchschnittliche Teenager. Sie greifen auch leichter zu Drogen (irgendwoher müssen sie ja schöne Gefühle bekommen), Selbstverstümmelung (Schmerzen sind immer noch besser als gar kein Gefühl) und Selbstmord (wofür lebe ich überhaupt?). Der Grund für all das: der aussichtslose Versuch, es den überehrgeizigen Eltern recht zu machen.

Gluckeneltern, lasst eure Kinder los! Ihr behindert ihre Entwicklung, nicht zuletzt das neurologische Wachstum eines gesunden Lustzentrums, indem ihr ihnen die Freuden des normalen Aufwachsens nehmt – etwa den Zoobesuch oder die Wanderung mit Vater oder das Häkelnlernen mit Mutter. All die schönen und lehrreichen Stunden, die man mit seinen Eltern verbringt – als Teil der Freizeit, wohlgemerkt, und nicht als Projekt für die Schule.

Unsere Kinder brauchen Zeit und Freiräume, um ihren Interessen und Neigungen nachzugehen. Wir dürfen ihre Selbstachtung nicht durch unrealistische Erwartungen, die sie nicht erfüllen können, beschädigen. Familien brauchen es, dass sie zusammen essen, zusammen spielen, zusammen wandern und etwas erleben. Sie brauchen eine feste Struktur von Familientraditionen, die im Gedächtnis der Kinder haften bleiben, sodass diese später sagen können: „Was war das damals schön …"

Multitasking und Sucht

Ich denke beim Thema „Multitasking" nicht nur an die Folgen, die der Teenagerstress für Schule und Lernen hat. Was in dem Artikel in der *Time* nicht erwähnt wurde, ist, dass der Multitasking-Stress ein ideales Einfallstor für Drogen und andere Süchte ist, in denen der Teenager die Freude sucht, die er in seinem Leben nicht mehr findet.

Das Trommelfeuer der Reiz- und Aufgabenüberflutung hat destruktive Wirkungen auf das Lustsystem im Gehirn und bereitet so dem Lustverlust den Boden. Wie im *Time*-Artikel zu lesen stand, hat die Angewohnheit, seine Aufmerksamkeit gleichsam zu zerteilen, ernste Folgen für die Art, wie die jungen Menschen lernen, denken, sich verhalten und kreativ sind. Aber sie hat auch Folgen dafür, wie und wo die Teenager ihre Lusteinheiten herbekommen.

> *Das Trommelfeuer der Reiz- und Aufgabenüberflutung hat destruktive Wirkungen auf das Lustsystem im Gehirn und bereitet so dem Lustverlust den Boden.*

Das für das Multitasking typische ständige Hin- und Herschalten im Gehirn ist nicht nur ineffektiv für das Lernen; nach Meinung vieler Forscher führt es auch zu erheblichem Stress. Aber es ist die Sorte Stress, die sich nicht unangenehm, sondern eher stimulierend anfühlt und die Stresshormonausschüttung noch beschleunigt, mit entsprechenden Langzeitschäden. Multitasking nimmt uns die Zeit, die wir bräuchten, um uns vom Stress zu erholen.

Multitasking-Sucht-Test

Definition
Unter *Multitasking* versteht man das gleichzeitige Durchführen verschiedener Aktivitäten bzw. die gleichzeitige Benutzung verschiedener Stimulationsquellen wie z. B. MP3-Player, Internet, Handy, Fernsehen usw.

(Hinweis: Der folgende Test kann grundsätzlich auch von dem Teenager selbst gemacht werden, der jedoch wahrscheinlich den Ernst des Problems herunterspielen wird. Besser ist, wenn Sie als Elternteil oder Erzieher den Test durchgehen.)

Wie Sie den Test durchführen
Notieren Sie jeweils rechts von der Frage die Punktezahl für Ihren Teenager, wie folgt:
0 = Nie oder sehr selten
1 = Gelegentlich, aber er/sie scheint das unter Kontrolle zu haben
2 = Oft (mehrere Male in der Woche)
3 = Immer (jeden Tag mehrmals)

Frage	Punktzahl
1. Ihr Teenager sitzt lieber vor dem Computer, als dass er sein Zimmer aufräumt.	_____
2. Er beschäftigt sich lieber mit Videospielen, SMS und Co. als „live" mit seinen Freunden.	_____
3. Es bedarf einiger Überredungskunst, um ihn dazu zu bringen, den Computer auszuschalten und zum Essen zu kommen.	_____

Punktzahl

4. Ihr Teenager verkehrt mit seinen Freunden vor allem
   über das Internet.   _____

5. Sie haben den Eindruck, dass das Multitasking
   seine Schulnoten deutlich verschlechtert.   _____

6. Das Multitasking ist definitiv nicht gut für seine Beziehungen
   zu Freunden und Verwandten.   _____

7. Ihr Teenager schläft zu wenig, weil er so viel Zeit
   vor dem Computer, am Handy etc. verbringt.   _____

8. Die Laune Ihres Teenagers bessert sich schlagartig,
   wenn er die nächste Multitasking-Runde beginnt.   _____

9. Wenn der Computer streikt, das Handy defekt ist etc.,
   wird Ihr Teenager depressiv oder wütend.   _____

10. Ihrem Teenager machen nur noch solche Dinge Spaß,
    die mit Multitasking zusammenhängen.   _____

Gesamtpunktzahl   _____

Auswertung
Zählen Sie die Punkte zusammen. Die maximale Punktezahl ist 30.
0 bis 10 Punkte: Ihr Teenager ist offensichtlich nicht Multitasking-süchtig, sondern in der Lage, sein Medienverhalten zu steuern.
11 bis 14: Es könnte sein, dass Ihr Teenager es manchmal mit dem Multitasking
übertreibt und in Gefahr ist, süchtig zu werden.
15 bis 17: Ihr Teenager ist eindeutig süchtig in Sachen Multitasking und braucht
wahrscheinlich Hilfe, um wieder ins Lot zu kommen.
18 bis 20: Das Multitasking-Verhalten Ihres Teenagers ist exzessiv; die Sucht ist
deutlich und verlangt rasches Eingreifen.
Über 20: Die Multitasking-Sucht nimmt extreme Formen an. Suchen Sie unbedingt Hilfe.

Aber egal, wie hoch die Punktezahl ist: Wenn Sie sich Sorgen über den
Medienkonsum bzw. das Multitasking Ihres Teenagers machen, suchen Sie so bald wie möglich Hilfe bei einem entsprechend ausgebildeten Psychologen.

„Das muss ich haben!"

Viele Experten sind sich einig: Konsum steht im Denken der Teenager mit ganz oben, frei nach dem Motto: Ich habe etwas, also bin ich wer. Teenager können nicht genug kriegen von Gegenständen, mit denen sie der Welt zeigen können, wer sie sind. Ob Handys in Popfarben oder Designerjeans, die neueste Lippenstiftfarbe oder die Modeschuhe, sie müssen es haben!

Die Suche nach der eigenen Identität („Wer bin ich?") ist eine Sache. (Und es gibt heute längst Internetadressen, wie MySpace.com, unter denen man sich – wenigstens virtuell – eine beliebige Identität zusammenbasteln kann.) Aber noch verkompliziert wird dies durch die Tatsache, dass die Kindheit heute kürzer ist als je zuvor in der Geschichte. Eltern sorgen sich zu Recht, dass ihre Kinder zu schnell aufwachsen. Es ist eine medizinische Tatsache, dass die heutigen 13-Jährigen körperlich viel „erwachsener" sind als noch vor einer Generation.

Eltern sorgen sich zu Recht, dass ihre Kinder zu schnell aufwachsen.

Vom Thema dieses Buches her noch alarmierender ist, dass die Reizüberflutung der Kinder und Jugendlichen immer früher einsetzt; heute konsumieren manchmal schon Zehnjährige Internetpornografie. Niemand weiß, wohin dies noch führen soll.

„Das muss ich haben – jetzt, sofort!"

Kürzlich las ich im Internet das folgende Blog:

Wenn ich etwas haben will, muss das immer gleich sofort sein. Das macht mein Leben kaputt. Ich glaube nicht, dass das meine Schuld ist. Ich bin mit Fast Food groß geworden, und inzwischen lebe ich im Internetzeitalter, wo alles nur einen Mausklick weit entfernt ist. Aber stimmt das überhaupt? Ich glaube, das ist ja das Problem. Man hat mir pausenlos eingetrichtert, dass ich alles tun und kriegen kann, wenn ich es nur will, und das ist doch alles erstunken und erlogen.[12]

Deutlicher könnte man es kaum ausdrücken. Ein Lebensstil der sofortigen Bedürfnisbefriedigung sabotiert unser Lustsystem. Man könnte hier einwenden, dass es doch immer Spaß macht, das zu bekommen, was man will. Doch das Problem mit der sofortigen Befriedigung ist, dass sie den normalen Lustaufbau sozusagen kurzschließt; die Phase der Vorfreude (z. B. auf das Fahrrad, das Ihr Vater Ihnen zum nächsten Geburtstag versprochen hat) fällt weg. Echte Freude bedarf immer der Vorfreude, bei der man sich ausmalt, wie schön es sein wird, wenn der ersehnte Augenblick da ist. Freude, die sofort kommt, ist auch sofort wieder weg.

Ich habe diese Lektion als kleiner Junge gelernt. Wenn Weihnachten vor der Tür stand, wurde mir das Warten auf die Bescherung schier zur Qual. Einmal, als ich ihn zum x-ten Mal gefragt hatte, wann denn endlich Weihnachten war, gab mein Vater mir eines meiner Geschenke schon eine Woche vor Weihnachten. Ich war im Himmel – nun ja, ein paar Stunden lang, dann war die Freude wieder weg. Es war ein Geschenk ohne Vorfreude.

Als das nächste Weihnachtsfest kam, fragte mein Vater mich, ob ich wieder ein Geschenk eine Woche eher haben wollte. Ich lehnte dankend ab und habe nie wieder über das Warten auf die Bescherung gejammert. Ich hatte meine Lektion gelernt, und noch heute genieße ich die Wartezeit vor dem Öffnen eines Geschenks. Kein Zweifel: Die Steigerung von „Freude" heißt „Vorfreude", und das Nichtwartenkönnen nimmt uns eine wichtige Möglichkeit, unser Lustsystem zu stärken.

Kleiner Ratgeber für Eltern von Multitasking-Teenagern

Was Sie nicht tun sollten:

* Ein Verhalten verurteilen, ohne sich die Mühe gemacht zu haben, es zu verstehen.

* Von Ihrem Kind weniger Multitasking erwarten, wenn Sie selbst ständig zwischen Handy, iPod und Internet sitzen.

* Sich von den Launen, Schmollphasen oder Beschimpfungen Ihres Teenagers erpressen lassen.

* Ihren Teenager böse nennen oder ihm Ihre Liebe entziehen, um ihm so zu zeigen, dass sein Verhalten falsch ist. Ihr Kind hat immer Ihre Achtung und bedingungslose Liebe verdient.

* Angst vor der Technik haben. Es gibt Eltern, die ihren Kindern keine Grenzen setzen, weil sie Angst haben, damit ihre technologische Unbedarftheit zu zeigen.

Was Sie tun sollten:

* Den Umgang mit dem Internet lernen; dann sind Sie glaubwürdiger, wenn Sie Grenzen setzen.

* Die Kinder dazu anhalten, möglichst wenige Dinge auf einmal zu tun – am besten immer nur eines.

* Es loben bzw. belohnen, wenn Ihr Sprössling sich auf eine Sache konzentriert.

* Bei allen Aktivitäten, die stimulierend sind, klare Grenzen in Bezug auf Zeit und Intensität setzen.

* Entspannung, Auszeiten, ruhige (!) Ausflüge ins Grüne, Tapetenwechsel fördern.

* So viel körperliche Bewegung praktizieren wie möglich; Bewegung hilft dem Körper beim Verbrennen von überschüssigem Adrenalin und ist damit ein Gegenmittel gegen Überstimulierung.

* Den Zugang zu fragwürdigen Internetseiten (z. B. Porno, Gewalt) kontrollieren bzw. sperren (z. B. durch entsprechende Filterprogramme).

Wenn Spaß und Lust beieinanderliegen

Wenden wir uns jetzt einem noch ernsteren Problem für Teenager zu, das so schnell wächst, dass man dabei zusehen kann.

Wenn Sie sich in einem medizinischen Lexikon eine Darstellung unseres Gehirns anschauen, werden Sie etwas Überraschendes sehen: Direkt neben dem Lustzentrum liegt das Schmerzzentrum. Ich muss ehrlich sagen: Mir wäre es lieber, diese beiden Zentren lägen an entgegengesetzten Enden des Gehirns.

Ist es angesichts dieser Nähe nicht vielleicht möglich, dass das Gehirn manchmal Schmerz und Lust verwechselt? Könnte es sein, dass Schmerz uns manchmal Lust bringt? Wichtige Fragen, auf die wir Antworten finden müssen, wenn wir unsere Kinder vor dem Elend eines lebenslangen Lustverlusts beschützen wollen.

Als ich kürzlich morgens die Zeitung durchging, sprang mir folgende Schlagzeile in die Augen: „Selbstverstümmelung: Schüler bringen sich Wunden bei, um ihre Lebensangst auszudrücken."[13] Was in dem Artikel stand, war mir nichts Neues, sondern eine Bestätigung mehr für einen Trend, der Psychologen in aller Welt Sorgen bereitet. Es hieß in dem Artikel, dass an den Prestige-Universitäten der USA fast jeder fünfte Student angibt, sich schon einmal absichtlich Schnitt-, Brand- und andere Wunden zugefügt zu haben. Die Psychologen berichten, dass man dieses Verhalten überall in den USA, aber auch Australien und Europa findet und dass die Alterspalette mittlerweile vom Universitätsstudenten bis hinunter in die Grundschule reicht.

> **Wenn wir uns wiederholt mutwillig Schmerzen zufügen, fängt unser Gehirn an, Schmerz mit Lust zu verwechseln.**

Angeheizt wird dieser Trend durch über 400 Websites zu dem Thema, die bis hin zur offenen Verherrlichung der Selbstverstümmelung gehen, komplett mit blutigen Bildern und „Gebrauchsanweisung". Hier gibt es eine ganze Internetgemeinschaft, die dem vereinsamten Teenager sagt: „Du bist einer von uns."

Die große Preisfrage ist natürlich, *warum* Teenager und sogar Kinder sich Verletzungen beibringen. Einige von ihnen berichten (und meine eigenen Enkelkinder, die mich darüber auf dem Laufenden halten, was in ihrer Welt vorgeht, bestätigen dies), dass die Selbstverstümmelung a) ihre innere Angst betäubt und b) ihren inneren Schmerz in einer für ihre Umwelt sichtbaren Form nach draußen trägt. Die Schmerzen signalisieren ihnen, dass sie normal sind – und wenn man Lust nur noch durch Schmerzen empfinden kann, sind diese Verletzungen sozusagen etwas richtig Schönes.

Man weiß, dass Selbstverstümmelungen zu einem Endorphinstoß im Körper führen. Endorphine sind Hormone, die als Schmerzbetäuber wirken und nach denen man leicht süchtig werden kann. Fragen Sie einen beliebigen Extremjogger, und er wird Ihnen sagen, dass so ein Endorphinrausch etwas Fantastisches ist. Viele der Teenager, die sich mit Messern verletzen, leiden offenbar an klinischen Depressionen (siehe dazu den nächsten Abschnitt), was bedeuten würde, dass die Selbstverstümmelung für sie eine Methode ist, die anhedonische Komponente in ihrer Depression auszuhebeln. Die Freudlosigkeit heilen kann sie natürlich nicht.

Aber ich glaube, das Problem geht noch weiter. Jawohl, viele heutige Kinder und Teenager leiden an ausgeprägtem Lustverlust, und das Experimentieren mit selbst zugefügten Verletzungen führt zu einem vorübergehenden High durch ein vom Gehirn produziertes Schmerzmittel. Aber hier geschieht noch mehr: Wenn wir uns wiederholt mutwillig Schmerzen zufügen, fängt unser Gehirn an, Schmerz mit Lust zu verwechseln, bis wir schließlich das eine nicht mehr vom anderen unterscheiden können.

Finden Sie das schockierend? Ich hoffe es sehr. Denn wir erleben bei unseren Kindern immer mehr Verhaltensstörungen, die auf dieser Schmerz-Lust-Verwechslung beruhen. Unsere Kinder mögen es, wenn sie sich Schmerzen und Wunden zufügen, weil es ihnen hilft, den tieferen seelischen Schmerz zu betäuben, den sie nicht spüren wollen.

Wenn Kinder depressiv werden

Aber jetzt kommen wir zu dem allergrößten Freudenräuber unserer Kinder. Die bekannte Psychiaterin Joan Luby von der Washington University School of Medicine in St. Louis glaubt, dass das spezifischste Depressionssymptom bei Kindern unter sechs Jahren die *Spiel-Anhedonie* ist; es macht den Kindern keine Freude mehr, zu spielen.

Joan Luby sieht im Spielen einen ganz wesentlichen Aspekt des Lebens eines Kindes. Will das Kind nicht spielen bzw. hat es keine Freude mehr am Spielen, ist dies ein Alarmsignal und ein möglicher Hinweis darauf, dass man das Kind auf eine mögliche Depression untersuchen lassen sollte.[14]

Die Depression im Kindesalter ist seit etwa zwölf Jahren einer der Schwerpunkte der psychologischen Forschung. Heute werden immer mehr Kinder als depressiv diagnostiziert, und dies liegt keineswegs nur daran, dass die diagnostischen Möglichkeiten besser geworden sind; die Hauptursache sind die Stressfaktoren, die ich weiter oben in diesem Kapitel beschrieben habe.

Heute finden wir ernste Depressionen schon im Kindergartenalter. Diese Kinder sind noch nicht in der Lage, den Eltern zu sagen, dass sie sich depressiv fühlen, und viele Eltern übersehen die Symptome. Beim Kind sind die Symptome einer Depression anders als beim Erwachsenen. Bei Kindern verstecken sich Depressionen hinter solchen Dingen wie Bauchweh, Muskelschmerzen und natürlich Anhedonie. Depressive Kinder, auch schon die ganz kleinen, verlieren die Fähigkeit, sich zu freuen. Manchmal ist diese Freudlosigkeit das einzige Symptom, das sichtbar ist.

Depression und Lustverlust beim Kind ist etwas, vor dem man gar nicht genug warnen kann. Es kann sein Leben zerstören. Auf den folgenden Seiten möchte ich Ihnen daher genauer zeigen, wie Sie Depression im Kindesalter so früh wie möglich erkennen und was Sie gegen sie tun können.

Woran erkenne ich es, dass mein Kind Depressionen hat?

In meiner Forschungstätigkeit habe ich mich in den letzten Jahren darauf konzentriert, eine physiologische Methode zur Diagnose von Depressionen bei sehr kleinen Kindern zu finden. Es ist sehr wichtig, solche Depressionen frühzeitig zu erkennen. Eine Depression im Kindesalter muss sofort behandelt werden, sonst setzt sie sich im Gehirn des Kindes fest.

Ich habe mich bei meinen Forschungen darauf konzentriert, eine Methode zur objektiven Messung der Anhedonie eines Kindes zu finden. Wenn wir die Anhedonie gefunden haben, haben wir auch die Depression. Depressive Kinder können sich (wie alle Depressiven) nicht mehr freuen. Lassen Sie mich Ihnen also die Technik beschreiben, die ich in meinem Labor benutze und die auch Ihnen helfen kann, der Depression Ihres Kindes auf die Spur zu kommen.

> *Eine Depression im Kindesalter muss sofort behandelt werden, sonst setzt sie sich im Gehirn des Kindes fest.*

Ich zeige dem Kind auf einem großen Computerbildschirm eine Reihe von Bildern und messe dabei mit hochempfindlichen Instrumenten die Veränderungen in seinen Lächel- und Stirnrunzelreflexen. Ein normales Kind lächelt sofort, wenn es ein lustiges Bild sieht, ein depressives Kind nicht. Während das Kind die Bilder betrachtet, messe ich also die Spannungsveränderungen in mehreren Gesichtsmuskeln, vor allem in denen, die für Lächeln und Stirnrunzeln zuständig sind. Ich kann auf diese Weise den Beginn des leisesten Lächelns feststellen, lange bevor der Laie ihn auf dem Gesicht des Kindes registriert.

Bevor ich mein Verfahren weiter beschreibe, möchte ich Sie bitten, sich vor einen Spiegel zu setzen und Ihr Gesicht zu beobachten, während Sie weiterlesen. Schauen Sie sich kurz beim Lächeln zu; sehen Sie, wie die Lachmuskeln zu beiden Seiten Ihres Mundes diesen hochziehen? Jetzt runzeln Sie die Stirn und beobachten Sie, was die Muskeln am inneren Rand Ihrer Augenbrauen dabei machen. An diesen Stellen platziere ich bei den Kindern die Elektroden und messe die Reaktionen.

Wir zeigen dem Kind jedes der Bilder fünf Sekunden lang und messen dabei die Veränderungen in den beschriebenen Gesichtsmuskeln. Manche der Bilder sind emotional neutral (z. B. ein Besen oder ein Buch), und das Gesicht des Kindes verändert sich nicht. Andere Bilder sind negativ (z. B. ein wütendes Gesicht), und ein normales Kind runzelt die Stirn. Wieder andere (etwa ein lächelndes Baby oder ein Erdbeereis) sind fröhlich, worauf ein gesund entwickeltes Kind breit lächelt.

Machen Sie die Probe aufs Exempel

Probieren wir es aus. Ich werde Ihnen jetzt eines der Versuchsbilder beschreiben, das bei normalen Kindern ein breites Lächeln hervorruft, beim depressiven Kind dagegen eher ein Stirnrunzeln. Sobald ich das Bild beschrieben habe, schauen Sie bitte in den Spiegel und mustern Sie Ihr Gesicht.

Sind Sie bereit? Gut, hier das Bild: Ein süß aussehender Hundewelpe, der den Kopf sinnend zur Seite gelegt hat und um den Hals eine lange, bunte Krawatte trägt. Was sehen Sie in Ihrem Spiegel? Wenn Sie normal sind, wahrscheinlich, dass Sie breit lächeln. Wenn Sie an meine Messinstrumente angeschlossen wären, würden diese eine deutliche Aktivität Ihrer Lachmuskeln registrieren. Wir beschränken uns bei unseren Tests natürlich nicht auf ein einziges Bild; es sind insgesamt 30 Bilder, von denen mindestens zehn von der „fröhlichen" Sorte sind, und wir sprechen dann von einer Depression, wenn ein Kind bei den meisten der fröhlichen Bilder nicht lächelt.

Wie können Sie also als Elternteil oder z. B. Lehrer den Beginn einer Anhedonie, eines Lustverlusts, erkennen, bevor diese sich zu einer vollen Depression entwickeln kann? Nun, denken Sie an den Welpen mit der Krawatte. Im Leben eines Kindes gibt es viele ähnliche Bilder und Reize. Achten Sie darauf, wie Ihr Kind auf sie reagiert. Verzieht es z. B. keine Miene bei einem Zeichentrickfilm, bei dem andere Tränen lachen? Oder wie ist es, wenn es ein Geschenk bekommt? Kann es sich darüber freuen oder nicht? Wenn Ihr Kind sich offensichtlich nicht freuen kann, sollten Sie der Sache nachgehen; es könnte an einer klinischen Depression leiden. Oder auch an einer Reizüberflutung, die es ihm unmöglich macht, sich noch „normal" zu freuen. In diesem Fall sollten Sie sich den Hilfen zuwenden, die ich im zweiten Teil dieses Buches vorstelle, und sich überlegen, wie Sie sie auf Ihr Kind anwenden können.

Und jetzt ein konkreter Test, mit dem Sie feststellen können, ob und wie stark Ihr Kind oder Schüler an Lustverlust leidet:

Kindheitsanhedonie-Test

Die Person, die diesen Test durchführt, muss jemand sein, der eine enge Beziehung zu dem Kind hat (z. B. Eltern, Pflegeeltern, andere echte Vertrauensperson). Bitte beachten Sie auch, dass solche Störungen wie Schizophrenie, Autismus oder Gehirnverletzungen das Testergebnis verfälschen können.

Wie Sie den Test durchführen
Notieren Sie jeweils rechts von der Frage die Punktezahl, wie folgt:
0 = Trifft selten oder gar nicht zu
1 = Gelegentlich (mehrere Male im Monat)
2 = Oft (mehrere Male in der Woche)
3 = Immer bzw. ständig

Frage	Punktzahl
1. Ihr Kind freut sich nicht, wenn es ein Eis, Kuchen oder andere Leckereien bekommt.	
2. Das Kind scheint nicht fähig zu sein, auf fröhliche oder lustige Ereignisse zu reagieren.	
3. Sein Gesichtsausdruck ist traurig.	
4. Andere Kinder scheinen viel fröhlicher zu sein als Ihres.	
5. Die schlimmste Tageszeit für Ihr Kind ist das Aufstehen morgens oder nach dem Mittagsschlaf.	
6. Das Kind ist reizbar und wird leicht wütend.	

Punktzahl

7. Sie wissen nicht mehr, mit was Sie Ihrem Kind eine Freude machen können.

8. Das Kind mag es nicht, Zuneigung zu empfangen oder auszudrücken.

9. Es klagt über Bauchschmerzen.

10. Es hat keine Lust, mit anderen Kindern zusammen zu sein oder zu spielen.

Gesamtpunktzahl

Auswertung

Zählen Sie die Punkte zusammen. Die höchstmögliche Punktzahl ist 30.
0 bis 6 Punkte: Ihr Kind scheint sich normal freuen zu können.
7 bis 12: In manchen Lebensbereichen könnte es bei Ihrem Kind eine leichte Anhedonie geben.
13 bis 18: Das Kind zeigt die Symptome eines mittelstarken Lustverlusts.
19 bis 24: Ihr Kind hat einen ausgeprägten Lustverlust und braucht Hilfe.
25 bis 30: Die Anhedonie ist sehr ernst und braucht sofort professionelle Hilfe. Lassen Sie prüfen, ob auch eine Depression vorliegt.

Da ein schwerer Lustverlust ein Anzeichen für eine Depression sein kann, stellt sich hier eine wichtige Frage: Woran erkennt man, dass hinter der Lustlosigkeit Depressionen stecken und nicht Überstimulierung und Reizüberflutung? Ich habe bei dem obigen Test versucht, depressionstypische Symptome auszuschließen, aber es gibt hier einen großen Überlappungsbereich. An eine Depression sollten Sie denken, wenn bei Ihrem Kind auch die folgenden Symptome vorhanden sind:

- Schlafstörungen (Schlaflosigkeit, extreme Müdigkeit, zu frühes Aufwachen am Morgen)
- Selbstmord- oder Todesgedanken („Ich wollte, ich wäre tot")
- Häufiges Weinen
- Nachlassende Leistungen in der Schule
- Das Kind streitet bzw. prügelt sich gerne mit anderen Kindern

Wenn Ihr Kind deutliche Depressionssymptome zeigt, sollten Sie logischerweise sofort Hilfe suchen. Viele Eltern scheuen davor zurück, weil sie Angst haben, womöglich an den Depressionen ihres Kindes schuld zu sein. Als jemand, der es beruflich wissen muss, darf ich Ihnen versichern, dass Depressionen in den besten Familien vorkommen. Sie sind nicht notwendig ein Zeichen dafür, dass die Eltern Rabeneltern sind; ich bin sogar ziemlich sicher, dass dann, wenn Sie Ihr Kind noch einmal von vorne erziehen könnten, seine Depressionen genauso da wären.

Wir leben nun einmal in einer Welt, in der Stress und Depressionen allgegenwärtig sind. Ihre Aufgabe als Eltern oder Erzieher ist es, im Falle eines Falles so schnell wie möglich die richtige Therapie zu suchen. Sie haben Angst davor, als Eltern zu versagen? Nun, wer die Suche nach Hilfe zu lange hinauszögert, der versagt in der Tat. Es gibt heute wirksame Therapien für Depression im Kindesalter, z. B. Psychotherapien für das Kind oder die ganze Familie. Manchmal sind auch Medikamente angebracht. (Mehr über Teenager-Depressionen erfahren Sie in dem Buch, das ich zusammen mit meiner Tochter geschrieben habe: *Stressed or Depressed.*)[15] (Nur im Original erhältlich; *Anm. d. Lekt.*)

Hilfe für gestresste Eltern

Lassen Sie mich dieses Kapitel mit einem guten Rat für gestresste Eltern und überforderte Kinder beschließen. Der Rat kommt vom Kinderärzteverband der USA und ist ganz einfach: Was die heutigen Kinder brauchen, ist mehr wirklich freie Zeit – Zeit, in der sie „einfach so" spielen.[16]

Viele moderne Eltern bilden sich ein, den Alltag ihrer Kinder bis zum Bersten mit Kursen, Vereinen, lehrreichen Videos, Nachhilfeunterricht und Co. füllen zu müssen. Dieser Druck beginnt oft schon beim Kleinkind. Was auf der Strecke

> *Hören Sie auf, der große Supervater/die Supermutter sein zu wollen. Gehen Sie nach draußen und spielen Sie mit Ihren Kindern.*

bleibt, ist das spontane, freie Spiel, ob es nun Sandkasten oder Bauklötze sind, Marienkäfer oder Schmetterling oder das Herumtoben auf dem Fußboden mit Mama oder Papa.

Vorbeugen ist besser als Heilen. Wenn Sie verhindern wollen, dass Ihr Kind anhedonisch oder depressiv wird, dann tun Sie Folgendes:

* Nehmen Sie sich Zeit für Ihre Kinder – das ist die Regel Nr. 1. Erforschen Sie ihre Welt. Spielen Sie mit ihren Puppen oder dem Hamster. Damit tun Sie etwas für ihr Lustsystem.

* Überfüttern und überfordern Sie Ihre Kinder nicht. Lassen Sie sie selbst das Tempo bestimmen, seien Sie mit Ihren Erwartungen nicht unrealistisch.

* Bauen Sie in Ihren Wochen- und Tagesablauf „Erholungszeiten" ein, in denen Sie als Familie stressfrei zusammenkommen und sich einfach unterhalten, Spiele machen oder spazieren gehen.

Der amerikanische Kinderärzteverband zitiert zahlreiche Studien, die nachweisen, dass der Versuch, aus seinem Kind um jeden Preis einen zweiten Einstein zu machen, nur zu Übergewicht, Depressionen und Stresskrankheiten führt – und, so möchte ich hinzufügen, zu der Unfähigkeit, sich über die kleinen Dinge des Alltags zu freuen. Kinder, deren Tag lückenlos verplant ist, können nicht mehr träumen, sich nicht mehr ihrer Fantasie hingeben, nicht mehr ihre eigene kleine Welt gestalten. So sagen es uns heute viele Experten, und ich habe schon lange nichts mehr gehört, was so wahr und so weise ist.

Also: Hören Sie auf, der große Supervater/die Supermutter sein zu wollen. Gehen Sie nach draußen und spielen Sie mit Ihren Kindern. Es könnte gut sein, dass Sie merken, dass dies auch für *Ihren* Stress gut ist. Sollten Sie wirklich nicht die Zeit dafür haben, dann entrümpeln Sie wenigstens den Tages- und Wochenplan Ihrer Kinder und lassen Sie sie manchmal einfach spielen. Ich garantiere Ihnen: Eines Tages werden Ihre Kinder, wenn Sie sich an diese Stunden erinnern, sagen: „Das war die glücklichste Zeit meines Lebens."

KAPITEL 6

Wenn Lust zur Sucht wird

Kein Vergnügen ist in sich selbst etwas Böses,
aber die Dinge, die Lust bereiten, führen zu Verwicklungen,
die um ein Vielfaches größer sind als die Lust selber.
(Epikur)

Die Sache mit der Lust hat auch ihre dunklen Seiten. Sie gleicht einem Seiltanz. Bleiben wir auf dem Seil, bekommen wir ein erfülltes, von Freude geprägtes Leben. Doch wehe, wir verlieren vor lauter Gier nach noch mehr Lusterlebnissen die Balance; dann ist der Absturz nur einen Schritt entfernt.

Die größte Gefahr ist hier, dass die Lust zu einer Sucht wird – genauer gesagt: zu einer, wie die Experten es nennen, „nicht stoffgebundenen" Sucht. „Stoffgebundene" Süchte sind solche, die durch eine bestimmte chemische *Substanz* (z. B. Alkohol, Nikotin, Kokain, Heroin etc.) ausgelöst werden; der Süchtige wird von dieser Substanz abhängig. Bei „nicht stoffgebundenen" Süchten dagegen wird der Betroffene von einem bestimmten *Verhalten* abhängig; Beispiele sind Arbeitssucht, Essstörungen, Pornografiesucht etc.

Im schlimmsten Falle kann das aus dem Ruder gelaufene Streben nach Lust zum Einfallstor für beide Arten von Süchten – stoffgebundene und nicht stoffgebundene Süchte – werden. In diesem Kapitel soll es nur um nicht stoffgebundene Süchte gehen.

Wenn aus Schönem Böses kommt

Es gibt viele gute Dinge im Leben, die uns gesunde Lusterlebnisse bringen können: Zuneigung, Essen, Sex, Musik und vieles andere. Doch all diese schönen Dinge sind mit den Belohnungsbahnen des Lustzentrums in unserem Gehirn verbunden und haben damit das Potenzial, süchtig zu machen. Nichts dokumentiert die ganze Macht dieser Belohnungsmechanismen so stark wie eine Sucht. Ein ehemaliger Kokainsüchtiger erinnert sich:

> Deine Gedanken kreisen nur noch darum, high zu werden, und jedes Mittel dazu ist recht. Wenn du deine Großmutter bestehlen musst, um das Geld für den nächsten Stoff zu kriegen, dann machst du das halt. Deine Eltern belügen, Leute um Geld anpumpen, das du nie im Leben zurückzahlen kannst, Schecks ausstellen, die nicht gedeckt sind – alles kein Problem. Du verstehst selbst nicht, wie du pausenlos Geld ausgibst und gegen deine sämtlichen Prinzipien verstößt – und so wenig dafür kriegst.

Die Experten sind sich einig: Alles, was uns Lust bereitet, hat das Potenzial, bei Missbrauch zur Sucht zu werden. Essen, Sport, Sex und hundert andere Dinge, die an sich völlig normal sind, können süchtig machen. Dazu kommt noch, dass bei manchen Menschen die chemischen Bahnen zum Lustzentrum durch andere, körperliche Faktoren unterbrochen oder gestört sind, sodass die Betroffenen es schwerer haben, Lust zu empfinden, als andere Menschen. Eine bestimmte genetische Ausstattung kann die Anfälligkeit für stoffgebundene Abhängigkeiten erhöhen; solche Menschen sind z. B. impulsiver als andere oder haben keine Enzyme, die zum Abbau bestimmter Stoffe erforderlich sind. Auch bestimmte psychische Erkrankungen können zu einer erhöhten Suchtgefahr führen, speziell in Bezug auf solche Stoffe, die das Gehirn aufgrund seines gestörten Stoffwechsels „braucht".

Wie bei einer „richtigen" Sucht

Der Heilungsprozess bei einer nicht stoffgebundenen Sucht ist ganz ähnlich wie bei einer stoffgebundenen Sucht, sodass ein paar Bemerkungen über die Ähnlichkeiten zwischen diesen beiden Suchtarten angebracht sind. Nicht zuletzt die Erforschung des Kokains (eines der ganz großen Stimulantien unseres Lustsystems) hat uns einiges darüber gezeigt, wie das Lustzentrum unseres Gehirns funktioniert, bei stoffgebundenen wie -ungebundenen Süchten.

Jeder weiß, dass Kokain stark süchtig machend ist. Etwa 16 Prozent aller Personen, die es „nur dieses eine Mal" ausprobieren, werden sofort abhängig. Es gibt kaum eine zweite Droge, bei der die Neuverdrahtung des Gehirns so ausgeprägt und schnell ist wie bei Kokain. Kokain bringt das Lustzentrum des Gehirns auf Hochtouren und führt zu regelrechten Euphoriezuständen; dies ist einer der Gründe für sein enorm hohes Suchtpotenzial.

Doch dieses Potenzial haben nicht nur chemische Substanzen wie Drogen, sondern auch viele Verhaltensweisen. Kürzlich ging ein Bericht über mehrere Männer in Korea durch die Medien, die so süchtig nach Internet-Videospielen geworden waren, dass sie noch nicht einmal mehr eine Pause zum Essen machen konnten, und es sind zwei Fälle bekannt geworden, wo junge Männer nach tagelangen Videospielen buchstäblich tot umfielen. Nicht weniger süchtig machend sind Glücksspiele im Internet.

Der Heilungsprozess bei einer nicht stoffgebundenen Sucht ist ganz ähnlich wie bei einer anderen Sucht.

Verhaltenssüchte können gerade so das Gehirn umverdrahten und das Lustzentrum in Beschlag nehmen wie eine handfeste Drogensucht. Fragen Sie jemanden, der pausenlos einkaufen, essen oder Pornofilme anschauen muss, und er wird ihnen antworten, dass er diese Dinge „braucht" und ohne sie „kein Mensch" ist.

Wenn Fleiß zur Arbeitssucht wird

Eine der häufigsten nicht stoffgebundenen Süchte ist die Arbeitssucht. Produktivität und Fleiß stehen momentan hoch im Kurs, und Versuche, die (ungesunde) Produktivität zu reduzieren, stoßen oft auf heftigen Widerstand. Man kann geradezu sagen, dass das Ideal des Fleißes heute eine Renaissance erlebt. Aber wo verläuft die Grenze zwischen Fleiß und Arbeitssucht? Und was sind die Unterschiede zwischen beiden?

Die Wissenschaft hat festgestellt, dass es möglich ist, Fleiß und harte Arbeit zu lernen. Das überrascht nicht weiter, wirft aber gewisse Fragen auf. Wer von Kind auf die richtigen „Belohnungen" (Reize für das Belohnungszentrum des Gehirns) für Arbeit bekommen hat, entwickelt meist eine solide Arbeitsethik; er arbeitet, weil ihm dies sozusagen Spaß macht. Aber wo dieses Arbeitenlernen nicht vom Ausruhenlernen begleitet wird, man also keine Belohnungen für das gerade so wichtige Gestalten der Freizeit und die Pflege der körperlichen und seelischen Gesundheit bekommt, wird unser Fleiß zu einer Einbahnstraße, von der nur unser Chef etwas hat, aber die unser persönliches Leben zerstört.

Ein besonders abschreckendes Beispiel ist hier die Kultur des *Karoshi* in Japan. *Karoshi* bedeutet wörtlich „an Überarbeitung sterben". Wenn ein Arbeitnehmer nach soundso viel pausenlosen Überstunden tot zusammenbricht, bekommt seine Witwe eine kleine Rente und eine Urkunde, die sie sich an die Wand hängen kann. Da kann man mir nicht einreden, dass dies eine gute Arbeitsethik ist. Wir brauchen eine gesunde Balance zwischen Arbeiten und Ausruhen, oder aus der Arbeit wird die Arbeitssucht.

> **Wir brauchen eine gesunde Balance zwischen Arbeiten und Ausruhen, oder aus der Arbeit wird die Arbeitssucht.**

Ich kann hart arbeiten und echt produktiv sein. Aber erst in den letzten 25 Jahren meines Lebens habe ich es gelernt, nicht nur zu arbeiten, sondern auch zu spielen. „Arbeit ist das halbe Leben", heißt es manchmal. Aber bitte nur das halbe, sonst können wir uns den vorzeitigen Tod einhandeln. Zum Glück setzt sich heute in Teilen der Industrie und Arbeitswelt allmählich die Einsicht durch, dass eine ausgewogene Balance zwischen Arbeit und Freizeit gut für die Gesundheit und letztlich sogar für die Produktivität ist.

Diese Balance rangiert heute unter den Arbeitnehmern in Kanada und den USA mit an erster Stelle. Neuere Studien zeigen, dass diese Balance mehr als alles andere darüber entscheidet, ob ein Angestellter sich an seinem Arbeitsplatz wohlfühlt und ob er in der Firma bleibt oder kündigt.[17] Oder, anders ausgedrückt: Der Abteilungsleiter, der sich nicht mehr als „Sklaventreiber" betätigt, wird die Feststellung machen, dass die Mitarbeiter sich mehr Mühe geben und mehr leisten. Zufriedenheit am Arbeitsplatz ist definitiv gut für die Firma – und für die Gesundheit.

Wann wird nun aus Arbeit Arbeitssucht? Jemand, der einfach gerne arbeitet, ist jemand, der weiß, wann er aufhören muss. Der Arbeitssüchtige (oder, auf Neudeutsch, Workaholic) dagegen kann nicht aufhören. Wo genau ist die Grenze? Nun, Sie überschreiten sie dann, wenn bei Ihnen mindestens eines der folgenden Dinge zutrifft:

• Sie gönnen sich keine Pausen und Freizeit mehr.
• Ihre Arbeit dominiert Ihr Privatleben.
• Ihre Arbeit schädigt Ihr Familienleben.
• Ihre Arbeit nimmt Sie so in Beschlag, dass Sie zu ihrem Diener geworden sind.
• Ihre Arbeit ist das Einzige in Ihrem Leben, was Ihnen Spaß macht.

Wenn wir unsere Lustverstärker missbrauchen

Hinter all diesen Faktoren, die zur Sucht führen können, liegt die übermäßige Reizung unseres Lustsystems durch das, was ich *Lustverstärker* nennen möchte, das heißt stark stimulierende Aktivitäten, die die Lusterfahrung wesentlich verstärken. Wenn wir uns lustlos, gelangweilt oder apathisch fühlen, entwickeln wir unsere ganz persönlichen Methoden und Tricks, unserem Lustsystem auf die Sprünge zu helfen. Ich kenne das von mir selbst. Hier einige Beispiele:

• Sie machen einen Einkaufsbummel. Schon ein einfacher Schaufensterbummel kann ein gehöriger Stimmungsheber sein.
• Sie kaufen sich etwas, das Sie nicht brauchen, sich vielleicht sogar eigentlich nicht leisten können, um sich einen vorübergehenden Lustkick zu leisten – und er ist wirklich nur vorübergehend.
• Sie besuchen eine Sportveranstaltung (Fußball, Tennis, was auch immer), um auf andere Gedanken zu kommen.

- Sie surfen „einfach so" durchs Internet.
- Sie besuchen die Auktionsinternetseite „eBay" und bieten fleißig mit. Auktionen können einen richtig fesseln; ich glaube, man kann ähnlich süchtig nach ihnen werden wie nach Glücksspielen.

Tragen Sie hier Ihre persönlichen Lustverstärker ein; seien Sie ganz ehrlich:

Vielleicht stellen Sie fest, dass der Raum hier gar nicht reicht und Sie auf eine lange Liste kommen.

Können Lustverstärker etwas Gutes sein?

Viele von uns fragen sich vielleicht: „Ist es nicht in Ordnung, manchmal zu so einem Lustverstärker zu greifen? Das Leben kann ja echt ätzend sein; da ist es doch schön, mal eine Abwechslung zu haben."

Die Antwort lautet: *Ja.* Wir alle brauchen manchmal etwas, das das Leben weniger grau macht. Das Leben wäre nicht lebenswert, wenn es überhaupt nichts gäbe, womit wir einen vorübergehenden Lustverlust (vor allem einen, den wir nicht verschuldet haben) beheben können. Wir alle erleben Enttäuschungen im Leben, und Traurigkeit ist zwar manchmal nützlich, um einen nötigen Trauerprozess abzuschließen, aber chronisch traurig sollten wir besser nicht werden. Es kommt die Zeit, wo man sich aus der Asche seines Elends erheben soll und kann, und da kann so ein Lustverstärker genau das sein, was der Arzt des Vertrauens empfiehlt.

Doch andererseits sollten wir uns der Gefahren eines übermäßigen Lustverstärkereinsatzes bewusst sein. Wer ständig versucht, sein Lustsystem künstlich auf Touren zu bringen, geht gewisse Risiken ein. Was für Risiken sind das? Zunächst einmal kann es eine teure Lösung für ein einfaches Problem sein. Ich habe einen Freund, der vor einer Weile sehr gestresst war. Was machte er also? Er kaufte sich ein Motorrad, und zwar nicht irgendeines, sondern eine echte Harley Davidson. Eigentlich brauchte seine Familie dringend ein neues Auto, aber er ließ alle Vernunft fahren und kaufte sich die Maschine. Löste sie sein Stressproblem? Für kurze Zeit ja, aber als ich sie das letzte Mal sah, stand sie in der hintersten Ecke der Garage, hinter Kisten und Kästen versteckt, und verstaubte wie eine ägyptische Mumie vor sich hin.

> *Lustverstärker einzusetzen, um tiefere emotionale Konflikte zu übertünchen, ist ein sicherer Weg in die Sucht.*

Zweitens kann man dadurch, dass man sich etwas ganz Besonderes gönnt, Probleme übertünchen, die man eigentlich angehen sollte. Gesetzt den Fall, Sie sind ein lausiger Ehemann und Ihre Frau leidet darunter: Werden Sie dieses Problem dadurch lösen können, dass Sie Ihr neues Motorrad oder was auch immer nehmen und für den Rest des Tages verschwinden (was eine typisch männliche Strategie ist)? Es gehört zum Wesen der Sucht, dass der Süchtige sie benutzt, um vor der Realität davonzulaufen. Man kann die Realität für kurze Zeit überspielen, aber irgendwann muss man zurück auf den Boden der Tatsachen und sich seinen Problemen und seiner Verantwortung stellen.

Der Einsatz von Lustverstärkern, um tiefere emotionale Konflikte zu übertünchen, ist ein sicherer Weg in die Sucht. Sie meinen, dass *Sie* ja wohl nie ein Alkoholiker, eine Alkoholikerin sein werden? Vergessen Sie nicht, dass das Problem des Lustverlusts jeden von uns in eine der nicht stoffgebundenen Süchte führen kann, die wesentlich häufiger als Alkohol, Drogen und Co. sind – nämlich in die Süchte der „anständigen Leute".

Das liebe Internet

Einer der größten Lustverstärker unserer Tage ist das Internet. In mir erweckt das Internet gemischte Gefühle. Einerseits halte ich es für eine tolle Erfindung. Ich baute Computer, bevor es die ersten PCs gab, und konnte sie programmieren, bevor andere Leute auch nur wussten, was ein Computerprogramm ist. Ich bin auch alt genug, um mich zu erinnern, wie langweilig das Leben ohne Computer war. Ich bin sehr dankbar, dass ich nicht ein Jahrhundert früher geboren wurde, als es noch keine Computer gab, und kann nur hoffen, dass es im Himmel welche geben wird.

Doch andererseits sind wir durch das Internet alle computerabhängig geworden. Fast jeder Apparat, mit dem wir arbeiten, sehen oder hören, hat einen wenn auch noch so kleinen eingebauten Computer.

Gemischte Gefühle: Kürzlich hielt ich ein Seminar für Doktoranden ab. Die Studenten, die alle künftige Psychologen sind, dürfen gerne ihren Laptop zu den Stunden mitbringen; die Tische, an denen sie sitzen, haben sogar Internetanschluss. Nun, während ich meinen Vortrag hielt, bemerkte ich, wie mehrere Studenten, die ganz hinten saßen, ganz vertieft in ihre Computer waren. Als es sich ergab, ging ich kurz nach hinten – und sah, dass die Studenten Internetspiele spielten.

Und alles mit Apparat

Zu dem Computer als Vergnügungsmaschine gesellen sich heute alle möglichen anderen Geräte und Erfindungen. MP3-Player, iPod, Digitalfernsehen, Handys, auf denen man Filme ansehen kann – die Liste ist lang. Und all diese Dinge gehören heute für den Otto Normalbürger zum Leben dazu. Mit das Allerneueste ist Apples iPhone. Das iPhone ist eine Kombination dreier Geräte: ein aktuelles Mobiltelefon, ein Widescreen-iPod und ein top Internetkommunikationsgerät mit E-Mail, Web-Browser, Straßenkarten und Suchfunktionen, und das Ganze so klein, dass man es locker in der Hand halten kann. Der Traum jedes Technikfreaks. Mit dem iPhone kann man seine ganze

Welt buchstäblich mit dem kleinen Finger durchorganisieren. Die Hersteller sehen in ihm den Beginn einer neuen Ära der computerunterstützten Mobilität. Wohl wahr. Aber es bringt auch eine neue Ära der Reizüberflutung und das Ende des bisschen Ruhe und Frieden, das uns noch geblieben war. Vielleicht sollte man das Ding nicht iPhone nennen, sondern FrustPhone.

Ich gebe gerne zu, dass ich hightechhungriger Mensch das iPhone faszinierend finde. Und auch das TiVo, das es mir erlaubt, Fernsehsendungen nach Belieben zum späteren Ansehen zu speichern, und das, wenn ich will, ohne die Werbespots (TiVo: in den USA angebotene Settop-Box mit integriertem Videorekorder; *Anm. d. Lekt.*). Meine Lustverstärker sind vor allem britische Fernsehkomödien und *Masterpiece Theater,* aber ich finde sie eher entspannend als überstimulierend. Was mir ein iPhone bringen wird, habe ich noch nicht ganz herausgefunden; fragen Sie mich in drei Monaten wieder.

Sind diese ganzen Erfindungen nun gut für uns oder nicht? Ein bisschen gut vielleicht schon, aber, wie die amerikanische CNN kürzlich berichtete: „Millionen von Amerikanern zeigen erste Symptome der Sucht nach der nächsten Welle von Hightechspielzeugen – so eine Meinungsumfrage der Associated Press. Und die Allersüchtigsten sind die Kinder.“[18]

Jawohl, Sie haben richtig gelesen. Diese schönen neuen Dinge bringen eine ganze Generation neuer Probleme mit sich. Wie, um alles in der Welt, sollen wir unser Lustsystem im grünen Bereich halten, wenn es von immer mehr Lustverstärkern förmlich bombardiert wird? Was müssen wir tun, um unser Gehirn davor zu bewahren, ins schwarze Loch der Sucht zu rutschen?

Maßvoll eingesetzt, können diese neuen Erfindungen vielen Menschen zu einer besseren Lebensqualität helfen. Nehmen wir Jennifer, eine typische Vollzeithausfrau und Mutter zweier kleiner Kinder. Sie berichtet: „Ohne das Internet könnte ich nicht leben. Über E-Mail kann ich mich mit Freundinnen unterhalten, wenn ich mal den Kontakt zu anderen Erwachsenen brauche oder mich mal ausheulen muss oder einfach wissen will, was es in unserem Viertel Neues gibt." Und Jennifer ist nicht allein. Ich kenne Dutzende Mütter, denen es ähnlich geht und denen das Internet die nötige Abwechslung zu den eigenen vier Wänden und quengelnden Kindern gibt.

Ich möchte also hier kein Miesmacher sein. Jawohl, es gibt Menschen, die tatsächlich etwas haben von den neuen Hightechapparaten. Aber es gibt hier eben auch Gefahren, die man nicht übersehen darf. Und vergessen Sie nicht die Hauptaussage dieses Buches – dass die fortgesetzte Überreizung unseres Lustzentrums zu jener Art Lustverlust führt, die uns in die erbarmungslose Jagd nach dem nächsten Kick stürzt. In diesem Sinne kann das Internet, wenn es nicht sehr weise benutzt wird, leicht zu einem Auslöser (und selbst einem Symptom) der Anhedonie werden, die wir in der modernen Welt erleben.

Wie internetsüchtig sind Sie?

Woran merken Sie es, ob Sie bereits von Ihrem Computer abhängig oder auf dem besten Weg dazu sind? Die Experten sagen, dass es hier nicht nur um die nackte Zahl der Stunden geht, die Sie online verbringen. Es gibt Internetsüchtige, die nur 20 Stunden pro Woche im Internet sind, während andere Internetnutzer mit 40 Stunden keine Suchtsymptome zeigen.

Durch Internetsucht verursachter Lustverlust ist heute weit verbreitet.

Der springende Punkt ist, wie viel Schaden das Internet ihrer körperlichen, sozialen und psychischen Gesundheit zufügt. Vom Thema dieses Buches her geht es vor allem darum, ob die Internetnutzung Ihr Lustzentrum beeinträchtigt. Machen es die Aktivitäten in Sachen Internet schwierig, aus anderen Bereichen Ihres Lebens Freude und Zufriedenheit zu beziehen?

Durch Internetsucht verursachter Lustverlust ist heute weitverbreitet. Die Reizüberflutung, die der Computer mit seiner Vielzahl von Funktionen und Programmen uns bringt, kann unser Dopaminsystem so überschwemmen, dass sie zum Glücksräuber wird: In den anderen, wichtigeren Bereichen unseres Lebens erleben wir keine Freude mehr – sie schafft sozusagen die Reizschwelle nicht mehr. Ich weiß das nur zu gut, denn es ist ein sensibler Punkt bei mir selbst. Wenn also das Internet Ihr Familienleben, Ihre Beziehungen, Arbeit, Schule oder einfach die kleinen Freuden des Alltags beeinträchtigt, ist es zu einer Sucht geworden, und der Preis, den Sie zahlen, ist einfach zu hoch.

Der folgende Test soll Ihnen helfen, herauszufinden, ob und wie süchtig Sie in Sachen Internet sind.

Internetsucht-Test

Wie Sie den Test durchführen
Notieren Sie jeweils rechts von der Frage Ihre Punktzahl, wie folgt:
0 = Nie oder sehr selten
1 = Gelegentlich, aber ich habe das unter Kontrolle
2 = Oft (mehrere Male in der Woche)
3 = Immer (jeden Tag mehrmals)

Frage	Punktzahl
1. Wenn ich mich an meinen Computer setze, bin ich anschließend länger im Internet, als ich eigentlich vorhatte.	
2. Das viele Surfen im Internet wirkt sich negativ auf meine Schulnoten/meine Arbeit aus.	
3. Meine Eltern/Ehepartner/Freunde klagen darüber, dass ich zu viel Zeit am PC verbringe.	
4. Ich vergesse oder vernachlässige wichtige Aufgaben oder Pflichten, weil ich so viel im Internet bin.	
5. Ich reagiere allergisch, wenn jemand mich fragt, was ich so viel im Internet mache.	
6. Meine Internetnutzung führt zu Schlafstörungen (zu wenig Schlaf, nicht einschlafen können).	
7. Tagsüber kann ich es kaum erwarten, wieder vor meinem Computer zu sitzen und ins Internet zu gehen.	
8. Wenn ich gerade am PC bin und jemand unterbricht mich, werde ich ärgerlich.	

Punktezahl

9. Wenn mein Computer streikt oder ich keine Internetverbindung bekomme, werde ich richtig sauer.   _____

10. Ich schaue öfter in meinen E-Mail-Posteingang, als eigentlich nötig wäre.   _____

11. Der „Kick", den das Internet bringt, ist mir wichtiger als die schönen Stunden, die ich mit meinem Partner, den Kindern oder Freunden verbringen könnte.   _____

12. Ich erwische mich dabei, wie ich mir vornehme, jetzt aber den Computer auszuschalten – doch ich mache weiter.   _____

13. Wenn ich traurig, gestresst oder nicht in Stimmung bin, wird meine Laune gleich besser, wenn ich ins Internet gehe.   _____

14. Wenn ich mich zwischen dem Internet und einem Spaziergang, Konzertbesuch, Besuch bei Freunden etc. entscheiden kann, wähle ich das Internet.   _____

15. Ich habe mehr Freunde im Internet als im wirklichen Leben.   _____

Gesamtpunktzahl   _____

Auswertung
Zählen Sie die Punkte zusammen. Die größtmögliche Zahl ist 45.
0 bis 10 Punkte: Sie sind wahrscheinlich nicht internetsüchtig.
11 bis 20: Sie stehen am Anfang einer Internetsucht; sie ist möglicherweise schon weiter fortgeschritten, als Sie denken.
21 bis 30: Sie sind definitiv internetsüchtig, und Ihre Sucht schädigt womöglich bereits Ihr persönliches Leben und Ihren Freundeskreis.
Über 30: Ihre Internetsucht ist so stark, dass Sie sofort Hilfe durch einen Psychologen, Berater etc. suchen sollten.

Wie Sie von Ihrer Internetsucht frei werden

Was tun, wenn Sie tatsächlich internetsüchtig sind? Wie bei allen anderen Süchten auch, geht es darum, Ihr Lustzentrum aus dem Griff der Sucht zu lösen und sich Ihre Lusteinheiten wieder aus anderen, aus den wesentlichen Gebieten Ihres Lebens zu holen.

Wie bei stoffgebundenen Süchten wie z. B. Alkoholismus gibt es zwei Grundmethoden des Entzugs: den sofortigen Entzug (Einstellen des Suchtverhaltens von jetzt auf gleich) und den allmählichen Entzug. Ich glaube, dass bei der Internetsucht der sofortige Entzug die bessere Wahl ist. Gehen Sie dabei folgendermaßen vor:

- Suchen Sie sich einen Menschen, dem Sie regelmäßig Rechenschaft über Ihren Umgang mit dem Internet ablegen.
- Besprechen Sie mit Ihm, wie viel Internet bei Ihnen nach wie vor nötig ist (z. B. beruflich, E-Mails).
- Legen Sie verbindlich fest, wie lange Sie in Zukunft höchstens online sein werden und was für Internetadressen Sie besuchen und welche Sie besser meiden.
- Halten Sie diese Regeln strikt ein; Ausnahmen nicht erlaubt!

Sie brauchen keine jahrelange Psychotherapie, um zu entdecken, was Sie tun müssen. Sie sind nicht das hilflose Opfer irgendeines Kindheitstraumas. Um in Ihrem Leben echte Freude und Befriedigung zu erfahren, brauchen Sie nur das gesunde Funktionieren Ihres Lustzentrums wiederherzustellen. Ich bin schon zu lange Psychologe, um zu glauben, dass es eine bessere Methode geben könnte.

Im zweiten Teil dieses Buches werden ich Ihnen wichtige Tipps und Tricks für die Wiederherstellung einer gesunden „Lustkultur" in Ihrem Leben verraten.

Wie „positive Süchte" ein gesundes Lustsystem schaffen

Hier noch ein Tipp, wie Sie von der Internetsucht (oder auch anderen Süchten) frei werden können: Bauen Sie in Ihrem Leben „positive

Süchte" auf – gute Angewohnheiten, die Ihren negativen Süchten ent-
gegenwirken. Lassen Sie mich erklären.

Der Ausdruck *Sucht* meint gewöhnlich Stoffe oder Verhaltensweisen, die uns (im Übermaß, manchmal auch generell) schaden und unsere Fähigkeit, echte Freude zu empfinden und das Beste aus unserem
Leben zu machen, sabotieren. Aber sind alle Süchte schlecht für uns?
William Glasser glaubt, dass es „Süchte" gibt (im Sinne von: Dinge,
die wir immer wieder tun), die Stärken und nicht Schwächen sind!
Also gute Gewohnheiten, die zu Waffen im Kampf mit den „negativen" Süchten werden können. Ich kann dem nur zustimmen. Beispiele
für solche positiven Süchte sind Joggen, Radfahren, Schwimmen,
Wandern, Meditieren, ein Tagebuch führen, Gymnastik, sich entspannen und vieles andere.[19]

Gerald May stimmt dem in seinem exzellenten Buch *Addiction and
Grace* zu und gibt wertvolle Hilfen zur Entscheidung darüber, wo die
positiven Süchte aufhören und die destruktiven anfangen.[20] Ich möchte ergänzen, dass das Argument „Das tut mir gut" meines Erachtens
nicht ausreicht, um etwas als Angewohnheit zu
kultivieren: *Alle* Süchte geben einem ein schönes
Gefühl. Zunächst. Aber die „positiven" Süchte
fungieren (und zwar auf Dauer!) als gesunde
Lustverstärker, die ein durch Anhedonie gestörtes
Lustsystem wiederherstellen können.

> Ihre „positiven
> Süchte" werden Ihnen
> enorm helfen, ein
> gesundes Lustsystem
> zu entwickeln.

Achtung: Sie brauchen mindestens sechs Mo-
nate, in denen Sie bis zu einer Stunde täglich
„trainieren", um eine positive Sucht aufzubauen.
Aber diese Investition an Zeit zahlt sich aus. Sie stellt Ihr ramponiertes
Lustsystem wieder her und verschafft Ihnen ganz nebenbei noch echte
Glücksmomente und -gefühle.

Hier einige Richtlinien für die Entwicklung gesunder, positiver
„Süchte":

1. Sie sollten das, was Sie da einüben, alleine tun können! So bekommen Sie keine Minderwertigkeitskomplexe, wie „gut" oder
„schlecht" sie darin anfangs sind – darum geht es nicht!
2. Die Aktivität sollte nicht die Form eines Wettkampf haben. Der

Druck, der Beste sein zu müssen, führt nur zu Frustration und treibt Ihren Pegel an Adrenalin (das süchtig machen kann) unnötig hoch.

3. Sie müssen wissen, wann Sie aufhören sollten; ein sicheres Zeichen für eine Negativsucht ist, dass man nicht mehr aufhören kann.

4. Die Aktivität muss Ihr Leben reicher machen. (Steine auf Dosen werfen tut dies z. B. sicher nicht.)

5. Die Aktivität darf nicht etwas sein, das Leistungsdruck ausübt, mit entsprechenden Selbstverurteilungen, wenn man weniger „gut" war.

6. Verlangen Sie nicht zu viel auf einmal von sich. Lassen Sie es lieber langsam angehen; mit der Zeit werden Sie von alleine „fit" werden in dem, was Sie tun.

Positive Süchte bringen enormen Nutzen – körperlich, psychisch und sogar spirituell. Suchen Sie sich eine „positive Sucht" aus, folgen Sie den obigen sechs Regeln und machen Sie die Aktivität zu einem normalen Teil Ihres Alltags. Zusammen mit den Tipps im zweiten Teil dieses Buches werden Ihre positiven Süchte Ihnen enorm helfen, ein gesundes Lustsystem zu entwickeln.

KAPITEL 7

Sexueller Lustverlust

Wie ich dich liebe? Lass mich überlegen.
Ich liebe dich so tief und breit und hoch,
wie meine Seele reicht, wenn sie davonfliegt.
(Elizabeth Barrett Browning)

Unter den Lusterlebnissen, die unser Gehirn uns liefert, ist die sexuelle Lust, einschließlich der Fähigkeit zu Liebe und Intimität, ohne Zweifel die Krönung. Aber hier müssen wir gleich etwas klarstellen: Erwarten Sie nicht, Ihre Sexualität voll genießen zu können, wenn Sie sie von Liebe und Intimität abkoppeln. Wir sind so verdrahtet, dass Liebe und Sexualität zusammengehören.

Die sexuelle Lust (jedenfalls in ihrer reinsten und schönsten Form) ist nicht ein bloßes Produkt physischer oder hormoneller Faktoren. Geschichte, Kunst, Literatur, Dichtung und Musik, sie alle bezeugen, dass sexuelle Freude und Lust etwas ist, das in seiner Schönheit mit nichts anderem zu vergleichen ist. Warum ist das so? Weil an der sexuellen Lust das ganze Gehirn beteiligt ist, nicht nur das Lustzentrum. Womit wir bei der wohl wichtigsten Information dieses Kapitels wären: Unser wichtigstes Sexorgan sind nicht unsere Keimdrüsen, sondern das Gehirn.

> *Unser wichtigstes Sexorgan sind nicht unsere Keimdrüsen, sondern das Gehirn.*

Hier unterscheidet sich die menschliche Sexualität entscheidend von der des Tieres. Zwar haben auch wir Menschen ein Lustzentrum, aber der Mechanismus, der es aktiviert, ist wesentlich komplexer und die sexuelle Lusterfahrung ungleich tiefer als beim Tier. Unsere sexuelle Freude kommt ganz aus dem Gehirn, und die emotionale Beziehung eines Paares leidet, wenn die sexuelle Freude nicht funktioniert.

Das Thema „Sex und sexuelle Befriedigung" ist groß und verzweigt, und dieses Kapitel behandelt nur einen Teil davon. Ich möchte auf den folgenden Seiten untersuchen, wie die hektische Überstimulierung des sexuellen und des Lustsystems in unserem Gehirn unsere sexuelle Erlebnisfähigkeit beeinträchtigen und zu *sexuellem Lustverlust* führen kann, also der verminderten Fähigkeit, in normalen menschlichen Beziehungen sexuelle Freude zu erleben. Und es gibt nichts, was schneller in den sexuellen Lustverlust führt, als sexuelle Süchte, einschließlich der Sucht nach Pornografischem.

Sexueller Lustverlust ist nicht dasselbe wie vermindertes sexuelles Verlangen

Es ist wichtig, den Unterschied zwischen sexuellem Lustverlust und vermindertem sexuellen Verlangen zu verstehen. Sexuelle Anhedonie ist eine Störung der Fähigkeit des Gehirns, sexuelle Lustgefühle auszuschütten; vermindertes sexuelles Verlangen dagegen bedeutet, dass man von vornherein keine Lust auf Sex und die damit verbundenen Gefühle hat.

Ein vermindertes sexuelles Verlangen kann in einer Ehe vom ersten Tag an vorhanden sein und viele Ursachen haben. Eine mögliche Ursache ist ein allgemeiner Lustverlust, wie wir ihn z. B. bei Depressionen finden. Bei einem allgemeinen Lustverlust ist die Fähigkeit zu Freude und Lust in allen Lebensbereichen reduziert, folglich auch im sexuellen.

Aber sexuelle Lustfähigkeit und sexuelles Verlangen müssen nicht parallel laufen. Wenn Sie an einer sexuellen Anhedonie leiden, kann Ihr Verlangen nach Sex durchaus normal, ja sogar hoch sein. Aber wenn Sie sich dann sexuell betätigen, ist dies nicht mehr so „schön" wie früher (sagen wir, wie frisch verheiratet). Die Hauptursache ist hier der falsche oder übermäßige Gebrauch Ihres sexuellen Systems. Etwas hat sich verändert, und diesem Etwas wollen wir in diesem Kapitel nachgehen.

Stress und sexuelle Anhedonie

Übermäßiger und chronischer Stress blockiert nicht nur unser Lustzentrum allgemein, er mindert auch unser sexuelles Erleben und zum Schluss womöglich auch unser sexuelles Verlangen.

Lassen Sie mich Ihnen ein Fallbeispiel erzählen. Brandon, ein Mittvierziger und praktizierender Christ, Ehemann und Vater, versucht seit zwei Jahren, seine eigene Firma auf die Beine zu stellen. Ein erfolgreicher Verkäufer, hatte er sich selbstständig gemacht, weil er glaubte, so größere Höhen erklimmen zu können. Aber die zwei Jahre sind nicht einfach gewesen: Zum einen hat ein weltweiter Einbruch der Nachfrage die Vermarktung der Produkte, die Brandon verkauft, schwieriger gemacht, zum Zweiten hat er am eigenen Leib erfahren müssen, dass man als Firmenchef mehr Stress hat als ein bloßer Angestellter.

Aber Brandon ist keiner, der so leicht aufgibt. Als das Fahrwasser rauer wurde, krempelte er die Ärmel hoch, schaltete den Überstundenmotor ein und gab alles, was er hatte; jetzt musste sogar seine Arbeit in der Kirchengemeinde hintanstehen.

Eine Zeit lang tat ihm das richtig gut. Das Adrenalin schoss in Strömen durch seinen Körper, und jeder kleine Erfolg war ein Hochgefühl – nicht lange, aber doch so, dass es ihn anspornte.

Aber bald merkte seine Frau, wie sich in seinem Freizeitverhalten etwas änderte. Ein Mal in der Woche war er immer zu „seinem" Fußballspiel gegangen. Es war kein Egotrip gewesen, sondern ein Ausflug mit der ganzen Familie, und Brandons Frau war gerne mitgegangen. Aber jetzt ließ er seinen Fußballabend immer öfter ausfallen – „keine Zeit, Schatz, ich muss noch was für die Firma machen". Bis in die Nacht hinein saß er an seinem Schreibtisch; der geschäftliche Erfolg war seine Leidenschaft geworden.

Dann merkte seine Frau noch etwas anderes: Er wollte nicht mehr so oft Sex. Zuerst fand sie das nicht weiter schlimm; wenn es nicht mehr jeden Tag, sondern nur noch ein Mal die Woche war, hatte sie mehr davon, fand sie. Doch dann merkte sie eines Tages, dass sie ja seit zwei Monaten nicht mehr miteinander geschlafen hatten, und als sie ihn verschämt fragte, ob man nicht wieder einmal …, lehnte er glatt ab. Nein, er hatte keine Kopfschmerzen, er hatte keine Lust. „Ich hab gerade so viel zu tun, das wär nichts."

Brandons Frau war klug. Sie hörte sich um, wo es in der Nähe einen guten Paarberater gab. Den Rest der Geschichte erzähle ich Ihnen später.

Keine Lust auf Sex

Schauen wir uns das Problem des verminderten sexuellen Verlangens noch etwas genauer an, um zu sehen, inwieweit es sich von der sexuellen Anhedonie unterscheidet.

Ein vermindertes sexuelles Verlangen kann viele Ursachen haben. Dies können medizinische Ursachen sein, z. B. bestimmte Krankheiten oder Hormonmangelzustände. Auch mit zunehmendem Alter oder kurz nach der Geburt eines Kindes kann das Verlangen reduziert sein. Aber sobald man die Ursache angeht, pegelt sich das Verlangen wieder auf ein normales Niveau ein – jedenfalls wenn das Lustsystem intakt ist. Doch bei der sexuellen Anhedonie ist das Problem nicht medizinischer Art; das Problem ist das Lustzentrum, das nicht mehr in der Lage ist, uns freudige Gefühle zu liefern.

> *Bei der sexuellen Anhedonie ist das Problem nicht medizinischer Art; das Problem ist das Lustzentrum.*

Ein vermindertes sexuelles Verlangen kann schlimm sein, vor allem dann, wenn es eine ansonsten glückliche Ehe trübt oder keine erkennbare Ursache zu haben scheint. Traditionell ist ein vermindertes Verlangen bei Frauen häufiger als bei Männern, aber es könnte sein, dass dies dabei ist, sich zu ändern. Immer mehr Männer (vor allem solche, die irgendwelche sexuellen Süchte haben) machen die Erfahrung, dass sie kein Interesse mehr an normalem Sex haben und nur noch auf den besonderen „Kick" reagieren, den ihre Sucht ihnen bietet. In solchen Fällen ist die Frau das Opfer einer sexlosen Ehe, und ihr Elend ist nicht weniger groß als das des Mannes, dessen Frau sich nicht für Sex interessiert.

Wie häufig ist ein vermindertes sexuelles Verlangen? Da viele Menschen nur ungern über das Thema reden, ist es schwierig, zu verlässlichen Angaben zu kommen, aber nach der vor gut zehn Jahren durchgeführten Studie „Sex in America" gibt ein Drittel der Frauen und ein Siebtel der Männer an, mit diesem Problem zu tun zu haben. 16 Prozent der befragten Paare bezeichneten ihre Beziehung als „wenig sexuell".[21] Ich bin ziemlich sicher, dass die Zahlen inzwischen allgemein höher sind, aber meines Wissens gibt es keine aktuellen größeren Studien zu dem Thema. Meine persönliche Schätzung ist, dass es derzeit in etwa einem Fünftel aller Ehen wenig bis gar keinen Sex gibt – ein betrübliches Bild.

Ein vermindertes sexuelles Verlangen bei einem der Partner ist zweifellos nicht gut für eine Ehe und eine der Hauptursachen für eheliche Spannungen. Das Problem ist dabei mitnichten auf die Jahre jenseits der 50 beschränkt, wenn die Probleme des Alterns sich melden oder die Beziehung im Trott der Gewohnheit erstarrt, sondern kann bereits recht junge Paare treffen. Es ist ein Irrtum, zu meinen, dass Alter, Langeweile und der Trott des ewig Gleichen die Hauptursachen für das Erlöschen des sexuellen Verlangens seien. Ich könnte Ihnen etliche Paare aus meiner Beratungspraxis nennen, die sich schon nach wenigen Jahren, ja Monaten sexuell nichts mehr zu sagen hatten.

> *Meine persönliche Schätzung ist, dass es derzeit in etwa einem Fünftel aller Ehen wenig bis gar keinen Sex gibt.*

Neben der (von Ärzten, Beratern und Therapeuten oft übersehenen) Anhedonie gibt es noch viele andere Faktoren, die zu einem verminderten sexuellen Verlangen führen.

Bei Frauen sind dies z. B.:

- Schmerzen beim Geschlechtsverkehr
- Sexueller Missbrauch in der Vergangenheit
- Sexuelle Phobien (krankhafte Angst vor Sex)
- Mangelnde Kenntnis sexueller Techniken bei beiden Partnern
- Unrealistische romantische Erwartungen („Frauenromansyndrom")
- Mangelnde Sexualaufklärung im Elternhaus
- Zu wenig Romantik beim Ehemann

- Unrealistische Erwartungen des Partners bezüglich Häufigkeit und Techniken
- Nebenwirkungen von Medikamenten (z. B. Antidepressiva)
- Kürzliche Geburt eines Kindes
- Erschöpfung

Und beim Mann:
- Scham wegen Problemen mit der Ejakulation (zu früh oder zu spät)
- Minderwertigkeitsgefühle bei kleinem Penis
- Ständiges Kritisiertwerden durch die Frau
- Massiver Stress oder Frust am Arbeitsplatz
- Zu niedriger Testosteronspiegel
- Unrealistische Erwartungen durch Pornografiekonsum
- Nebenwirkungen von Medikamenten (z. B. Antidepressiva)
- Midlife- oder andere Krise

Da diese Probleme eine ernsthafte Gefahr für die Ehe darstellen können, sollte das betroffene Paar zeitig Rat bei einem Paar- oder Psychotherapeuten suchen.

Merkmale der sexuellen Anhedonie

Ein vermindertes sexuelles Verlangen, das nicht auf den oben genannten Faktoren, sondern auf Anhedonie beruht, ist eindeutig ein anderes Problem. Jeder Mensch, selbst der mit einem sehr ausgeprägten Geschlechtstrieb, erlebt es dann und wann, wie sein sexuelles Verlangen nachlässt. Ein Umzug, das bevorstehende Examen, die alte Mutter, die plötzlich einen Pflegeheimplatz braucht – alles, was den normalen Alltag belastet oder abrupt unterbricht, kann unser Verlangen nach Sex „ausschalten". Dies kann plötzlich kommen und genauso plötzlich wieder vorbei sein, und es kann sich ganz allmählich über Jahre hinweg aufbauen, bis man eines schönen Tages feststellt, dass man sich nicht mehr für Sex interessiert.

Sie erinnern sich an das Fallbeispiel Brandon. Nun, als ich mich mit ihm unterhielt, wurde mir bald klar, dass sein vermindertes Verlangen nach Sex nicht „normal" war. Aber ungewöhnlich war es auch nicht. Situationen wie bei Brandon erlebe ich in meiner Praxis immer öfter, und dies nicht nur deswegen, weil die Menschen heute schneller dabei sind, bei sexuellen Problemen Rat zu suchen; der Hauptfaktor ist schlicht der ungeheure Stress, den unser immer schnelllebiger Alltag mit sich bringt.

> *Alles, was den normalen Alltag belastet, kann unser Verlangen nach Sex „ausschalten".*

Brandon und seine Frau berichteten mir, dass sie in den ersten Jahren ihrer Ehe sexuell sehr aktiv gewesen waren. Selbst nach der Geburt des zweiten Kindes, wo eine kräftige Minderung des sexuellen Verlangens bei der Mutter normal gewesen wäre, war Brandons Frau mit Leidenschaft bei der Sache gewesen, was das emotionale Band zwischen den beiden enorm gestärkt hatte. Aber jetzt war alles anders – und angefangen hatte es, als Brandon seine ganze Kraft in seine neue Firma steckte.

Brandon konnte die Veränderung exakt beschreiben. Sex machte ihm einfach keinen Spaß mehr. Fast das Einzige, was ihm Freude machte, war seine Arbeit. Es war gerade so, als ob sie sein Lustzentrum besetzt hatte. Wenn er nachts wach lag, dachte er nicht an den nächsten Geschlechtsverkehr, sondern an den nächsten Geschäftsabschluss; der brachte ihm mehr Befriedigung als der schönste Orgasmus.

Aber – und dies ist ein sehr wichtiger Punkt, wenn Sie Ihre eigene sexuelle Anhedonie untersuchen – Brandon hatte nicht nur keine Freude am Sex mehr; auch ein Spaziergang mit seiner Frau oder Mensch-ärgere-dich-nicht mit den Kindern machte ihm keinen Spaß mehr. Was nicht mit seinem Beruf zu tun hatte, ließ ihn kalt.

Das ist das Hauptmerkmal der sexuellen Anhedonie. Es ist nicht einfach so, dass man kein Verlangen nach Sex mehr hat (unter Umständen ist dieses Verlangen sogar recht stark). Das Problem ist vielmehr, dass man keine Freude am Sex mehr hat. Das Lustzentrum im Gehirn ist total von anderen Freuden besetzt. Der „Kick" des nächsten

Geschäftsabschlusses hatte Brandons Lustsystem derart überladen, dass es zu normalen Reaktionen nicht mehr fähig war – ein Phänomen, wie man es auch bei den meisten Süchten findet.

Ich darf dem Leser berichten, dass wir Brandons Problem mit geeigneten psychotherapeutischen Maßnahmen sowie dank seiner Entschlossenheit, etwas zu tun, vollständig beheben konnten. Heute ist er wieder ein glücklicher Liebhaber.

Um Ihnen zu helfen, abzuklären, ob Sie vielleicht auch an sexueller Anhedonie leiden, und um Ihnen einen tieferen Einblick in das Wesen der sexuellen Anhedonie zu geben, haben ich hier einen Test vorbereitet:

Sexueller Anhedonie-Test

(Hinweis: Wenn das Thema „Sex" für Sie stark mit Ängsten oder Schmerzen besetzt ist, ist dieser Test nicht das Richtige für Sie und liefert keine korrekten Ergebnisse.)

Wie Sie den Test durchführen
Kreuzen Sie bei den folgenden Fragen jeweils „wahr" oder „falsch" an.

Frage	wahr	falsch
1. Wenn ich manchmal Sex wünsche, ist dieser anschließend eher Schwerarbeit als Vergnügen.	☐	☐
2. Ich freue mich nicht mehr auf das Schmusen und Miteinanderschlafen und gehe dem Thema aus dem Weg.	☐	☐
3. Früher hatte ich Spaß am Sex, aber heute nicht mehr.	☐	☐
4. Mein Zusammengehörigkeitsgefühl mit dem Partner wird durch Sex nicht gestärkt.	☐	☐
5. Wenn ich die Wahl zwischen Fernsehen bzw. Lesen und Geschlechtsverkehr habe, wähle ich lieber das Erstere.	☐	☐
6. Sexuelle Fantasien sind für mich kein Problem, weil ich nie welche habe.	☐	☐

	wahr	falsch
7. Früher war ich oft derjenige, der die Initiative ergriffen hat, heute ist das immer mein Partner.	☐	☐
8. Es gab Zeiten, wo mir Sex mehr Spaß machte als heute.	☐	☐
9. Der Geschlechtsverkehr ist etwas geworden, das ich halt hinter mich bringe.	☐	☐
10. Wenn mein Partner nicht manchmal den Anfang machen würde, würde sich bei uns wahrscheinlich gar nichts mehr tun.	☐	☐
11. Meine Arbeit macht mir mehr Vergnügen als Sex.	☐	☐
12. Ich frage mich oft, warum Sex früher in meinem Leben aufregender war als heute.	☐	☐

Auswertung
ZähLen Sie nur die Antworten unter „wahr" zusammen. Die maximale Punktezahl ist 12.
o bis 2 Punkte: Sie sind wahrscheinlich frei von sexueller Anhedonie.
3 bis 5: Sie haben eine mäßige sexuelle Anhedonie.
Über 5: Ihre Freude am Sex ist deutlich reduziert; wahrscheinlich haben Sie eine echte sexuelle Anhedonie.

Was Dopamin für die Liebe tut

Neuere Forschungen lassen darauf schließen, dass ein Mangel an Dopamin (Sie erinnern sich: der Botenstoff, der Signale zum Lustzentrum im Gehirn trägt) nicht nur zu Depressionen mit nachfolgender Anhedonie führen kann, sondern auch zu einem verminderten Gefühl der Liebe, die, wie wir alle wissen, ja eine ganz besondere Form von Lust ist.

Was hat Dopamin mit Sex zu tun? Oft assoziieren wir ja Liebe mit Sex und Sex mit Liebe, bringen sie manchmal auch durcheinander. Daher stellten die Wissenschaftler sich kürzlich die Frage: Sieht ein verliebtes Gehirn so ähnlich aus wie ein sexuell stimuliertes Gehirn?

Laut einem neueren Gesundheitsreport in CNN.com sind die beiden Zustände ganz verschieden, obwohl durch das Dopamin-Lustsystem eine Verbindung zwischen ihnen besteht.[22]

Menschen, die verliebt sind, haben eindeutig einen erhöhten Spiegel des Lusthormons Dopamin. Aber hier stoßen wir auf ein typisches Henne-Ei-Problem. Was kommt zuerst: das Dopamin oder die Liebe? Manche argumentieren, dass Liebe ein seelisches Gefühl ist und nicht der Dopaminstoß einer sexuellen Erregung. Genau herausgefunden hat es noch niemand, aber ich bin sicher, dass die Liebe zuerst kommt und dass diese dann den Dopaminspiegel erhöht, um das Lustzentrum zu informieren, dass dieses Gefühl etwas Gutes ist und beibehalten werden sollte. Sobald das Lustzentrum die Botschaft erhalten hat, „zündet" es die Sexualhormone, und die sexuelle Erregung beginnt.

Aber was geschieht, wenn wir unser Lustsystem ständig überreizt haben? Nun, es kommt zu einer Dopaminüberschwemmung, die dazu führt, dass das System sich quasi abschaltet. Die Folge: Es ist kein Dopamin mehr da, um die (dann vermisste) Lust anzukurbeln.

Wir sehen, warum Stress ein ausgesprochener Liebes- und Sexkiller sein kann. Offenbar brauchen wir jede Menge gesundes Dopamin, um uns nicht nur zu verlieben, sondern auch verliebt zu bleiben. Alles, was den Dopaminhaushalt stört (wie etwa hoher Stress oder Süchte), stört auch unsere Fähigkeit, Liebe zu spüren.

Macht das Sinn? Ich meine, ja. Das Gefühl der Liebe ist eine Variante der Freude, und wenn wir unser Lustzentrum blockieren, blockieren wir auch unsere Fähigkeit, Liebe zu empfinden. Zum Glück wissen die meisten von uns auch dann, dass sie ihren Mann bzw. ihre Frau lieben, wenn sie sich gerade nicht verliebt fühlen; das Gefühl wird schon wiederkommen, wenn der Stress vorbei ist. (Und schließlich ist Liebe ja auch nicht nur ein Gefühl, sondern eine Haltung meinem Partner gegenüber!) Aber die Verbindung zwischen Liebe und dem Botenstoff Dopamin hat schon etwas für sich; ein geschickter Schriftsteller könnte damit ein ganzes neues Genre von Frauenromanen bestreiten.

Klar ist jedenfalls, dass bei Personen mit einem zu niedrigen Dopaminspiegel das Risiko besteht, dass sie sich nicht verlieben können.

Die Anhedonie stumpft ihre Gefühle ab. Es würde mich nicht wundern, wenn etliche der jungen Männer, die nicht in der Lage zu sein scheinen, eine langfristige Bindung einzugehen, an einem stressbedingten Dopaminmangel leiden. Weitere Untersuchungen ist das Thema allemal wert.

Gibt es Medikamente gegen sexuelle Anhedonie?

Heute wird versucht, verschiedene Spielarten der Anhedonie medikamentös zu behandeln, u. a. durch Anhebung des Dopaminspiegels beim Klienten.

> *Bei Personen mit einem zu niedrigen Dopaminspiegel besteht das Risiko, dass sie sich nicht verlieben können.*

Seit Kurzem gibt es auch Hinweise, dass bestimmte Medikamente das sexuelle Verlangen und die Orgasmusintensität bei Frauen steigern können. Auch hier scheint dem Dopamin eine Schlüsselrolle zuzukommen.

Entscheidend ist die jeweilige Gesamteinschätzung des begleitenden Arztes – und ein offenes Gespräch, in dem möglicher Nutzen und häufige Nebenwirkungen im Gespräch geklärt und im Blick auf die körperliche und psychische Verfassung angemessen abgewogen werden.

Wie Sie Ihr sexuelles Lustzentrum reparieren können

Medikamente können eine sexuelle Anhedonie lindern, aber die Wurzel des Problems können sie nicht angehen: die allgemeine Überreizung des Lustsystems. Dass man sich beim Thema „Lust" stets das *ganze* Bild anschauen sollte, gilt vielleicht nirgends so sehr wie in dem Bereich der sexuellen Lust.

Im Gegensatz zu den Tieren spielen bei uns Menschen bei der sexuellen Lust Liebe und Intimität eine tragende Rolle, zwei zentrale höhere emotionale Funktionen des Gehirns. Das entscheidende „Mehr an

Freude" liegt in dem Miteinander, das uns etwas bedeutet, in der Beziehung zu dem „anderen Menschen" in unserem Leben. Sexuelle Befriedigung ohne ein menschliches Gegenüber (z. B. bei der Masturbation) kann nie die Tiefen des sexuellen Glücks erreichen. Es fehlt etwas. Intimität und Liebe verstehen und darauf antworten, dazu ist kein Tier fähig; das können nur wir Menschen. Und genau hier liegt das Geheimnis echter, tiefer sexueller Befriedigung. Selbst in einem zölibatären Lebensstil stehen Intimität und Liebe im Mittelpunkt, nur dass sie hier nicht sexuell gefunden und gelebt werden wollen.

Die sexuelle Lust, die Menschen erleben, stammt mehr aus den höheren Funktionen des Gehirns als aus den physiologischen Botschaften, die das Dopamin zum Lustzentrum bringt. Seine Frau umarmen oder den Partner liebkosen ist mehr als das Läuten einer Glocke im Lustzentrum des Gehirns, so wichtig diese Glocke auch ist. Hier laufen viele Fäden zusammen, unter anderem das, was ich über den anderen weiß, körperliche Zuneigung und Berührung, das Sehnen nach Nähe, die Selbsthingabe und innere Öffnung, Gefühle der Wonne und andere Gefühle, die eigentlich nur der Dichter, nicht der Psychologe in Worte fassen kann.

Dies sind Höhen, die das kleine Vergnügen, das sexuelle Süchte und Abenteuer uns bieten, nie erreichen können. So stark sie auch unser Verhalten prägen können, die wirkliche sexuelle Verzauberung schaffen sie nicht. Die Einmalaffäre, der Pornofilm, der flüchtige Sex gegen Bezahlung, sie sind letztlich hohl und unbefriedigend. Wirkliche Befriedigung, geschweige denn Glücklichsein, ist nicht möglich, wo ich jemanden oder etwas als Mittel zur rein physischen Bedürfnisbefriedigung benutze.

Warum bringt Sex als bloße körperliche Triebbetätigung so wenig echte, tiefe Befriedigung? Weil er nur aus dem „Skelett" des Lustsystems unseres Gehirns kommt und nicht aus seinem „großen Ganzen". Rein körperliche Lust ist etwas, was jeder Hund auch erlebt. Verstehen Sie mich hier bitte nicht falsch. Ich liebe meinen Hund. Aber er weiß nichts von der tiefen, ins Innerste gehenden Zuneigung, die ich zu meiner Frau habe, und er weiß nichts von der tiefen, manchmal von Kopf bis Fuß gehenden Freude, die ich dadurch erfahre.

Wer nur die körperliche Lust sucht, begrenzt sein Lusterleben. Um ganz Mensch zu sein, muss ich mit Haut und Haaren, mit Herz und Seele lieben – sozusagen „von ganzem Herzen und von ganzer Seele, mit aller meiner Kraft (sprich: mit meinem Willen – den ein Tier, nebenbei bemerkt, ja so auch nicht hat)". Nur so erlebe ich den siebten Himmel des Glücks, den ganzen Reichtum tiefer Erfüllung.

Besserer Sex ist möglich

Die Wiederherstellung Ihrer verloren gegangenen Intimität und Ihrer Freude am Sex als Paar kann die Hilfe eines ausgebildeten Psychologen oder Paartherapeuten erfordern. Ich würde lügen, wenn ich behaupten würde, dass Sie das auf jeden Fall locker aus eigener Kraft schaffen oder dass Sie nur die richtigen Bücher lesen müssen. Tun sie sich und Ihrer Beziehung also etwas Gutes und suchen Sie Hilfe. Denn es hat ernste Konsequenzen für eine Ehe, wenn das Verlangen oder die Freude am Sex nicht so sind, wie sie sein könnten.

Ich kann Ihnen also keinen Patenthilfekurs anbieten, aber auf zwei Grundprobleme möchte ich hinweisen. Erstens: Viele sexuelle Verzerrungen und Anomalien gehen auf das Konto der langen Wartejahre zwischen dem Beginn der Pubertät und der Zeit, wenn man endlich heiratet und eine Familie gründet. Das Problem besteht darin, dass wir es „lernen", unser System, das eigentlich ein reines *Notfall*system ist, mit unserer normalen hormonellen sexuellen Erregung zu verknüpfen. Mit anderen Worten: Wir suchen immer mehr nach besonders erregenden Extrareizen, die uns sexuell auf Touren bringen. Wenn wir uns z. B. einem sexuellen Verhalten hingeben, das irgendwie gewagt ist oder den Reiz des Ungewöhnlichen hat, führt dies zu einem Adrenalinstoß in unserem Körper, der die Erregung steigert.[23]

Ein Beispiel: Viele junge Männer haben ihre ersten sexuellen Erlebnisse, wenn sie masturbieren, während sie Pornobilder betrachten. Viele berichten, dass sie das Pornomagazin per Zufall in der Schreibtischschublade ihres Vaters fanden – und wie absolut prickelnd es war, anschließend diese Bilder zu verschlingen, denn Vaters Schreibtisch war ja eigentlich tabu, und was, wenn im nächsten Augenblick jemand in das Zimmer kommen würde? Die Angst davor, entdeckt zu werden, erzeugte im Gehirn dieser jungen Männer einen gewaltigen Adrenalinschub. Dieses Adrenalin aber mischt der sexuellen Erregung einen Extrareiz des Außergewöhnlichen und „Verbotenen" bei, den sie normalerweise nicht hat oder jedenfalls nicht haben sollte – und so ist man beim ersten Schritt auf dem Weg in die Gewöhnung, bis hin zur Sucht.

Es ist diese Verknüpfung zwischen sexueller Erregung und Adrenalinschub, die der Hauptgrund für die sexuellen Irrungen und Wirrungen unserer Tage ist. Dies geht bis hin zu handfesten Perversionen wie dem Sadomasochismus, der Sex mit Schmerz verbindet, und schließlich in schlimmen Vergewaltigungsvergehen (eine Vergewaltigung setzt im Täter für einen kurzen Moment sozusagen „Super-plus-Adrenalin" frei).

Leider wird diese fatale Verknüpfung von Sex und Adrenalin und was sie für die männliche Sexualität bedeutet, bis dato nur wenig beachtet. Von meinen eigenen Publikationen abgesehen, sind mir keine Forschungen zu diesem Phänomen bekannt. Es ist gerade so, als ob es in unserer Kultur salonfähig geworden sei, sich durch Sex so viele Adrenalin-Highs zu verschaffen, wie nur möglich. Den Preis für diese Verzerrung zahlen meistens die Frauen.

Wenn Sie Ihre sexuellen Zerrbilder (und diese sind eher ein Problem der Männer als der Frauen) geradebiegen wollen, müssen Sie diese Verbindung zwischen Adrenalinschub und sexueller Erregung brechen. Sie müssen lernen, dass gesunde sexuelle Erregung keinen „Extrakick" braucht, um Befriedigung zu bringen. Langfristig sind diese „Kicks" sogar Glücksräuber und Lustkiller. Und Beziehungskiller noch dazu.

> *Sie müssen lernen, dass gesunde sexuelle Energie keinen „Extrakick" braucht, um Befriedigung zu bringen.*

Ich will damit nicht sagen, dass das „Drumherum" beim Sex keine Rolle spielt. Es gibt vernünftige, gesunde und schöne Wege, um den Sex mit Ihrem Ehepartner schöner zu machen. Ehemänner, versucht eurer Frau mehr Romantik im Alltag zu bieten! Bringt ihr einen Blumenstrauß mit, auch wenn sie gerade nicht Geburtstag hat. Hört ihr zu, fragt nach, sagt, was euch heute (!) an ihr gefällt. Oder helft, die Kinder ins Bett zu bringen. Vergesst nicht, dass Sex nicht im Schlafzimmer beginnt, sondern in der Küche. Ehefrauen, fragt euren Mann, wie er „es" gerne hat und was ihr dazu anziehen (oder besser nicht anziehen) sollt. Alle beide: Unternehmt etwas, um das innere Band zwischen euch zu stärken. Ein romantisches Dinner zu zweit, gerne mit Kerzenlicht, kann Wunder wirken für eure sexuelle Beziehung – wenn man eben spürt, dass das Herz spricht, der ganze Mensch geschätzt, geliebt, gefragt ist.

Gut sind auch Schritte, die Ihre „Adrenalinabhängigkeit" beim Sex reduzieren. Hier einige Vorschläge:

• Versuchen Sie, sich weniger auf den sexuellen Akt als solchen und mehr auf die Beziehung zu Ihrem Partner zu konzentrieren. Der tiefste Lustbringer ist die Intimität der Zweisamkeit.

• Meiden Sie solche „Hilfsmittel" wie Pornografie oder Fantasien über eine andere Person. Je mehr Sie sich auf solche Dinge verlassen, umso abhängiger von ihnen werden Sie – und umso ferner rückt die Intimität mit Ihrem Partner.

• Abwechslung und Ausprobieren gehören zu einem gesunden Liebesleben dazu. Doch Vorsicht: Drängen Sie Ihren Partner nicht zu sexuellen Praktiken und Experimenten, die vielleicht Ihre Erregung steigern, ihn aber abstoßen.

• Wenn Sie viel Adrenalin beim Sex brauchen, brauchen Sie es vielleicht auch bei vielen anderen Dingen. Vielleicht sind Sie richtig adrenalinsüchtig. Wenn ja, versuchen Sie, sich von dieser Sucht freizumachen. Vielleicht sollten Sie Ihren Autofahrstil ändern oder mit dem Extremradsport aufhören.

Das zweite Grundproblem ist, dass unser Lustsystem leicht zum Gefangenen künstlicher sexueller Reize wird, die mit dem wirklichen Leben nicht unbedingt etwas zu tun haben. Die beiden klassischen Fälle sind hier die Pornografie (ein typisches Männerlaster) und der häufige Konsum gewisser Frauen- und Liebesromane (ein Lieblingslaster vieler Frauen). Sie haben mehr gemeinsam, als man zunächst denkt, denn beide bieten Geschichten und Szenen, die frei erfunden sind, und beide malen ein sehr unrealistisches Bild von den Geschlechtern; kein Mann kann der perfekte Ritter und Liebhaber der Frauenromane sein, keine Frau die stets bereite und letztlich „gefühllose" Sexpuppe der Pornofilme.

Es gibt nur eine Möglichkeit, sich aus dem Bann der Bilder und Romane zu befreien: Machen Sie Schluss mit ihnen! Zuerst kann Ihnen das wie ein großer Verlust vorkommen, der Ihre sexuelle Welt grau macht. Aber warten Sie es ab: Wenn Sie Ihren überstrapazierten sexuellen Geschmacksknospen etwas Ruhe gegönnt haben, werden sie sich regenerieren, dass Sie nur so staunen werden. Der Goldtopf befindet sich am Ende des Beziehungsregenbogens, und nirgends sonst. Wie viel Freude Sie am Sex haben, ist letztlich eine Frage der Qualität der Beziehung zu Ihrem Partner.

Wie viel Freude Sie am Sex haben, ist letztlich eine Frage der aktuellen (!) wie der grundsätzlichen Qualität der Beziehung zu Ihrem Partner.

Teil II:
Erobern Sie Ihre Lust zurück!
Sieben Schritte

KAPITEL 8

Schritt Nr. 1: Suchen Sie die richtigen Freuden

Man kann genauso viel Wonne bekommen,
wenn man sich an etwas Kleines verliert,
als wenn es etwas Großes ist.
Es ist wunderbar,
wie man sich in ein Gänseblümchen verlieben kann.
(Anne Morrow Lindbergh)

Die Pflege eines gesunden Lustsystems beginnt damit, dass wir uns unseren Lebensstil kritisch anschauen und verändern. Es geht darum, unser Leben neu auszurichten und die richtige Art Freude und Vergnügen zu suchen. Unsere typischen Lustkiller sind Aktivitäten, die zu jener Dopaminüberschwemmung unseres Gehirns führen, die die Reizschwelle immer höher treibt.

> *Der Schlüssel zu einem gesunden Lustsystem ist immer derselbe: Suchen Sie die richtigen Freuden!*

Es sind dabei nicht nur die „außergewöhnlichen" Vergnügungen, die unser Lustempfinden betäuben können. Man kann genauso gut die „normalen" Lusterlebnisse unseres Alltags (einschließlich unseres Beziehungsalltags) missbrauchen. Der Schlüssel zu einem gesunden Lustsystem ist immer derselbe: Suchen Sie die richtigen Freuden!

Wie beschrieben, gibt es viele Arten von Vergnügungen, Freuden, Lusterlebnissen. Manche sind uns zuträglich, andere nicht. Einige verstärken unsere Fähigkeit, uns zu freuen, indem sie unsere allgemeine Lebenszufriedenheit heben, während andere zu Süchten führen, die unser Lustzentrum besetzen und ersticken. In diesem Kapitel möchte ich Sie mit einigen Strategien vertraut machen, mit denen Sie gezielt die „richtige" Art Lust suchen können.

Von A zu B

Meine Arbeit hat mir gezeigt, dass es zwei Grundtypen der Lust bzw. Freude gibt. Der Einfachheit halber habe ich sie in zwei Kategorien zusammengefasst: Typ-A-Freuden und Typ-B-Freuden. Falls Sie den Eindruck haben, die Begriffe „Typ A" und „Typ B" schon einmal gehört zu haben, liegen Sie ganz richtig. Ärzte und Psychologen unterscheiden schon seit einiger Zeit die *Persönlichkeitstypen* „Typ A" und „Typ B". Sie sind jedoch mit den Lust- bzw. Freudetypen A und B nicht identisch. Jemand vom Persönlichkeitstyp A kann durchaus von Typ-B-Freuden angezogen sein und umgekehrt.

Lusttyp A

Die Definition des Persönlichkeitstyps A erfolgte ursprünglich im Zusammenhang mit der Anfälligkeit für Herzkrankheiten. Die Persönlichkeit eines Typ-A-Menschen ist durch die beiden Merkmale „Eile" und „Ärger" geprägt. Typ-A-Persönlichkeiten werden leicht ungeduldig und gehen leicht an die Decke. Ich bin selbst ein klassischer A-Typ. Leute wie ich haben es immer eilig; ob Essen, Reden oder Arbeiten – alles muss schnell gehen. Und ich rege mich leicht über etwas auf. Mit diesem Profil ist man ein typischer Kandidat für Bluthochdruck und frühzeitigen Herzinfarkt.

Typ-A-Personen lieben Typ-A-Freuden; je schneller das Adrenalin fließt, umso besser. Ständig kann etwas los sein bei ihnen. Ihr Motor läuft immer auf Hochtouren, mit dem Ergebnis, dass die Zugänge zum Lustzentrum schier verstopft sind.

Jemand, der immer nur Typ-A-Vergnügungen sucht,

* verstopft die Zugangswege zum Lustzentrum
* gerät durch die ständige Überstimulierung leicht in Süchte
* braucht immer mehr von seinem „Stoff" (den Erregungs- und Lustgefühlen)
* wird langfristig unfähig, sich glücklich zu fühlen
* treibt Raubbau an den Beruhigungsstoffen, die sein Gehirn produziert, und wird immer unruhiger
* erschöpft sein Immunsystem und wird leichter krank

- senkt seinen Endorphinpegel und wird so schmerzempfindlicher
- rückt vor auf der Kandidatenliste der Anhedonie

Wir sehen: Es hat seinen Preis, süchtig auf Typ-A-Freuden zu sein.

Lusttyp B
Typ-B-Personen sind das Gegenteil von Typ-A-Personen. Sie werden nur langsam wütend, sind meistens gelassen und nicht so ungeduldig. Sie zieht es mehr zu Typ-B-Freuden, also solchen, die von der gemütlichen, nicht adrenalinbetonten Sorte sind. Sie stehen mit Adrenalinrauschvorstellungen auf Kriegsfuß; diese machen sie nur nervös und kribbelig. Manchmal fühle ich mich auch so, aber das ist selten.

Lesen Sie in den beiden Kästen auf Seite 134 nach, wie die Eigenschaften der Typ-A- und Typ-B-Freuden im Einzelnen aussehen. Und lesen Sie im nächsten Abschnitt, wie Sie diese Informationen nutzen können, um Ihr Lustzentrum gesünder werden zu lassen und wieder stark zu machen.

Vergnügen Sie sich gesünder

Eine Methode, etwas für Ihr strapaziertes Lustsystem zu tun, besteht darin, dass Sie (vor allem dann, wenn Sie ein waschechter Persönlichkeitstyp A sind) sich mehr auf Typ-B-Vergnügungen konzentrieren, die viele Vorteile bieten, z. B. die folgenden:

- Sie erhöhen unser Wohlgefühl
- Sie senken den Stresspegel
- Sie fördern die biologische Flexibilität und mithin die körperliche und geistige Gesundheit
- Sie führen zu mehr und nachhaltigerem Glücklichsein
- Sie wirken heilend und tröstend bei traumatischen Erfahrungen und innerem Schmerz
- Sie tonisieren und stärken das Lustsystem
- Sie wirken heilend gegen eine bereits bestehende Anhedonie

Typ-A-Freuden

- brauchen das „Besondere"

- leben von hochgekitzelter Erregung

- sind Futter für den Adrenalinhungrigen

- brauchen das Abenteuer

- verlangen noch mehr Action, noch lautere Musik, noch extremere Sportarten

Typ-B-Freuden

- beruhen im Wesentlichen auf alltäglichen Erlebnissen, die unsere Stresshormone dämpfen

- bringen tiefe Befriedigung und Glück

- bewegen sich im Rahmen dessen, was gesund und natürlich ist

- halten kurze Ausflüge auf ein hohes Erregungsniveau gut aus, weil das Lustsystem stabil ist und sich rasch wieder „erholt"

- bringen Adrenalinstöße, die kurz und dadurch therapeutisch sind

- kommen aus „natürlichen" Aktivitäten (gesund essen, sich an der frischen Luft bewegen, sich über die kleinen Dinge freuen etc.) und weniger aus eigens geplanten „Höhepunkten"

Es liegt auf der Hand, dass Typ-B-Vergnügungen eine gute Vorbeugung gegen Anhedonie sind. Ich habe viele depressive Klienten erlebt, denen es gelang, ihre emotionale Taubheit auf ein Minimum zu begrenzen, weil sie es in den Jahren vor ihren Depressionen gelernt hatten, die kleinen Typ-B-Freuden des Lebens zu genießen.

Die Pflege gesunder Freuden macht unser Leben heller, ja sinnvoller – ganz einfach deswegen, weil diese Freuden die natürliche Art sind, unser Lustsystem zu stimulieren und zu pflegen. Sie gehören zu einem vollwertigen Leben dazu.

In dem Film *Die Stunde des Siegers* hat der 400-Meter-Olympiasieger von 1924, Eric Liddell, diese Wahrheit folgendermaßen ausgedrückt: „Wenn ich laufe, spüre ich, wie Gott sich freut." Wie wahr. Wir spüren dann die tiefste Freude und Befriedigung, wenn wir so richtig wir selbst sind. Finden Sie Ihre eigene Leidenschaft, Ihre eigenen Ziele, borgen Sie nicht die von anderen aus.

Sex kann wunderbar sein, Schokolade schmeckt gut, Einkaufen kann Spaß machen. Der Adrenalinschub, den eine Schussfahrt im Tiefschnee oder der Besuch des Pokalspiels „unseres" Fußballvereins uns bringt, muss nicht unbedingt schlecht für uns sein. Aber es ist möglich, all diese Dinge zu missbrauchen, sodass sie allenfalls vorübergehende Befriedigung bringen und uns nachhaltig schaden. Selbst die gottesfürchtigsten Personen in der Bibel, wie David und Salomo, waren nicht immun gegen die Versuchung, ihr Vergnügen an der falschen Stelle zu suchen. Und wer einmal am Angelhaken der Versuchung hängt, der findet immer Gründe, sein Verhalten zu rechtfertigen. „Ich bin nun mal so, und ich will das, und zwar jetzt sofort ..." So sind wir Menschen. Und wenn wir dem Teufel den kleinen Finger hinhalten, nimmt er gerne unsere ganze Hand. Aus der „harmlosen" Eskapade wird schnell eine handfeste Drogensucht, eine kaputte Ehe, eine hartnäckige Essstörung – Dinge, die unser Vermögen, Freude zu haben, unser Leben und das Leben unserer Mitmenschen zerstören können.

> **Vorsicht: Versuchung!**
> *Wir spüren dann die tiefste Freude und Befriedigung, wenn wir so richtig wir selbst sind.*

Wenn wir Freude an der falschen Stelle suchen

Wir alle sollten wissen, wo unsere Schwachpunkte in Sachen Vergnügen sind. Das Wissen darum, wo auf der Wiese der Freuden die Tretminen liegen, kann uns helfen, uns unsere Vergnügungen richtig auszusuchen.

Manche dieser „Tretminen" sind sehr persönlicher Art (was für Sie ungesund ist, muss es nicht auch für mich sein), aber es gibt auch Verhaltensweisen oder Beziehungen, die garantiert zu „Lustkillern" für Sie werden, die Ihr Lustzentrum nachhaltig schädigen. Auf den ersten Blick sehen sie oft ganz harmlos aus, aber wenn Sie sie gewähren lassen, machen sie es Ihrem Gehirn unmöglich, gesunde Lust und Befriedigung zu bekommen.

> *Das Wissen darum, wo auf der Wiese der Freuden die Tretminen liegen, kann uns helfen, uns unsere Vergnügungen richtig auszusuchen.*

Ein typischer Lustkiller ist das Motto: *Schneller! Mehr!* Es ist eine traurige Tatsache, dass beim Leben auf der Überholspur Ruhe, Zufriedenheit und die einfachen Freuden des Lebens auf der Strecke bleiben. Aber viele Menschen scheinen eine panische Angst davor zu haben, einen Gang herunterzuschalten. Wie ein Klient mir sagte: „Zufriedenheit führt nur zu Faulheit; der Zufriedene bringt es zu nichts. Man muss sich immer antreiben, jeden Augenblick des Tages beherrschen, jede Gelegenheit mit Motivation und Zielstrebigkeit füllen, oder man wird nie glücklich und ist eine Null im Leben." Jawohl, der Mann war ein typischer „Typ-A"-Mensch, der nie genug Adrenalin bekommen konnte, und seine Rastlosigkeit stürzte ihn schließlich in tiefe Depressionen, in denen nichts mehr helfen wollte.

Hüten Sie sich also nicht nur vor den Sackgassen der Versuchung und des Missbrauchs, sondern auch vor den „Lustkillern" in Ihrem Leben. Einige der bekannteren Lustkiller sind die folgenden:

- Zu viel mit Freunden oder Verwandten zusammensein, die alles negativ sehen
- Eine Arbeitsstelle haben, die einen nicht befriedigt
- Falsche Lebensentscheidungen treffen

- Sein Äußeres und seine Gesundheit gehen lassen
- Sich ungesund ernähren
- Sich (entsprechend seinem Alter und seiner Gesundheit) nicht genug bewegen
- Zu viel Stress im Leben zulassen
- Ungesunde Schlafgewohnheiten
- Auf der Überholspur leben

Bestimmt können Sie diese Liste noch ergänzen.

Lustverstärker

Aber es gibt nicht nur Lustkiller, sondern auch Lustverstärker (also Verhaltensweisen bzw. Gewohnheiten, die Ihnen helfen, auf eine gesunde Art Freude zu haben), und es liegt ganz an Ihnen, diese zu pflegen. Im Folgenden stelle ich Ihnen vier absolute Grundstrategien vor.

Lustverstärker Nr. 1: Genügend Schlaf
Ob Sie es glauben oder nicht: Wenn Sie nicht genug Schlaf bekommen, werden Sie Ihre Lusteinheiten an den falschen Stellen suchen.

Wenn ich ein Seminar abhalte, kommt früher oder später das Thema „Schlaf" zur Sprache. Wie ist das nun: Schlafen wir zu viel? Schlafen wir zu wenig? Hier die Ergebnisse aus einer neueren Artikelserie über das Thema, die von der American Psychological Association veröffentlicht wurde:

- Warum schlafen wir überhaupt? Weil unser Gehirn, wie der Rest des Körpers auch, Ruhepausen braucht.
- Wenn wir nicht genug Schlaf bekommen, zwingt uns unser Körper, das auszugleichen.
- Schlafen hilft dem Gehirn, neue Energie zu schöpfen.
- Schlafen hilft dem Gehirn, neue Erinnerungen zu speichern und zu fixieren.
- Je mehr wir schlafen, umso schneller sind wir bei vielen geistigen Aufgaben.

- Schlafen hilft uns, Neues zu lernen.
- Im Schlaf baut unser Gehirn sich neue Verdrahtungen.
- Wenn wir träumen, hilft das dem „Defragmentierungsprogramm" unseres Gehirns, das heißt dem „Aufräumen" unserer inneren Speicher.
- Schlafen fördert das Wachstum neuer Gehirnzellen.
- Gesunder Schlaf ist gut für die Stressverarbeitung.[24]

Wenn Schlafen so gut für uns ist, warum schlafen wir dann so wenig? Was mich zu der Mutter aller Fragen bringt: Wie viel Schlaf braucht der Mensch denn?

Lassen Sie sich nicht ins Bockshorn jagen von gewissen Meldungen, dass zu viel Schlaf einen früher sterben lässt. Nach einem neueren Report aus den USA braucht ein gesunder Erwachsener mindestens achteinhalb Stunden Schlaf pro Nacht.[25] Ich persönlich glaube, dass es eher neun Stunden sind, weil wir in Zyklen von 90 Minuten schlafen, und sechs solche Zyklen ergeben neun Stunden. Vor 25 Jahren änderte ich meine Schlafgewohnheiten radikal, von fünf Stunden pro Nacht auf neun Stunden, und ich kann gar nicht beschreiben, wie das mein Leben verändert hat. Mein Blutdruck ging nach unten, meine Zufriedenheit nach oben, ich hatte viel mehr Kraft. Versuchen Sie, länger zu schlafen, und ich garantiere Ihnen, dass Sie sich besser fühlen werden und Ihr Gehirn (einschließlich Ihres Lustzentrums) besser funktionieren wird.

Wer regelmäßig genug schläft, tut seinem Lustsystem einen großen Dienst.

Hier ein paar Grundregeln, wie Sie „richtig" schlafen:

1. Versuchen Sie, jeden Tag zur gleichen Zeit zu Bett zu gehen und aufzustehen. Ihr Gehirn benutzt eine innere Uhr, die Sie täglich neu stellen müssen.
2. Sorgen Sie mindestens eine Stunde vor dem Zubettgehen für mehr Dunkelheit in Ihrer Umgebung, indem Sie z. B. die Rollläden herunterlassen oder das Licht dämpfen (Fernseher ausschalten!). Das setzt das Hormon Melatonin frei, das den Stoffwechsel bremst und uns schlafbereit macht.

3. Meiden Sie nach 15 Uhr Stimulantien jeglicher Art, z. B. Koffein. Koffein stört das Schlafsystem in Ihrem Körper.
4. Versuchen Sie nicht, sich mit Alkohol schläfrig zu machen. Der Effekt verfliegt rasch und kann in Schlaflosigkeit übergehen.
5. Falls es draußen laut ist, verwenden Sie Ohrstöpsel.
6. Achten Sie darauf, dass Sie sich jeden Tag ausreichend bewegen. Wenn Ihre Muskeln müde sind, schläft Ihr Körper besser.
7. Ihnen fallen beim Zubettgehen Dinge ein, die an diesem Tag unerledigt geblieben sind oder die Ihnen allgemein Sorgen machen? Schreiben Sie sie auf; das hilft Ihrem Gehirn, sie für die Nacht loszulassen.
8. Versuchen Sie, ohne Wecker wach zu werden. Nein, damit meine ich nicht, dass Sie keinen Wecker stellen sollen (und dann die ganze Nacht auf die Uhr schauen), sondern gehen Sie so zeitig zu Bett, dass Sie von selbst aufwachen, bevor der Wecker klingelt. Wenn das Klingeln Sie aus dem letzten Traum reißt, ist das so ähnlich, als ob Ihr Computer während eines Defragmentierungsvorgangs abstürzt – in Ihrem Gehirn bricht das Chaos aus.

Wer regelmäßig genug schläft, tut seinem Lustsystem einen großen Dienst. Träumen Sie gut!

Lustverstärker Nr. 2: Nehmen Sie sich Zeit für sich selbst
In unserer schnelllebigen Zeit wird es immer schwieriger, Zeit zu finden, in der man einfach man selbst ist und sich entspannen, erholen und die kleinen Freuden des Lebens genießen kann. Wir haben wenig Zeit für uns selbst – es sei denn, wir nehmen sie uns ganz bewusst. Wenn wir hier nicht aufpassen, verlieren wir das Spiel des Lebens.
　　Neuere Untersuchungen zeigen, dass dieses allgemeine Getriebensein seinen Preis fordert.[26] Immer mehr Menschen klagen darüber, nicht mehr zu sich zu kommen, selbst wenn sie dies ehrlich versuchen. Vor allem Frauen sehnen sich oft nach mehr Tiefe in ihrem Leben; sie hätten so gerne eine kleine Freude hier, etwas Ruhe und Frieden dort und allgemein einen Sinn in ihrem Leben, der mehr ist als Staubsaugen und Einkaufen, die Kinder erziehen und den nächsten Punkt von der

Aufgabenliste des Tages abhaken. Viele Frauen haben den Eindruck, ständig für jemand anderen da zu sein, aber nie für sich selbst – ein Zustand, der so recht dazu geeignet ist, die Leitungen in das Lustzentrum ihres Gehirns zu verstopfen.

> *Wir haben wenig Zeit für uns selbst – es sei denn, wir nehmen sie uns ganz bewusst.*

Warum nehmen vor allem Frauen sich oft so wenig Zeit für sich selbst? Hauptsächlich deswegen, weil sie die geborenen Hegerinnen und Pflegerinnen sind. Viele investieren ihre ganze Kraft in die Mitmenschen in ihrer Familie und Umgebung. Sie bringen es nicht fertig, abzuschalten und Grenzen zu setzen, weil sie ein schlechtes Gewissen bekommen, wenn sie einmal „Nein" sagen. Dazu kommen andere Faktoren, wie die Angst zu versagen oder nicht gut genug zu sein und andere unbewältigte Gefühle und innere Konflikte. Eine Frau, die unterdrückte Angst, Wut, Bitterkeit und Verzweiflung mit sich herumträgt, kann damit ihr Lustzentrum so blockieren, dass es nichts mehr gibt, worüber sie sich freuen kann. Männer scheinen weniger von diesem Problem betroffen zu sein.

Ist es möglich, aus dieser Falle herauszukommen? Ich glaube, ja. Der Schlüssel besteht darin, sich konsequent „persönliche Zeit für mich" freizuhalten. Und dies gilt nicht nur für die Frauen, sondern auch für die Männer. Also, Männer, lest weiter!

In einem CNN-Gesundheitsreport heißt es: „Um Ihrer geistigen, körperlichen und seelischen Gesundheit willen müssen Sie manchmal einfach einmal Pause machen – eine Pause, in der Sie etwas tun, das Ihnen Spaß macht. Sie brauchen ‚persönliche Zeit'."[27] Ein weiser Rat.

Der Artikel zitiert eine Umfrage, in der es darum ging, was sich die Menschen in ihrem Leben am meisten wünschten. Die beiden häufigsten Antworten lauteten: *Frieden* und *mehr Zeit*, was keine große Überraschung ist. Wir alle sehnen uns nach Gelassenheit und Harmonie – und nach mehr Zeit für die Dinge, die wir gerne tun.

Wie können Sie mehr „persönliche Zeit" bekommen? Hier vier hilfreiche Strategien:

1. Setzen Sie es auf Ihre Prioritätenliste, sich Zeit freizuschaufeln. Dies muss Ihnen (mindestens) so wichtig werden wie alles andere in Ihrem Leben. Sie finden es irgendwie nicht richtig, sich hin und wieder „freizunehmen"? Dann sollten Sie vielleicht ein Buch zu dem Thema lesen, damit Sie lernen, wie wichtig die Zeit, die Sie sich für sich nehmen, für Ihre körperliche und seelische Gesundheit ist, ja für Ihre Fähigkeit, für andere da zu sein. Denken Sie an die Sicherheitsinstruktionen, die man zu Beginn eines Passagierfluges bekommt. Wie heißt es da so schön? „Bei einem plötzlichen Druckabfall in der Kabine setzen Sie sich zuerst selbst die Sauerstoffmaske auf, danach helfen Sie den anderen Passagieren."

   Tragen Sie sich Ihre „persönlichen Zeiten" mit Kugelschreiber in Ihren Terminkalender ein, damit sie es nicht mehr ausradieren können. Halten Sie das, was Sie sich selbst versprechen, genauso wie das, was Sie anderen versprechen. Ihre persönliche Freizeit ist nicht weniger wichtig als der Zahnarzttermin oder der Gottesdienstbesuch.

2. Schalten Sie ab. Ich erlebe es immer wieder, dass Klienten sich Zeit für sich selbst reservieren, nur um sie dann mit dem Vorratseinkauf im Supermarkt oder der Reparatur des Rasenmähers zu füllen. Ihre persönliche Zeit ist dafür da, dass Sie zu sich kommen. Also: Schließen Sie die Tür, lassen Sie den Anrufbeantworter laufen, schalten Sie Ihr Handy ab etc.

3. Tun Sie jeden Tag etwas, das Sie gerne tun und das keine Pflicht ist. Es muss ja keine Großaktion sein! Aber etwas, das Ihnen guttut. Gehen Sie auf Entdeckungsreise: Was macht Ihnen so richtig Spaß, wo werden Sie lebendig?

4. Suchen Sie sich einen Zeitvertreib, der es Ihnen erlaubt, Dampf abzulassen und innerlich ruhig zu werden. Was für Dinge passen da am besten? Bei dem einen ist das die Gymnastikgruppe, bei dem anderen der Malunterricht. Manche finden echte Erfüllung, wenn sie in der Kirchengemeinde oder im Rentnercafé mitarbeiten, andere finden das zu anstrengend. Hier hängt viel davon ab, wie alt Sie sind. Eine junge Mutter möchte in ihrer persönlichen Freizeit nicht auch noch fremde Kinder um sich haben, während es der Großmut-

ter mit dem leeren Nest womöglich echt Spaß macht, in der Kindergruppe auszuhelfen.

Lustverstärker Nr. 3: Essen Sie richtig

Was hat Essen mit Anhedonie zu tun? Nun, viele falsche Lusterlebnisse kommen aus unseren natürlichen Grundbedürfnissen, also aus starken Trieben, die man leicht missbrauchen und als Ersatz für andere Bedürfnisse einsetzen kann. Jedes „Zuviel" macht uns letztlich unglücklich. Jedes menschliche Grundbedürfnis, wie z. B. Essen, Liebe und Sex, kann missbraucht und zu einer Ersatzbefriedigung werden.

Über Liebe und Sex habe ich oben schon gesprochen; schauen wir uns hier an, wie man das Essen missbrauchen kann.

Jedes „Zuviel" macht uns letztlich unglücklich.

Schmecken, Essen und Trinken gehören zu den stärksten Belohnungen, auf die unser Lustzentrum programmiert ist. Dies gilt für Menschen wie Tiere, wie jeder, der will, an meinem Hund studieren kann. Er ist ganz verrückt auf Fisch; halten Sie ihm ein Stück hin, und er stürzt sich geradezu auf Sie; wäre er ein Bernhardiner, er würde Sie dabei glatt umwerfen.

Warum hat Nahrung solch eine Macht über uns? Schlicht und ergreifend, weil unser Überleben an ihr hängt. Wir müssen essen, um die Energie für unseren Alltag, ja für unser bloßes Existieren zu bekommen. Unsere Geschmacksknospen und Riechzellen haben einen direkten Draht zu unserem Lustzentrum.

Wenn Essen zur Sucht wird

Man kann essen, um seinen ganz normalen Hunger zu stillen, und man kann essen, um sich zu trösten. Letzteres ist ein Missbrauch des Lustzentrums in unserem Gehirn. Es ist keine gute Therapie, es ist definitiv nicht gesund und führt einerseits zu Übergewicht und andererseits zu regelrechten Esssüchten. Falls Sie hier Probleme haben, rate ich Ihnen dringend, zu einem Therapeuten zu gehen oder eine entsprechende Therapiegruppe zu besuchen.

Der folgende Test soll Ihnen helfen, herauszufinden, ob Sie in Gefahr stehen, esssüchtig zu werden:

Test: Essen Sie, um sich zu „trösten"?

Wie Sie den Test durchführen
Notieren Sie jeweils rechts von der Frage Ihre Punktzahl, wie folgt:
0 = Nie oder sehr selten
1 = Gelegentlich (mehrere Male im Monat)
2 = Oft (mehrere Male in der Woche)
3 = Immer

Frage	**Punktzahl**
1. Ich habe den Eindruck, dass ich mich beim Essen nicht zügeln kann.	
2. Es kommt vor, dass ich bestimmte Speisen einfach haben muss, obwohl ich weiß, dass sie ungesund sind.	
3. Ich habe auch dann das Bedürfnis zu essen, wenn ich gar nicht hungrig bin.	
4. Wenn ich mich etwas depressiv fühle, muntert Essen mich wieder auf.	
5. Ich muss dauernd an Essen denken; manchmal träume ich sogar nachts davon.	
6. Wenn ich Stress habe, esse ich gleich mehr.	
7. Ich neige dazu, so schnell zu essen, dass ich den Geschmack kaum mitbekomme.	
8. Ich habe Gewichtsprobleme.	
9. Wenn ich hungrig bin, spielt mein Körper verrückt und ich bin richtig reizbar.	
10. Manchmal schäme ich mich etwas, wie das Essen mein Leben beherrscht.	

Gesamtpunktzahl

Auswertung

Zählen Sie Ihre Punkte zusammen. Die höchstmögliche Zahl ist 30.

o bis 5 Punkte: Sie essen nicht oder selten, um sich zu trösten.

6 bis 10: Bei Ihnen fungiert das Essen manchmal schon als Tröster.

11 bis 20: Die Tendenz zum Essen als Ersatzbefriedigung ist deutlich.

Über 20: Sie haben ein ernstes Problem und brauchen wahrscheinlich Hilfe durch einen Therapeuten.

Nur zu leicht missbrauchen wir die Freude des Essens, um uns zu trösten, die Nerven zu beruhigen oder irgendein Loch in der Seele zu füllen. Oder auch einfach so, um uns etwas zu gönnen.

Wenn dies auch Ihr Problem ist, denn gibt es nur eines: Lernen Sie es, aus den richtigen Gründen zu essen und sich eine gesündere Esskultur anzueignen. Betäuben Sie die Probleme in Ihrem Leben nicht mehr mit Pommes oder Pralinen, sondern versuchen Sie, sie zu lösen. Gehen Sie zu einem Psychologen oder Psychotherapeuten, der Ihnen hilft, die Ursachen Ihrer Esssucht aufzuspüren. Und dann üben Sie es ein, nur noch solche Dinge zu essen, die gesund und schmackhaft sind. Ratschläge dazu, ja ganze Programme finden Sie im Internet und in entsprechenden Büchern; einige Quellen sind im Anhang B zusammengestellt.

KAPITEL 9

Schritt Nr. 2: Lernen Sie es wieder, sich über die kleinen Dinge zu freuen

Die Freuden sind oft, wo du's nicht bedacht.
In jedem Laub, das auf die Erde fällt,
klingt still ein Lied aus einer schönen Welt,
ein Tanz von Elfen in der Sommernacht.
(Laman Blanchard, Sonett VII, „Verborgene Freuden")

Erinnern Sie sich noch, wie viel Freude Sie als Kind an ganz einfachen Dingen hatten? Die Bauklötze zu Weihnachten. Der Besuch im Zoo. Oder wie Sie zum ersten Mal das Meer sahen (ich bin 600 Kilometer vom Ozean entfernt aufgewachsen).

Ich erinnere mich mit Vergnügen an viele der Düfte und Gerüche meiner Kindheit. Die Blüten der Orangenbäume im Frühling, das Dörrobst, das meine Mutter machte, der Geiß-blattstrauch des Nachbarn. Oder das schlammige Aroma des Flusses, in dem ich so gerne schwamm, oder die getrockneten Kuhfladen, die mein Groß-vater sammelte, um seine Tomaten zu düngen. Oder der Hustenbonbonduft in den großen Euka-lyptusplantagen, die die Betreiber der Goldminen angelegt hatten, um schnell wachsendes Holz zum Abstützen der Stollen zu bekommen.

> *Die meisten Menschen geben an, dass ihre nach-haltigsten und sinnvollsten Freuden aus den kleinen, gewöhnlichen Dingen ihres Alltags kommen.*

Ich kann mich auch noch gut an das zarte Ge-fühl der Finger meiner zukünftigen Frau erinnern, als wir das erste Mal Händchen hielten. Damals war das der erste Schritt, wenn es zwischen zwei Leuten verschiedenen Geschlechts „ernst wurde". Ich war damals zu schüchtern, um selbst die Initiative zu ergreifen; das übernahm meine Zukünftige.

Manchmal erschreckt es mich etwas, dass diese kleinen Dinge aus meiner Kindheit und Jugend mir mehr Freude machten als die meisten Dinge in meinem heutigen Leben als gestandener Erwachsener. Ja, auch in meinem Leben fordert die Anhedonie ihren Tribut.

Das Allerbeste

Ich habe schon immer geglaubt, dass die besten Freuden aus den kleinen Dingen im Leben kommen. Aber glauben dies andere Leute auch? Nun, ich machte die Probe aufs Exempel und schaute im Internet nach. Das war ebenso einfach wie informativ, und Sie können dies auch. Gehen Sie einfach in eine der üblichen Internetsuchmaschinen und tippen Sie z. B. „Was mir wirklich Spaß macht" ein. Sie werden staunen, wie viele Einträge Sie finden werden. Eine Internetadresse, die ich konsultierte, listete über 16 Seiten von Dingen auf, die den Menschen Spaß machen. Hier ein paar Beispiele:
• Am frühen Abend im Stadtpark spazieren gehen
• Mit Freunden auf der Terrasse sitzen
• Eine Duftkerze mit dem Lieblingsduft anzünden
• In einer warmen Nacht auf einem kühlen Kissen schlafen
• Barfuß über eine Wiese laufen, wenn es frisch geregnet hat
• Der Duft von Brot im Backofen
• Wenn meine Frau so richtig herzhaft lacht
• Meine Katze streicheln

Wenn Sie Ihre eigene Liste schreiben, werden Sie feststellen, dass sie ähnliche Beispiele enthält. Immer geht es darum, dass die tiefste Befriedigung aus den kleinen Dingen im Leben kommt. Typische Kommentare, die ich im Internet fand, waren z. B.:
• Es sind die kleinen Dinge, die das Leben erträglich machen.
• Meine kleinen Dinge sind immer besser als die großen.
• Ohne die kleinen Freuden wäre mein Leben nicht lebenswert.

Die meisten Menschen geben an, dass ihre nachhaltigsten und sinnvollsten Freuden aus den kleinen, gewöhnlichen Dingen ihres Alltags kommen. Wie kommt es dann, dass wir so viel Geld und Aufwand einsetzen, um durch *große* Dinge glücklich zu werden?

Der Eiffelturm oder das Fohlen?

Lassen Sie mich ein Beispiel erzählen. Vor über zwölf Jahren wurde meine mittlere Tochter, die Mutter zweier meiner Enkel, plötzlich Witwe, als ihr Mann bei einem Autounfall ums Leben kam. Es war ein furchtbarer Schock für die ganze Familie und nicht zuletzt natürlich für die beiden Jungen. Zwei, drei Jahre später beschloss ich, mit ihnen und meiner Tochter eine Europareise zu machen, damit sie auf andere Gedanken kamen. Ich war schon oft in Europa gewesen und hoffte, dass auch meine Lieben Geschmack am Reisen bekommen würden. Wir reisten ohne großes Gepäck, nur mit unseren Rucksäcken, und begannen unsere Rundreise in London, mit diversen Touristennetzkarten für die Eisenbahn und keinem festen Programm. Was uns interessierte, das würden wir uns anschauen.

Es war eine Reise, die uns an Leib und Seele guttat. Wir besuchten alle möglichen Sehenswürdigkeiten – den Eiffelturm in Paris, das Kolosseum in Rom, Ritterburgen am Rhein, romantische Alpendörfer in der Schweiz. Etwa in der Mitte der Reise legten wir eine Verschnaufpause in einer 400 Jahre alten Pension an den Hängen über dem Thuner See in der Schweiz ein. Das Haus lag in der Mitte von Nirgendwo; statt Touristen sah man hier Kühe. Ich hatte es bereits mehrere Male besucht und liebte es; aber würden meine beiden Teenagerenkel es auch mögen? Aber wir brauchten diese Pause, bevor wir weiterreisten.

Es war spät am Nachmittag, als wir ankamen. Der Himmel war grau, und es war kühl. Meine Tochter und ich beschlossen, mit den Jungen, die einen rastlosen Eindruck machten, einen kleinen Spaziergang zu machen. Als wir um eine Ecke bogen, kamen wir an eine Weide, auf der ein Pferd und ein neugeborenes Fohlen grasten. Die Weide

Dankbar sein für kleine Dinge

Unterschätzen Sie die kleinen Freuden in Ihrem Leben nicht. Nehmen Sie sich vor, bewusster auf sie zu achten. Schließlich sind sie es, die Sie einen anderen, einen weiteren Blick und neue Hoffnung und Glauben gewinnen lassen. Hier eine kleine Liste von Dingen, die sich als „Glücklichmacher" bewährt haben:

- Ein gutes Buch lesen
- Einen schönen Blumenstrauß binden
- Eine Entspannungsmassage genießen
- Sich mit einem Freund austauschen
- So richtig herzhaft lachen
- Frisch gebackenes Brot essen
- Einen guten Parkplatz finden
- Auf einem frisch gemähten Golfplatz Golf spielen
- Einem anderen etwas Gutes tun
- Eine Stadt besuchen, in der man noch nie war
- Sich über den Sieg „meiner" Fußballmannschaft freuen
- Den Weihnachtsbaum schmücken
- Nachts zum Sternenhimmel hochschauen
- Einen Sonnenuntergang genießen
- Das perfekte Geschenk für jemanden finden
- Ein schmackhaftes Mahl bereiten
- Die Sportsendung im Fernsehen anschauen
- Eine Gebetserhörung erleben
- Eine neue Schokolade/einen neuen Käse mit wenig Kalorien entdecken
- Bei einer Arbeit so richtig dabei sein
- Jemand Neues kennenlernen
- Im Flugzeug/Zug/Bus einen guten Sitzplatz bekommen
- In alten Fotoalben blättern
- Etwas Neues lernen
- Mit offenen Fenstern Auto fahren

war von einem elektrischen Zaun umgeben. Hinter dem Zaun war schon fast alles abgegrast, und das Fohlen war dabei, seinen Kopf unter dem Zaun hindurchzuschieben, um an das Gras neben dem Weg zu kommen. Meine beiden Enkelsöhne rannten zu dem Zaun, rissen das Gras auf ihrer Seite mit beiden Händen ab und hielten es – vorsichtig, um den Draht nicht zu berühren – dem Fohlen hin. Dieses ließ sich das Angebot nicht zwei Mal machen, und die nächste halbe Stunde waren meine Enkel damit beschäftigt, das Fohlen zu füttern, bis es Zeit war, zu der Pension zurückzugehen und zu Abend zu essen.

Früh am nächsten Morgen saßen wir schon wieder im Zug zu unserem nächsten Ziel. Und bald schon begannen die letzten Tage vor unserer Rückfahrt nach London. Ich hatte diese Tage bewusst frei gelassen, und zwar für einen erneuten Besuch der schönsten Sehenswürdigkeit unserer Reise. Was diese Sehenswürdigkeit war, das sollten die beiden Jungen entscheiden. Ich war echt gespannt. Würden sie den Eiffelturm noch einmal sehen wollen? Oder den Eiger oder die Jungfrau? Vielleicht das Kolosseum? Oder den Buckingham Palast? Nun, beide fragten wie aus einem Munde, ob wir nicht zurück zu der Pension über dem Thuner See konnten und noch einmal das Fohlen füttern! Ich war platt. Bis ich mich daran erinnerte, dass selbst bei Teenagern, die nicht genug Action kriegen können, die größte Freude aus den ganz einfachen Dingen kommt.

Ade, Paläste, Türme und antike Ruinen! Die letzten Tage unserer Europareise verbrachten wir damit, ein Fohlen auf einer Schweizer Bergwiese fernab von allen Touristenattraktionen zu füttern, in das wir uns verliebt hatten. Was für eine Lektion für uns alle über die sogenannten „kleinen" Freuden und Glücksmomente.

> *Die bewusste Erinnerung an vergangene schöne Stunden ist eine enorme Quelle der Heilung für ein angeschlagenes Lustsystem.*

Entdecken Sie die Freuden Ihrer Vergangenheit

Die bewusste Erinnerung an vergangene schöne Stunden ist eine enorme Quelle der Heilung für ein angeschlagenes Lustsystem. Die Erinnerungsreise zurück in unsere Vergangenheit kann die reinste Medizin sein. Freude hat kein Verfalldatum.

Fangen Sie an. Wie war das – damals? Versuchen Sie, sich zu erinnern, was für eine Phase Ihres Lebens die glücklichste war. War es Ihre Grundschulzeit, die weiterführende Schule oder später? Was war es, das Sie damals so glücklich machte? Spielen? Sport? Hobbys? Freunde?

Lassen Sie einige dieser glücklichen Szenen vor Ihr inneres Auge treten und schreiben Sie sie auf. Legen Sie ein Tagebuch an. Ein Tagebuch ist eine tolle Methode, Ihren Kindern ein Stück Lebens- und Zeitgeschichte zu hinterlassen. Meine Frau und ich haben sogar damit angefangen, manche Ereignisse auf Band aufzuzeichnen.

> *Auch wenn die „Glücksräuber" bei Ihnen aktiv waren, können Sie sich ein Gutteil Ihrer kindlichen Freude zurückholen, indem Sie sich die glücklichen Szenen aus Ihrer Kindheit ins Gedächtnis rufen.*

Wenn Sie diese glücklichen Szenen aufgeschrieben haben, stellen Sie sich die folgenden Fragen: Wann ist das anders geworden? Bin ich zu beschäftigt geworden? Haben die Mühen des Nestbauens und Kindererziehens mir ein Stück meiner Freude genommen? Oder war es mehr die berufliche Karriere oder die lieben Finanzen?

Es gibt Kindheitserinnerungen, die Sie nie in den Papierkorb werfen sollten. Halten Sie sie fest, lassen Sie sie nicht los! Die sind die Bausteine Ihres Glücks, auch und gerade dann, wenn es so scheint, als ob Sie die Fähigkeit, glücklich zu sein, verloren hätten.

Was will ich mit all dem sagen? Ganz einfach dies: Auch wenn die „Glücksräuber" bei Ihnen aktiv waren, können Sie sich ein Gutteil Ihrer kindlichen Freude zurückholen, indem Sie sich die glücklichen Szenen aus Ihrer Kindheit ins Gedächtnis rufen. Ich tue dies mein ganzes Erwachsenenleben schon und habe die Erfahrung gemacht, dass es eine hervorragende Antidepressionstherapie ist. *Ja,* sage ich mir, *ich fühle mich gerade überhaupt nicht glücklich. Mir ist sogar richtig elend. Aber wie war das noch, damals, als ...* Der weitere Blick, den ich habe im Rückblick auf die schönen Stunden meines Lebens, bis hinunter in die frühesten Kindheitsjahre, baut mich auf. Die Erinnerung an die Freuden von damals hilft uns, die Freude heute wiederzugewinnen.

Wie funktioniert das?

Was passiert, wenn wir uns an Freuden aus unserer Kindheit erinnern? Wir wecken Erinnerungen, die in unserem Gedächtnis geschlummert haben, wieder auf und speisen sie neu in den Kreislauf unseres Gehirns ein. Das ist so ähnlich, als wenn man einen Computer, der nicht mehr gut läuft, in einen früheren Systemzustand zurücksetzt, in welchem die Störungen noch nicht vorlagen. Die Vergegenwärtigung der Freuden aus Ihrer Kindheit oder einer anderen guten Zeit ist wie ein Viren- oder auch Defragmentierungsprogramm für Ihr Gehirn; es wird gleichsam durchgepustet und von Müll befreit.

Lassen Sie mich Ihnen dies mit einem persönlichen Beispiel illustrieren; danach werde ich Ihnen ein paar einfache Übungen verraten, mit denen Sie Ihr Gehirn „zurücksetzen" können.

Die Geschichte handelt von meinem Großvater, dessen Namen ich trage und den ich sehr gern hatte. Meine Großeltern wohnten in einem kleinen Dorf am Vaal-Fluss in Südafrika. An warmen Sommerabenden saßen wir immer auf der Veranda vor ihrem Haus. Großmutter häkelte, die alte Tante, die den Großeltern den Haushalt machte, strickte und mein jüngerer Bruder und ich saßen auf dem Mäuerchen, während Großvater uns mit Geschichten über seine Eskapaden als junger Soldat am Ende des 19. Jahrhunderts unterhielt.

An Medien gab es damals nur ein Kurzwellenradio. Wenn man lange genug an den Knöpfen drehte, hörte man einen Sender aus Mosambik, über 1.500 Kilometer entfernt. Wir konnten also an diesen langen, warmen Sommerabenden gar nichts anderes machen, als dort auf der Veranda zu sitzen und den Erinnerungen meines Großvaters zu lauschen. Den ganzen Tag freute ich mich auf das vertraute Ritual, wenn wir nach dem Abendessen nach draußen auf die Veranda gingen, das Licht ausmachten, damit die Moskitos nicht kamen, und darauf warteten, dass Großvater seine Pfeife anzündete und mit seinen Geschichten anfing.

1899, im Burenkrieg, zog Großvater zu Pferde kreuz und quer durch das südliche Afrika und kampierte mitten in der Wildnis. Er schoss etliche Löwen und andere wilde Tiere (nur, um sich zu verteidigen, wie er mir versicherte), deren Felle als greifbarer Beweis für seine Geschichten sein Haus schmückten. Jeden Abend erzählte er eine andere Begebenheit, und an die meisten kann ich mich heute noch erinnern.

Viele seiner Geschichten handelten von der Vergangenheit Südafrikas, die er persönlich mitgeprägt hatte. Wie er etwa an einer Expedition über 3.000 Kilometer in das spätere Rhodesien (heute Simbabwe) teilnahm, das nach Cecil Rhodes, dem Gouverneur des Kaps in den späten 1890er-Jahren benannt wurde. Wie er im Burenkrieg mithalf, Mafeking und Kimberly zu entsetzen, während seine junge Frau und mein Vater, der damals noch ein Baby war, sich in den Tiefen der Diamantmine von Kimberly versteckten.

Kaum etwas anderes vermag die seelischen Wunden von heute so zu heilen wie die Erinnerung an die Freuden von damals.

Ich kann mich nicht für die Wahrheit aller dieser Geschichten verbürgen, obwohl ich mir nicht vorstellen konnte, warum Großvater mir Lügenmärchen auftischen sollte, wenn Großmutter direkt daneben saß und die eine oder andere Einzelheit ergänzte. Aber die Freude, die ich empfinde, wenn ich heute, als Erwachsener, an diese Geschichten zurückdenke, lässt sich nicht mit Worten beschreiben. Ich war als Junge auch tief beeindruckt von den Orden, die Großvater mir zeigte – einen für jeden der Feldzüge, über die er berichtete, mit seinem Namen darauf. Es war ein Geschichtsbuch zum Anfassen sozusagen. Und wenn im Geschichtsunterricht in der Schule etwas drankam, an dem mein Großvater beteiligt gewesen war, konnte ich vor der ganzen Klasse das eine oder andere Detail ergänzen. Was war das toll!

Auch jetzt, wenn ich diese Sätze in meinen Computer tippe, erlebe ich sie wieder, diese Freude von damals. Durch das Sicherinnern an frühere Freuden frischen Sie Ihr Gedächtnis auf, und diese Auffrischung führt zu neuen Lusterlebnissen. Es besteht eine starke, stabile Verbindung zwischen unserem Lustsystem und unserem Gedächtnis. Kaum etwas anderes vermag die seelischen Wunden von heute so zu heilen wie die Erinnerung an die Freuden von damals.

Schönes wiedererleben – wie man es macht

Die folgenden Übungen sollen Ihnen helfen, die Freude an den kleinen Dingen zurückzuerobern, indem Sie sich an Schönes aus Ihrer Kindheit zurückerinnern. Sie können eine große Hilfe zur Wiederherstellung Ihres Lustzentrums sein.

Übung 1: Legen Sie negative Erinnerungen einmal zur Seite

Bevor Sie anfangen, sich an schöne Szenen aus Ihrer Kindheit zu erinnern, müssen Sie sich darüber klar werden, dass nicht alle Kindheitserinnerungen schön sind, und ganz bewusst die negativen einmal zur Seite legen, oder sie werden die schönen Erinnerungen nur stören. Vielleicht haben Sie ja als Kind traumatische Dinge miterlebt. Oder auch noch später, als Erwachsener; jeden Tag können uns böse Dinge passieren.

Also: Bleiben Sie, wenn Sie an Ihre Kindheit denken, nicht bei den negativen Dingen hängen. Es geht bei dieser Übung *nicht* darum, schlimme Szenen bewusst wieder zu durchleben, um sie so besser vergessen zu können. Die Psychologen haben sich von dem Glauben, dass es gesund ist, sich vergangene traumatische Erlebnisse neu zu vergegenwärtigen, verabschiedet. Solche Übungen führen nur dazu, dass das Trauma sich noch fester in der Amygdala festsetzt, also dem Teil des Gehirns, das negative Dinge speichert, damit wir sie in Zukunft meiden. Wir sollten das Böse in unserem Leben zwar auch nicht verdrängen, aber es hervorzuholen und wiederzukäuen ist definitiv nicht hilfreich.

Nehmen Sie ein Heft oder einen Block zur Hand und notieren Sie darin alles, was in Ihrer Kindheit an Negativem passiert ist. Sie können sich dabei ganz kurz fassen, z. B.: „Die Scheidung meiner Eltern" oder „Der Tag, als Hans starb". Mit dem Aufschreiben bringen Sie diese Erinnerungen gleichsam nach draußen, schieben sie in den externen Gedächtnisspeicher des Notizblocks, wo Ihr Gehirn sie nicht mehr ständig hervorholen muss, aus lauter Angst, sie könnten wieder passieren. Sobald Sie diese Liste fertig haben, legen Sie sie in die Schublade, denn jetzt haben wir etwas Wichtigeres vor.

Übung 2: Graben Sie positive Erinnerungen aus
Erstellen Sie als Zweites eine Liste der schönen Dinge und Ereignisse in Ihrer Kindheit. An was für schöne Szenen können Sie sich erinnern? Die Einzelheiten sind vorerst nicht so wichtig. Listen Sie einfach die Erinnerungen auf, die es wert sein können, dass Sie sich in sie vertiefen.

Als ich selbst diese Übung machte, kam ich auf folgende Liste: „Mit Großvater angeln gegangen. Großvater geholfen, eine Drehbank zu bauen. Auf die großen Eichen an unserer Straße geklettert. Wie ich das erste Mal selbst gemachtes Eis probierte. Der Geruch der Erde nach einem afrikanischen Gewitter." Sie werden merken, wie Ihr Gedächtnis auf immer neue Dinge kommt, wenn Sie die Liste angefangen haben. Schreiben Sie sie auf. Diese Liste ist die Grundlage für die folgende Übung.

Übung 3: Versuchen Sie, sich die schönen Szenen
neu zu vergegenwärtigen
Und jetzt kommt es: Wenn Sie etwas Zeit frei haben, z. B. vor dem Einschlafen, im Bus oder in der Straßenbahn oder wenn der Rest der Familie vor dem Fernseher sitzt, wählen Sie eine dieser schönen Begebenheiten aus Ihrer Liste und versuchen Sie, sich an so viele Details zu erinnern wie möglich.

Anfangs ist das vielleicht nicht sehr viel. Sie müssen die Erinnerungen buchstäblich aus Ihrem Gehirn herausklauben. Aber dann werden Sie merken, wie das eine Detail wie von alleine zum nächsten führt und

Ihr Gedächtnis sich öffnet. Nach einer Weile werden Ihre Kindheitserinnerungen sich ganz von selbst melden, auch wenn Sie sie gerade nicht hervorzukramen versuchen, und Sie werden staunen, an wie viel Schönes aus Ihrer Kindheit oder aus anderen Zeiten Sie sich erinnern.

Übung 4: Versuchen Sie auch, sich in Ihre Gefühle von damals wieder hineinzuversetzen
Sie können sich nicht nur in das zurückversetzen, was es alles an Schönem in Ihrem Leben gegeben hat, Sie können auch Ihre *Gefühle* von damals wieder heraufholen, und dies ist wichtig. Geben Sie sich beim Sicherinnern nicht mit den bloßen Fakten zufrieden, suchen Sie auch die Gefühle. Und die Sinneswahrnehmungen; wie roch es z. B. in dem Kuhstall, den Sie während der Ferien auf dem Bauernhof besuchten? Wie hat Ihr erstes Erdbeereis geschmeckt? Ich kann mich noch gut an das erste Eis meines Lebens erinnern, und ich kann machen, was ich will, *diesen* Geschmack kriege ich mit meiner modernen Eismaschine nicht hin ...

Halten Sie sie fest, diese Gefühle, Gerüche, Geschmäcker, genießen Sie sie, holen Sie sie sich zurück. Versuchen Sie dann später, sich wieder an sie zu erinnern. Wenn sie erst einmal einen festen Platz in Ihrem bewussten Gedächtnis gefunden haben, haben Sie einen wahren Jungbrunnen für Ihr Lustzentrum.

Was beim ersten Mal vielleicht noch Mühe macht, wird mit der Zeit immer leichter werden. Mit Ihrer Fähigkeit, sich über die vergangenen schönen Dinge in Ihrem Leben zu freuen, wächst auch Ihre Fähigkeit, die schönen Dinge von heute zu genießen. Und vergessen Sie nicht, diese schönen Dinge in Ihr Tagebuch zu notieren; das verankert sie noch fester in Ihrem Gedächtnis.

Wie Sie die Freude der Gegenwart festhalten

Mindestens genauso wichtig wie das „Recycling" positiver Erlebnisse aus Ihrer Vergangenheit ist das Genießen und Festhalten der einfachen Freuden des Hier und Jetzt. Nur zu oft lassen wir uns die Freude des

Augenblicks durch die Lappen gehen, weil wir zu beschäftigt sind, um sie wahrzunehmen.

Meine Frau und ich kennen zwei tolle Liedermacher, deren Texte und Musik uns seit vielen Jahren Freude bereiten. Eines dieser Lieder ist uns besonders lieb geworden und ein gutes Beispiel für das, was ich in diesem Abschnitt sagen möchte. Es heißt: „Wir leben unser Heute", und der Refrain erinnert uns daran, dass „wir nur diesen Augenblick" haben. Wir berühren ihn flüchtig, während er wie Sand durch unsere Finger rinnt, und dann ist er wieder weg, ist nicht mehr Heute, sondern schon Gestern. Aber Morgen wird vielleicht nie kommen, und so gilt es, das Jetzt festzuhalten.[28]

> *Mindestens genauso wichtig wie das „Recycling" positiver Erlebnisse aus Ihrer Vergangenheit ist das Genießen und Festhalten der einfachen Freuden des Hier und Jetzt.*

Jeden Tag bewusst im Jetzt leben ist der Schlüssel zu einem Leben, das nachhaltig glücklich ist. Jeder Tag ist voll von Gelegenheiten zur Freude. Echte Freude kann man nicht machen; sie kommt aus dem Herzen von Menschen, die zufrieden, dankbar und im Frieden mit sich selber, mit ihren Mitmenschen und mit Gott sind. Wir alle haben unser Päckchen zu tragen im Leben, aber wir alle können Freude haben in unserem Alltag. Die schönen Augenblicke ergreifen und das Beste aus ihnen machen ist eine Kunst, die man erlernen, kultivieren und täglich praktizieren kann. Fangen Sie an:

- Freuen Sie sich über das unerwartete kostenlose Upgrading in die erste Klasse, das Sie zu Beginn Ihres Fluges/Ihrer Zugfahrt angeboten bekommen.
- Genießen Sie die Zeit für sich selber, die Sie haben, während Ihre Lieben für den Tag ausgeflogen sind.
- Seien Sie dankbar für die gute Tat, mit der Sie Ihr Nachbar überrascht hat. Oder über die, die Sie haben tun können – dass Sie die Möglichkeit dazu hatten.
- Quetschen Sie aus allem Negativen, das Ihnen passiert, so viel Gutes heraus, wie Sie können.
- Quetschen Sie aus allem Guten so viel Freude heraus wie möglich.

Vergessen Sie nicht: Etwas wird dann zu einer guten Angewohnheit, wenn Sie es immer und immer wieder einüben. Wenn Sie anfangen, das Genießen des Augenblicks einzuüben, mag Ihnen das anfangs komisch, ja gekünstelt und unecht vorkommen. Lassen Sie sich davon nicht stören, sondern machen Sie weiter; bald werden Sie sich wohlfühlen als Augenblicksgenießer.

KAPITEL 10

Schritt Nr. 3: Zügeln Sie Ihr Adrenalin

Lass dich nicht fortreißen, sondern sage:
„Erscheinung, halte ein und warte!
Lass sehen, was du bist und was du darstellst.
Lass mich dich kosten."
(Epiktet)

Schalten Sie Ihr Handy ab, Ihren Pieper, Blackberry, GameBoy, Walkman, iPod, tragbaren DVD-Player und Co. Wenigstens, während Sie dieses Kapitel lesen, damit Sie zu sich kommen und sehen können, „was diese Dinge sind und was sie darstellen".

Ich kann es Ihnen natürlich auch gleich sagen: All diese Geräte und Erfindungen peitschen die ständige Stimulierung Ihres adrenergen Systems noch weiter voran, bis Ihr Lustsystem vollends ruiniert ist. Ich garantiere Ihnen: Wenn Sie die Dinger jetzt abschalten, werden Sie mehr von diesem Kapitel haben, als wenn Sie sie laufen lassen. Und wer weiß, vielleicht entdecken Sie sogar, dass sie gar keine so großen Lustmacher sind.

Okay, ist alles aus? Dann können wir weitermachen.

Alle wollen etwas erleben

Bei uns Heutigen muss dauernd etwas los sein. Gut, auch in der Steinzeit war etwas los; ich nehme einmal an, dass die Mammutjagd eine aufregende Sache war. Aber im Laufe der letzten fünf bis zehn Jahre hat unsere Sucht nach Sensationen bisher ungekannte Höhen erklommen und alle Rekorde gebrochen. Wir können uns heute buchstäblich auf Knopfdruck stimulieren. Oder per Mausklick. Wir können Handy, iPod und Minicomputer überallhin mitnehmen – zur Schule, ins Flugzeug und in jedes Zimmer unserer Wohnung. Wenn wir durch den Park joggen, führen wir nicht unseren Hund aus, sondern unseren MP3-Player.

Und je jünger Sie sind, umso größer die Wahrscheinlichkeit, dass Sie bereits richtig süchtig sind nach diesen Geräten – oder können Sie sich spontan ein Leben „ohne" vorstellen? Lassen Sie sich warnen: Sie werden Ihnen nicht nur die Fähigkeit rauben, sich über die kleinen Dinge des Alltags zu freuen, sie werden auch Ihr System so aufputschen, dass Ihr Gehirn und Ihr Kreislauf nicht mehr mitkommen – willkommen, Depression und Herzinfarkt.

Aber ist Stimulation nicht etwas Gutes?

Ich kann sie schon hören, die Protestrufe. Ich höre sie auf jedem Seminar, das ich zu dem Thema abhalte. *Aber braucht unser Gehirn nicht ein bestimmtes Maß an Stimulation, damit es seine volle Leistung bringt?* Und dann der Knaller: „Wenn in meinem Leben nichts mehr los ist, sterbe ich ja an Langeweile!" Nun, ich habe noch keine einzige Leiche gesehen, deren Ableben durch eine Überdosis Monotonie erfolgte. Glauben Sie mir: Langeweile bringt niemanden um. Heutzutage kann sie einem sogar helfen, länger zu leben.

> *Langeweile bringt niemanden um. Heutzutage kann sie einem sogar helfen, länger zu leben.*

Aber Spaß beiseite: Jawohl, Stimulation in Maßen ist gesund. Zum einen hilft sie uns, auf andere Gedanken zu kommen. Wenn wir nach einem stressigen Tag auf den Fußballplatz gehen und unsere Mannschaft anfeuern, vergessen wir die Gedanken, die in unserem Gehirn Karussell fahren. Was juckt uns der ständig nörgelnde Chef, wenn unsere Jungs am Gewinnen sind? Ein gesunder Schuss Begeisterung ist auch gut gegen Depressionen, die ja unser Adrenalin drosseln. Jeder weiß, dass regelmäßige Bewegung (auch das ist eine Art Stimulation) uns hilft, aus dem Loch der Depression herauszukommen. Jawohl, Stimulation in Maßen ist gesund.

Aber eben nur in Maßen, und heute neigen wir mehr denn je dazu, unmäßig zu sein. Und wenn unser Gehirn längere Zeit mit sehr starken Reizen bombardiert wird, bekommt es gleichsam eine Lust-Hornhaut. Die Reize jucken es nicht mehr, und wenn das Lustzentrum reagieren soll, muss die Reizdosis weiter gesteigert werden. Der Fall ist klar: Wenn wir in unserem Leben etwas erleben und Spaß daran haben wollen, dann ist weniger oft mehr.

Aber der moderne Mensch hat es ganz offensichtlich schwer, das zu glauben. Von Medien und Technologie unterstützt, ja angestachelt, sind wir eine Generation der Sensationssucher geworden, die ständig auf der Suche nach dem nächsten Kick sind. Zappen Sie sich einmal fünf Minuten lang durch verschiedene Fernsehsender, und Sie wissen, was ich meine. Gewinnspiele, Extremsportarten, Live-Boxkämpfe, Überlebenscamps im Dschungel – wir werden pausenlos mit Reizen und Sensationen bombardiert, die nicht aus dem normalen Alltag kommen, sondern aus einer Fantasiewelt. Und warum schauen wir uns diese Sendungen an? Weil sie uns helfen, den nächsten grauen Alltag zu überstehen.

Unser Gehirn ist einfach nicht dafür designt, pausenlos auf hohem Niveau stimuliert zu werden.

Was die Sensationslust mit uns macht

Die Verhaltensforscher können uns einiges über den Schaden berichten, den die exzessive Suche nach dem nächsten Kick – man spricht hier auch von *Sensationslust* – anrichtet. Zunächst einmal ist sie eine Hauptstressquelle. Sie lässt den Pegel der beiden Stresshormone Adrenalin und Kortisol, die eigentlich dazu da sind, uns in Krisensituationen Extrakraft zu geben, steil nach oben schnellen. Unser Lebensstil ist sozusagen eine einzige Dauerkrise, und der chronisch hohe Pegel dieser beiden Hormone führt unerbittlich zu Bluthochdruck, hohem Cholesterinspiegel, Herzkrankheiten, Depressionen und Panikattacken und, jawohl, Anhedonie – die „Glücksräuber" haben ihre Spur hinterlassen.

Doch der Schaden reicht noch weiter. Es besteht ein auffälliger Zusammenhang zwischen der Suche nach der Sensation und dem „Spektakulären" und der Anfälligkeit für sexuelle Perversionen, Drogen- und Alkoholmissbrauch, Essstörungen und falsche Ernährung, Extremsportarten und andere Verhaltensweisen, die das Adrenalin kurzzeitig hochschnellen und später das Lustsystem „erblinden" lassen.

Wie gefährdet sind Sie?

Merken Sie, wie Ihr Herz schneller schlägt, während Sie diese Zeilen über die Sensationslust lesen? Wenn Sie nicht sicher sind, wie es bei Ihnen aussieht zu diesem Thema, dann machen Sie zur Probe den folgenden Test.

Test: Wie sensationshungrig sind Sie?

Definition
Die *Sensationslust* ist die Neigung, ständig nach Aktivitäten zu suchen, die aufregend sind und einem das Gefühl des Abenteuers geben.

Wie Sie den Test durchführen
Notieren Sie jeweils rechts von der Frage Ihre Punktzahl, wie folgt:
0 = Nie oder sehr selten
1 = Gelegentlich
2 = Oft
3 = Immer

Frage	Punktzahl
1. Ich habe ein starkes Bedürfnis, so viel aus dem Leben herauszuholen wie möglich.	_____
2. Ich schlafe meistens weniger als sieben Stunden pro Nacht.	_____
3. Ich mag Sportarten, bei denen was abgeht.	_____
4. Ich mag Musik, die abgeht.	_____
5. Ich reise gerne in fremde, exotische Länder.	_____

Punktzahl

6. Ich meide etwas nicht deswegen, weil es riskant
   oder gefährlich ist.   _____

7. Ich bin ein Abenteurertyp und probiere gerne
   was Neues aus.   _____

8. Ich kleide mich gerne anders als die anderen.   _____

9. Was ich tue, muss mir Spaß machen.   _____

10. Ich ruhe mich nicht gerne aus;
    das macht mich nur kribbelig.   _____

11. Wenn ich montags wieder zur Arbeit muss,
    fühle ich mich down.   _____

12. Filme, in denen es nicht jede Menge Action gibt,
    langweilen mich.   _____

13. Wenn ich längere Zeit zu Hause bin,
    fällt mir die Decke auf den Kopf.   _____

14. Ich würde gerne mal Drachenfliegen oder
    Fallschirmspringen.   _____

15. Ich umgebe mich gerne mit Menschen,
    die erfrischend unberechenbar sind.   _____

16. Wenn ich in ein neues Restaurant gehe, suche ich mir
    ein Gericht aus, das ich noch nie probiert habe.   _____

17. Manchmal tue ich jemandem weh,
    weil ich mich auf seine Kosten belustige.   _____

18. Wenn es irgendwo was Neues und Aufregendes gibt,
    bin ich dabei!   _____

19. Wenn ich mich amüsiere, ist es mir egal,
    ob das vielleicht negative Folgen hat.   _____

20. Wenn ich deprimiert bin, gehe ich gerne in die Stadt,
    mir etwas Schönes kaufen.   _____

Gesamtpunktzahl   _____

Auswertung
Zählen Sie Ihre Punkte zusammen. Die höchste Punktzahl ist 60.
0 bis 15 Punkte: Sensationslust ist nicht Ihr Ding.
16 bis 22: Ihre Neigung zur Sensationslust ist niedrig bis mäßig.
23 bis 30: Ihre Neigung zur Sensationslust ist mäßig bis hoch.
Über 30: Ihr Sensationsbedürfnis ist erschreckend hoch. Und damit die Gefahr, außer dem „höheren Kick" nichts mehr spüren zu können – das heißt Abhängigkeit vom Adrenalin.
(Hinweis: Wenn Sie mehr als 22 Punkte haben, sollten Sie daran denken, einen Therapeuten aufzusuchen, der Ihnen aus dem Teufelskreis heraushelfen kann.)

Strategien zur Adrenalinkontrolle

Wenn Sie ständig nach der nächsten Sensation jagen, sind Sie ein typischer Adrenalinsüchtiger. Ihr „Stoff" besteht darin, dass Sie pausenlos etwas erleben müssen, und dies führt unweigerlich in die Anhedonie – die „Glücksräuber" sind dabei, ganze Arbeit zu leisten. Nachdem Sie den obigen Test gemacht haben und ein wenig besser über Ihr Sensationslustrisiko Bescheid wissen, wollen wir uns anschauen, wie Sie dieses Risiko unter Kontrolle bringen können.

Sie können Ihr Stressniveau gar nicht genug senken.

Da die übermäßige Produktion der Stresshormone des Körpers (vor allem Adrenalin) Ihr Lustsystem stark beeinträchtigen kann, brauchen Sie unbedingt Strategien zur Stressreduzierung, wenn Sie seelisch und körperlich gesund bleiben bzw. es wieder werden wollen. Um es ganz offen zu sagen: Es gibt im Grunde nichts Wichtigeres in Ihrem Leben, als *alle* Arten von Stress (ob er nun aus den positiven oder den negativen Dingen im Leben kommt) unter Kontrolle zu bringen. Sie können Ihr Stressniveau gar nicht genug senken. Also: Stressabbau, ja bitte! Hier ist „mehr" tatsächlich besser!

Und jetzt die „Gebrauchsanweisung", wie Sie Ihr Adrenalin an die Leine nehmen können:

1. Ändern Sie Ihre Einstellung zu den Dingen, die Sie stark stimulieren
Ich möchte an diesem Punkt beginnen, denn solange Sie nicht fest davon überzeugt sind, dass Sie etwas gegen Ihre Adrenalinabhängigkeit unternehmen müssen, werden Sie sich keinen Millimeter ändern. Ich meine natürlich nicht, dass Sie sämtliche Dinge, die Sie auf Touren bringen, meiden müssen; aber Sie sollten lernen, Grenzen zu ziehen! Sie dürfen diese Grenzen gerne mit Bodenschwellen auf Anwohnerstraßen vergleichen, die verhindern, dass die Autofahrer zu schnell fahren … und damit z. B. spielende Kinder in Gefahr bringen.

Und jetzt höre ich ihn förmlich, den neunstimmigen Protest meiner Enkelkinder: „Das geht doch nicht! Man lebt nur einmal!" Nun, das habe ich als Teenager auch gesagt, aber damals verstand man unter dem „Man lebt nur einmal!", dass man sein Leben nicht mit Nebensächlichkeiten verplempern sollte. Heute bedeutet „Man lebt nur einmal!" etwas anderes: „Zieh dir so viel rein, wie es geht! Vielleicht bist du morgen schon tot!" Ich glaube, ehrlich gesagt, meine alte Definition war besser.

Also: Sehen Sie ein, dass Sie den Stress in Ihrem Leben reduzieren müssen! Damit werden Sie bereit für den nächsten Schritt:

2. Senken Sie Ihren Adrenalinspiegel
Der nächste Schritt besteht darin, Wege zu finden, Ihr Adrenalin zu „rationieren". Ich benutze den Ausdruck „rationieren" ganz bewusst. Es ist nicht möglich, ganz ohne Adrenalin auszukommen. Menschen mit chronischem Adrenalinmangel müssten sterben, wenn sie nicht regelmäßig Adrenalininjektionen bekämen. Effektives Stressmanagement bedeutet, dass Sie nicht abhängig von den „Kicks" werden, die starke Adrenalinstöße Ihnen geben.

Wenn Sie Ihren Adrenalinspiegel reduzieren wollen, müssen Sie sich zuerst fragen, wann und wo Ihr Adrenalin schneller fließt. Wie merken Sie es, dass Sie gerade auf Touren sind? Nun, legen Sie einfach Ihre Hand an Ihr Gesicht und prüfen Sie, was kälter ist – die Hand oder das Gesicht. (Bitte diesen Test nicht draußen im Schnee machen oder wenn Sie gerade im Kühlschrank hantiert haben!) Wenn Ihre Hand kälter ist als Ihr Gesicht, befinden Sie sich wahrscheinlich gerade in einem Adrenalinhoch und haben Stress. Denn wenn Ihr Stresspegel nach oben geht, zieht Ihr Adrenalin die Blutgefäße in Ihren Händen und Füßen zusammen, sodass weniger Blut hindurchgeht, mit dem Ergebnis, dass sie sich kälter anfühlen. Der ursprüngliche Sinn dieses Effektes besteht darin, im Kampf oder auf der Flucht den Blutverlust durch Verletzungen möglichst niedrig zu halten.

Ein enorm wichtiges Mittel zur Stressreduzierung sind Entspannungsübungen; ich habe ihnen später ein ganzes Kapitel gewidmet. Hier einige andere Tipps, die Ihnen helfen werden, Ihr Adrenalin wieder auf den Teppich zu holen.

- Wenn Sie sich hektisch fühlen, drosseln Sie ganz bewusst das Tempo. Wenn nötig, unterbrechen Sie das, was Sie gerade tun, sofern es nicht sehr wichtig ist. Merke: Es gibt nur wenige Dinge im Leben, die so wichtig sind, dass man sie nicht ein paar Minuten aufschieben kann.

- Versuchen Sie, in Ihrem Leben vorauszuplanen. Es wird immer Krisen und Notfälle im Leben geben (für die das Adrenalin ja da ist), aber mangelhaftes Planen führt zu Stress und zu zusätzlichen Krisen, die nicht nötig sind. Also: Machen Sie sich Listen, notieren Sie wichtige Termine. Bereiten Sie Dinge vor – für morgen, für nachher. Das heißt: Planen Sie.

- Versuchen Sie, die Dinge in Ihrem Leben nicht wichtiger zu nehmen als nötig. Es ist erstaunlich, wie viel besser uns unser Leben gelingt, wenn wir aus Mücken keine Elefanten machen.

- Wenn Sie sich ärgern oder wütend sind, versuchen Sie, diese Gefühle so schnell wie möglich wieder loszulassen. Ärger, Wut, Verbitterung und Co. sind Adrenalinschleudern und Zeitbomben. Finden Sie heraus, was Sie da so ärgert, lernen Sie die Kunst der Vergebung. Die Bibel fordert uns auf, die Sonne nicht über unserem Zorn untergehen zu lassen (Epheser 4,26), was kein schlechter Rat ist.

- Trainieren Sie Strategien zur schnellen Konfliktlösung (Geduld, sich verständlich machen, zuhören können etc.); das senkt Ihren Frust.

- Suchen Sie die Nähe von Menschen, die nicht leicht wütend werden. Wenn Ihr bester Freund sich über alles aufregt, tun Sie das wahrscheinlich auch, denn Wut ist ansteckend.

- Lernen Sie es, auf Kritik positiv zu reagieren. Wir alle werden manchmal kritisiert, und meistens ist die Kritik sogar berechtigt. Es ist eines der Markenzeichen eines reifen Menschen, dass er darum weiß und in der Lage ist, das Beste aus dem Kritisiertwerden zu machen, indem er sich dort, wo es nötig ist, ändert.
- Machen Sie Schluss mit der Vorstellung, dass Ärger, Wut und Zorn generell gut für Sie sind. Es mag sein, dass sie sich zunächst gut anfühlen, weil sie Ihnen ein Adrenalinhoch verschaffen, aber auf Dauer sind sie ein Bumerang, der Sie schwer treffen kann ... und wird.
- Lernen Sie gesunde Selbstbehauptung. Lassen Sie sich nicht einfach herumstoßen oder ungerecht behandeln. Aber bedenken Sie, dass Selbstbehauptung und Aggressivität nicht dasselbe sind! Wenn Sie sich nur dann auf die Hinterbeine stellen, wenn Sie wütend sind, werden Sie aggressiv. Lernen Sie, generell – und im Guten! – Grenzen zu ziehen.
- Gönnen Sie Ihrem Stresshormonsystem nach jeder größeren Erregung eine Ruhepause. Ihr adrenerges System braucht genauso Pausen wie der Rest Ihres Körpers auch. Lassen Sie es also, wenn die Aufregung vorbei ist, bewusst etwas ruhiger angehen. Dies ist gutes Adrenalinmanagement.

3. Lernen Sie es, langsamer zu machen

Der Schlüssel zum richtigen Stressmanagement ist, dass Sie es lernen, Ihr Tempo zu drosseln. Die meisten von uns sind geradezu besessen von dem Gedanken, alles zu schaffen, und das möglichst schnell. Es ist ohne Zweifel ein schönes Gefühl, wenn man zielstrebig arbeitet; wäre es nicht so, würde kein Mensch mehr etwas tun. Und wenn jemand (vor allem unser Chef) unseren vollen Einsatz lobt, fühlt sich das noch besser an.

> *Der Schlüssel zum richtigen Stressmanagement ist, dass Sie es lernen, Ihr Tempo zu drosseln.*

Ich kenne dies nur zu gut von mir selbst. Und der Wunsch, im Leben etwas zu schaffen und gute Spuren zu hinterlassen, ist an und für sich auch gar nicht das Problem. Jeder Mensch braucht Leidenschaften, Träume, Ehrgeiz. Aber wenn diese Dinge zu einer alles andere verzehrenden

Manie werden, bauen sie unser Leben nicht mehr auf, sondern zerstören es. Wenn Ihre Leidenschaften anfangen, Sie zu beherrschen, öffnen Sie in Ihrem Leben der Anhedonie, sprich den dort angestellten „Glücksräubern" Tor und Tür.

Die naheliegende Lösung ist, dass Sie versuchen, Ihr Leben ausgeglichener zu machen, vor allem aber das Tempo zu drosseln. Es kann klug sein, auf die erstrebte Beförderung zu verzichten, wenn Sie merken, wie Ihre Arbeit Ihnen Ihr Lebensglück nimmt.

Aber wie macht man das – es langsamer gehen lassen? Hier einige Strategien, die ich persönlich angewandt habe, um von der Überholspur wegzukommen:

- Nehmen Sie sich verbindlich vor, Ihren Lebensstil zu ändern. Das geht besser zu zweit als alleine. Haben Sie einen Freund, der das gleiche Problem hat wie Sie? Dann tun Sie sich mit ihm zusammen; helfen und begleiten Sie einander.

- Machen Sie sich einen richtigen Plan. Ihr Lebensstil wird sich nicht von alleine ändern. Schreiben Sie eine Liste Ihrer Prioritäten und Aufgaben, markieren Sie die, die sie zurückfahren oder weglassen können, und entwickeln Sie eine Strategie, wie Sie Ihr Leben ändern werden. Seien Sie ehrlich und konsequent. Ich erlebe immer wieder Klienten, die buchstäblich nicht wissen, was ihnen im Leben wichtig ist und was nicht. Machen Sie Inventur in Ihrem Leben, und wenn Sie etwas finden, das wirklich unnötig ist, dann werfen Sie es hinaus!

- Nehmen Sie neue, sinnvolle Aktivitäten in Ihr Leben auf. Das Tempo drosseln und sein Adrenalin unter Kontrolle bekommen bedeutet nicht nur, mit unnützen Dingen Schluss zu machen, sondern auch, zu neuen Ufern sinnvoller Lebensgestaltung aufzubrechen. Es geht um „wichtige" Dinge. Es ist ein teurer Fehler, etwa ein nutzloses Ding aufzugeben, nur um es durch andere, genauso nutzlose und zeitintensive zu ersetzen.

4. Tun Sie viele kleine Schritte in Richtung weniger Stress

Stressreduzierung muss nicht immer mit komplizierten oder zeitintensiven Strategien verbunden sein. Hier einige ganz einfache Dinge, aus denen Sie eine solide Antistressbasis für Ihr Leben basteln können:

• Gönnen Sie sich ausgiebige Bäder oder Duschen. Meine Frau und ich machen dies oft. Sie macht es bei Kerzenschein; mir tut es gut, wenn es ganz dunkel ist und ich „nur spüre".

• Streicheln Sie den Hund/die Katze. Als ich diesen Rat das erste Mal hörte, dachte ich: *Man kann es auch übertreiben.* Dann probierte ich es aus, und siehe da, es funktionierte.

• Hören Sie Musik, die von der beruhigenden, sanften Sorte ist. Das geht nicht nur im Wohnzimmer, wo die große Stereoanlage steht, sondern mit den heutigen tragbaren CD-Spielern, MP3-Playern usw., also praktisch überall.

• Erleben Sie einen Sonnenuntergang oder (bitte zeitig aufstehen!) Sonnenaufgang. Das wird nicht jedes Mal gleich romantisch sein, aber mit einem einigermaßen intakten Lustsystem sollten Sie doch auf Ihre Kosten kommen. Allein schon der Gedanke, dass Gott Sie durch den Tag gebracht hat bzw. Ihnen diesen neuen Tag schenkt, sollte ausreichen, das als Glück zu empfinden.

• Machen Sie Spaziergänge. Ich mache das mit meinem Hund. Leider gibt es keinen Park in unserer Nähe, sodass wir einfach eine Runde durch das Viertel drehen. Auf diese Weise lerne ich die Nachbarn weiter unten an der Straße kennen.

• Gratulieren Sie sich zu dem, was Sie heute richtig gemacht haben. Jawohl: *Sie sich!* Wir freuen uns zu wenig über uns selbst – und verpassen so erstklassige Gelegenheiten, die richtigen Verhaltensmuster in unserem Gehirn zu verstärken. Die Bibel redet viel davon, sich zu freuen. Wir sollen uns täglich über Gott freuen (Philipper 4,4), über die Frau an unserer Seite (Sprüche 5,18), ja sogar über unsere Glaubensprüfungen (Jakobus 1,2). Freude hat therapeutische Wirkung, sie tut einfach gut.

Wenn nicht jetzt, wann dann?

Wenn Sie Ihr Lustzentrum wiederherstellen wollen, sodass es die kleinen Dinge des Alltags wieder wahrnehmen und genießen kann, ist es wichtig, durch die in diesem Kapitel beschriebenen Schritte Ihr Adrenalin unter Kontrolle zu bekommen. Falls Sie gerade den Eindruck haben, dass diese Schritte wie ein Berg vor Ihnen stehen, den Sie im Leben nicht bezwingen werden, lassen Sie mich Ihnen Mut machen. Erstens: Versuchen Sie nicht, alles auf einmal zu machen. Suchen Sie sich ein Gebiet Ihres Lebens aus, wo Sie am ehesten mehr Ruhe nötig haben, und dann fangen Sie mit einer einfachen Übung, die Sie schaffen, an, und machen Sie weiter, bis sie Ihnen in Fleisch und Blut übergegangen ist. Dann gehen Sie zu einer anderen Übung, die Sie anspricht, weiter. Und zweitens denken Sie an das alte Sprichwort: „Ohne Fleiß kein Preis." Das ist bei den geistigen Übungen, die ich in diesem Kapitel beschrieben habe, nicht anders als bei jedem körperlichen Fitnessprogramm. Wie überall im Leben, ist auch hier der Schlüssel zum Erfolg Beharrlichkeit. Übung macht den Meister.

> *Stressreduzieren muss nicht immer mit komplizierten oder zeitintensiven Strategien verbunden sein.*

KAPITEL 11

Schritt Nr. 4: Lachen Sie sich gesund

Heiterkeit ist wie ein heller Blitz,
der durch graue Wolken bricht
und den Augenblick hell macht.
Fröhlichkeit lässt in der Seele die Sonne scheinen
und füllt sie mit beständiger Gelassenheit.
(Joseph Addison, *Spectator*, Nr. 381)

Ein Mann betritt die Praxis des Tierarztes – mit einer Ente an der Leine.

Fragt ihn der Tierarzt: „Wo haben Sie das Schwein her?"

Der Mann erwidert: „Sie, das ist kein Schwein, das ist eine Ente!"

Darauf der Tierarzt: „Ich habe gerade mit *der Ente* geredet!"

Haben Sie gerade gelacht? Nein? Noch nicht einmal geschmunzelt? Dann brauchen Sie dringend dieses Kapitel.

Kurz bevor ich mich hinsetzte, um dieses Kapitel zu schreiben, sah ich in meiner Post die neueste Ausgabe der Fachzeitschrift der American Psychological Association, des *Monitor on Psychology*. Das Foto auf dem Umschlag fiel mir in die Augen. Es passte genau zu meinem Kapitel, denn es zeigte mehrere fröhliche Schulkinder, die herzhaft lachten. Das Bild war nicht gestellt, dazu war die Fröhlichkeit einfach zu echt. Die Bildunterschrift lautete: „Fröhlichkeit und mehr – Humor sagt mehr als viele Worte; Humor regt Geist und Gemüt an."

Die Psychologen sind heute dabei, das Lachen und den Humor ernst zu nehmen. Endlich. Der Witz, den ich gerade zitiert habe, war der erste von vielen in einer kürzlich gemachten Humor-Studie; die Autoren fanden ihn offenbar komisch genug, um ihn in einem seriösen Forschungsprojekt zu berücksichtigen.

Lange Jahre behandelten die Psychologen das Lachen genauso stief-

Einige Fakten über den Humor

- Ein Kind lacht ca. 300 Mal am Tag, ein Erwachsener nur noch 15 Mal.

- Das Lachen ist ein hochkomplexes Phänomen. Heute, wo die Psychologen angefangen haben, es endlich ernst zu nehmen, gibt es über 100 Theorien über den Humor.

- Lachen hat therapeutische Wirkungen. Mark Twain: „Beim Lachen ändern sich Geist, Seele und Leib."

- Selbst gestresste Ehen können von mehr Humor in der Beziehung profitieren. Paare, die lachen können, lassen sich selten scheiden.

- Lachen verbindet. Gemeinsames Lachen kann über manche Durststrecke hinweghelfen.

- Wer über sich selbst lachen kann, kann sich leichter annehmen und hat deutlich weniger Stress.

mütterlich wie das Glück. Dass beide etwas miteinander zu tun haben könnten, kam ihnen nicht in den Sinn. Heute ist der Humor salonfähig geworden, und alle Welt will wissen, was Menschen zum Lachen bringt und was man von einem gesunden Kichern hat. Die psychologischen und medizinischen Querverbindungen zwischen Humor, Glück und Gesundheit sind heute das Thema ganzer Forschungsprojekte. In Krankenhäusern gibt es für chronische Schmerzpatienten Lachtherapiegruppen. Wie kürzlich am Schwarzen Brett einer Klinik zu lesen stand: „Lachen macht gesund." Irgendwie wussten wir das doch, oder? – Aber leben wir auch so?

Lachen heilt Leib und Seele

Lachen ist die beste Medizin für Leib und Seele. Es stärkt z. B. die Selbstheilungskräfte und das Immunsystem des Körpers, und es ist gut für unsere emotionale Stabilität und unser inneres Wachsen.

Warum lachen wir dann nicht viel mehr? Vielleicht, weil wir anhedonisch geworden sind. Die Glücksräuber lassen grüßen.

Vor nicht allzu langer Zeit besuchte eine Zeitungsreporterin eine Therapieklausur, die von einem bekannten Arzt durchgeführt wurde, der sich auf die Behandlung unheilbar kranker Krebspatienten spezialisiert hatte. Sie sprach mit etlichen dieser Klienten, die zwischen 17 und 70 Jahre alt und, wie es so unschön heißt, austherapiert waren; jetzt waren sie hier zusammengekommen, um zu hören, wie sie das Beste aus ihren letzten Lebensmonaten machen konnten.

> **Warum lachen wir eigentlich nicht viel mehr?**

Was die Reporterin am meisten beeindruckte, war, wie viel diese Schwerkranken lachten. Nach zehn Tagen, in denen alle in der Gruppe sich ausgetauscht und der ganzen Realität ihrer Lage in die Augen geschaut hatten, hatten sie den Punkt erreicht, wo sie frei und offen miteinander lachen konnten. Ihr Sinn für Spaß und Humor berührte die Reporterin zutiefst. Einige berichteten ihr, dass sie es in ihren gesunden Jahren nie gelernt hatten, über sich und ihre Probleme zu lachen. Jetzt konnten sie es, und diese Freiheit, zu lachen, brachte eine ganz neue Tiefe in ihr Leben.

Was „brachte" das ihrer Gesundheit? Lachen kann natürlich keinen Krebs heilen. Aber der Arzt, der die Therapietage leitete, konnte berichten, dass viele der Patienten, die diese Veranstaltungen besuchen, deutlich länger leben, als ihre Ärzte gedacht haben. Das Lachen stimuliert ihr Immunsystem, und sie bekommen einen neuen Blick aufs Leben, mit dem Ergebnis, dass der Fortgang der Krankheit verlangsamt, in einzelnen Fällen vielleicht sogar ganz gestoppt, ja umgedreht wird.

Kein Zweifel: Unsere Seele und unser Körper reagieren auf eine entspannte, fröhliche Atmosphäre, vor allem auf eine fröhliche innere Atmosphäre.

Psychotherapie: Wie ernst darf es sein?

In der Post, die ich durchging, als ich anfing, dieses Kapitel zu schreiben, war auch ein Prospekt eines bekannten Psychologen, der Weiterbildungsseminare anbietet. (In Amerika müssen sich die Psychologen, wie viele andere Berufsgruppen auch, regelmäßig weiterbilden, um ihre Zulassung zu behalten.) Was für ein Seminar bot der Kollege gerade an? Erraten: „Die Rolle des Humors in der Psychotherapie". Das hatte es noch nicht gegeben. Wir Psychologen scheinen richtig humorsüchtig zu werden, was keine schlechte Sache ist.

Schon seit Langem ist bekannt, dass es gut für die Gesundheit ist, wenn man herzhaft lacht. Der Blutdruck sinkt, Stress und Wut verfliegen, das Immunsystem setzt zusätzliche Killer-T-Zellen frei, der Sauerstoff fließt besser und das Gehirn wird aktiver. Lachen ist für so ziemlich alles gut. Selbst Ihre Persönlichkeit kann sich positiv verändern, wenn Sie es lernen, mehr zu lachen.

Und dann musste ich plötzlich schmunzeln. Warum? Weil bis vor Kurzem die Psychotherapie so eine todernste Angelegenheit gewesen war – etwas, über das man keine Witze machte. Ich erinnere mich noch gut an einen Vorfall in meiner Ausbildung. Ich besprach mit meiner Supervisorin einen schweren Depressionsfall und erwähnte dabei, dass einmal, als ich eine witzige Bemerkung gemacht hatte, mein Klient zum ersten Mal seit über vier Monaten gelacht hatte. Die Supervisorin war entsetzt. Es nützte mir nichts, dass der Klient am Ende der Sitzung erklärt hatte, wie gut es war, wieder lachen zu können. „Psychotherapie", dozierte die Supervisorin, „ist eine ernste Sache, und unter keinen Umständen dürfen Sie sie auf die leichte Schulter nehmen oder irgendetwas tun, das vom therapeutischen Prozess ablenkt." Heute – lachen die Psychologen über solche Kommentare.

Heimlich lachte ich schon damals darüber. Für mich ist Humor schon immer Medizin gewesen.

Lachen und seelische Gesundheit

Dass Lachen gesund ist, weiß man nicht erst seit heute. Schon die Bibel erwähnt es (Sprüche 17,22). Und Lachen ist nicht nur gut für den Körper, sondern auch für die Seele, und über diesen Aspekt möchte ich in diesem Kapitel reden. Dem Lachen und dem Humor kommt eine Schlüsselrolle zu beim Schutz und bei der Heilung unseres Lustzentrums. (Ich hoffe nur, meine Supervisorin von damals liest dieses Buch jetzt auch.)

Und dies bringt mich zu einem sehr wichtigen Punkt. Gesunder Humor ist nur möglich, wenn unser Lustsystem richtig funktioniert. Es ist das Gleiche wie mit dem Glücklichsein: Ohne unser Lustsystem haben wir nichts davon. Ein anhedonischer Mensch hat keinen Spaß an Humor. Die Glücksräuber haben alles „abgeräumt".

> *Ein anhedonischer Mensch hat keinen Spaß an Humor.*

Probieren Sie es selbst aus. Wenn Sie das nächste Mal mit einem Menschen zusammen sind, der Depressionen hat, machen Sie eine witzige Bemerkung und dann beobachten Sie sein Gesicht. Er wird nicht lächeln. Wenn unser Lustsystem gestört ist, können wir über den tollsten Witz nicht lachen. Der Depressionspatient kann sich (besonders in den frühen Phasen der Depression) über praktisch nichts freuen. Erst wenn die Depression schwächer wird (wie bei meinem Klienten, den ich oben erwähnt habe), fängt er wieder an zu lachen. Und jemand, der über einen guten Witz herzhaft lachen kann, hat sehr wahrscheinlich keine Depression.

Wie Sie Ihren Lachquotienten heben

So wie wir alle einen Intelligenzquotienten (IQ) und einen emotionalen Quotienten (EQ) haben, haben wir auch einen Lachquotienten (LQ) – so jedenfalls die Lachexperten. Je höher Ihr LQ, umso mehr schätzen Sie gesunden Humor.

Beachten Sie bitte: *gesunden* Humor. Schmutziger Humor ist eigentlich gar nicht komisch (ich sage das als jemand, der nicht prüde ist). Auch über schmutzige Witze wird natürlich gelacht, aber das Lustige liegt hier allein in der Anzüglichkeit und beruht nicht auf wirklicher Komik. Die Irritation des Hörers über etwas, das normalerweise geschmacklos oder widerlich ist, verschafft sich im Lachen gleichsam Luft. Wundern Sie sich also nicht, wenn diese Art Lachen ihr Lustzentrum nicht heilt. Eher verstärkt es noch vorhandene Suchtprozesse, weil es immer heftigere Reize braucht, um Ihr Lustzentrum zu aktivieren. Wenn Sie nur über schmutzige Witze lachen können, haben Sie wahrscheinlich einen niedrigen LQ, dem man einmal auf die Sprünge helfen müsste.

Und jetzt ein Test zur Messung Ihres LQ:

Test: Messen Sie Ihren Lachquotienten

Wie Sie den Test durchführen
Kreuzen Sie bei den folgenden Fragen jeweils „wahr" oder „falsch" an.

Frage	wahr	falsch
1. Ich lache gerne über Witze und komische Begebenheiten.	☐	☐
2. Witze unter der Gürtellinie finde ich nicht sehr komisch.	☐	☐
3. Ich meide Sarkasmus und Witze, die rassistisch sind oder auf Kosten anderer Menschen gehen.	☐	☐
4. Meine Verwandten und Freunde würden sagen, dass ich ein glücklicher Mensch bin, der viel lacht.	☐	☐
5. Ich kann auch dann lachen, wenn es in meinem Leben nicht so gut geht.	☐	☐
6. Ich lache auch dann über gute Witze oder Karikaturen, wenn ich allein bin.	☐	☐
7. Ich habe keine Probleme damit, als Einziger zu lachen.	☐	☐
8. Mein Sinn für Humor ist nie aggressiv oder unanständig; er tut meinen Verwandten und Freunden nicht weh.	☐	☐

	wahr	falsch
9. Manchmal sehe ich etwas Komisches in Dingen, wo andere nichts Komisches sehen.	☐	☐
10. Ich kann über mich selbst lachen, wenn ich etwas Dummes gemacht habe.	☐	☐

Auswertung

Zählen Sie die Antworten unter „wahr" zusammen. Die maximale Punktzahl ist 10.

8 und mehr Punkte: Sie haben einen außergewöhnlich hohen LQ.

6 und 7: Ihr LQ ist recht ordentlich.

3 bis 5: Sie haben eher einen niedrigen LQ.

0 bis 2: In der Lachabteilung Ihres Gehirns ist praktisch Funkstille.

Ich behaupte nicht, dass ein hoher Lachquotient alleine eine regelrechte Depression heilen kann, bei der Lachen ähnlich wehtut wie eine Zahnextraktion ohne Betäubung. Aber eine normale Anhedonie kann durch gesunden Humor und Lachen ein ganzes Stück weit behoben werden. Es gibt auch Hinweise darauf, dass Lachen den Lebenswillen stärken kann. Schon mancher lebensunlustige Mensch hat durch die Medizin des Lachens wieder eine gesündere Sicht auf sich und das Geschenk des Lebens bekommen. Alles in allem gilt, dass es viele seelische Wunden heilen kann, wenn wir wieder lachen lernen.

Wie Sie Ihr Lachzentrum auf Trab bringen

Es ist logisch, dass Lachen durch irgendetwas im Gehirn ausgelöst wird, und so überrascht es nicht, dass die Experten mittlerweile ein *Lachzentrum* ausfindig gemacht haben. Wie beim Lustzentrum, geschah auch diese Entdeckung eher zufällig. Als Forscher, die die Epilepsie eines 16-jährigen Mädchens untersuchten, um eine Therapie zu finden, ihre Elektroden in eine bestimmte Gehirnregion schoben, begann das Mädchens zu lachen und konnte gar nicht mehr aufhören, obwohl gerade nichts Lustiges passierte. Ein niedriger Stromstoß erzeugte ein Lächeln, ein mittlerer ein breites Lächeln, ein kräftiger ein wieherndes Gelächter. Und jetzt kommt etwas Interessantes: Das Lachen war ansteckend. Wenn das Mädchen zu lachen begann, fingen alle im Operationssaal ebenfalls zu lachen an. Lachen ist ansteckend. Wenn Sie mehr lachen, werden die Menschen in Ihrer Umgebung ebenfalls mehr lachen.

Nein, Sie können nicht zu Ihrem Arzt gehen und sich ein paar Lach-Auslöse-Schocks verschreiben lassen. (Obwohl ich mir vorstellen kann, dass das Lachen einmal so selten werden wird, dass die künstliche Stimulierung des Lachzentrums zu einer Standardtherapie wird.) Wir können ja unser Lachzentrum schon mit natürlichen Methoden auf Vordermann bringen. Im Folgenden stelle ich Ihnen einige Übungen vor, mit denen Sie Ihr Lachzentrum stimulieren und Ihren LQ heben können. Und so ganz nebenbei tun Sie auch Ihrem Lustzentrum etwas Gutes.

> *Wenn Sie mehr lachen, werden die Menschen in Ihrer Umgebung ebenfalls mehr lachen.*

Übung 1: Nehmen Sie das Leben leichter!
Das Leben und sich selbst zu ernst nehmen ist ein ausgesprochener Lachkiller. Sind Sie von Natur aus ein ernster Mensch? Dann achten Sie darauf, wann und wo Sie dies besonders sind. Eine ernste Veranlagung bedeutet noch lange nicht, dass Sie pausenlos ernst sein müssen. Gönnen Sie sich Pausen von Ihrem Ernst, nehmen Sie das Leben etwas leichter.

Humortypen

Sie können Ihren Sinn für Humor verbessern, indem Sie sich über die verschiedenen Humortypen und welche von ihnen Ihre Lachmuskeln besonders reizen, klar werden. Hier sind einige dieser Typen; kreuzen Sie die an, die Ihnen besonders zusagen.[29]

Wortspiele
Warum kann man in der Wüste nicht verhungern? – Weil es da so viele Sandwiches gibt.
Irrer Betrieb in der neuen Nervenklinik.

Stilblüten
Bei der Geburt ist künftig auch die Mutter dabei. (Zeitungsnotiz)
Zeugen liegen bei. (Aus einem Brief an einen Rechtsanwalt)
Hohe Ehre: Paul McCartney soll neben der Queen hängen.

Verwechslungsstilblüten
In der Sonne waren es 35 Grad im Schatten.
Tankstellenpächter erstochen. Wer hat einen Schuss gehört?

Übertreibungsstilblüten
Essen Sie täglich 30 kg frisches Kraut, und Sie haben Ihren Tagesbedarf an Vitamin B gedeckt.

Kindermund/Aufsatzstilblüten
Aus einem Schulaufsatz: „Wenn wir die Eltern kriegen, sind sie schon so alt, dass man sie kaum noch erziehen kann."
Wenn ein Arzt operieren will, muss er erst sterilisiert werden.

Alltagssatire
Die meisten Haushaltsprojekte sind unmöglich. Das ist der Grund, warum man sie selbst machen sollte. Mal ehrlich: Warum andere Leute dafür bezahlen, die Wohnung auf den Kopf zu stellen, wenn man das für viel weniger Geld auch selbst machen kann?

Witze der Saison: z. B. „Alle"-Witze
Keiner geht gern in die Schule. Außer Hektor, der ist Rektor.
Alle freuen sich über'n Kredit. Nur nicht Jürgen, der musste bürgen.

Deutsche Sprach' – schwere Sprach'!
„Ich legte der Toilettenfrau ein Geldstück hin und warf sie beim Hinausgehen in den Papierkorb."

Übung 2: Schärfen Sie Ihr Bewusstsein für das Komische
Wie Sie das machen können?
a) Achten Sie auf komische Situationen in Ihrem Alltag. Z. B. in der
Straßenbahn oder im Bus, in der Schule, beim Spazierengehen, beim
Einkaufen, gerne auch während der Predigt Ihres Pastors. Wie z. B. in
dieser Szene im Postamt: Eine Kundin möchte (sehr!) kurz vor Weihnachten ein Päckchen aufgeben. „Wann soll das Päckchen zugestellt
werden?", fragt der Postangestellte. „Na, bis Weihnachten", erwidert
die Dame, etwas pikiert. Darauf der Postangestellte geistesgegenwär-
tig: „Sicher, aber welches Weihnachten?" Kundin und Angestellter
lachten los.

Nicht überliefert ist, wie der Postangestellte hieß. Authentisch ist
folgendes Namensschild in einem anderen Postamt: „Hier bedient Sie
Herr Grausam."

b) Achten Sie auf komische Situationen bei sich selbst. Über sich selbst
lachen können ist gesund. Es ist ein probates Mittel gegen Schuldge-
fühle und hilft uns, innerlich „Schwamm drüber!" zu sagen, wenn wir
uns verlegen fühlen – und wir *werden* verlegen, wenn wir etwas Dum-
mes gemacht haben; dafür sind wir Menschen. Eine Bemerkung wie
„Das kann auch nur mir passieren!" kann die Situation entspannen
und Brücken zum anderen bauen. Die Menschen mögen Leute, die
über sich selbst lachen können.

*c) Versuchen Sie, Witze, die Sie hören, und Cartoons, die Sie sehen, zu
verbessern.* Sie werden staunen, wie oft es möglich ist, eine Pointe
noch besser rüberzubringen. Ich gebe selten einen neuen Witz exakt so
weiter, wie ich ihn gehört habe, sondern versuche, ihn zu optimieren,
um so meinen LQ aufzubügeln.

Hier gleich ein Beispiel: Der Witz am Anfang dieses Kapitels war
nicht die Originalversion. Ich fand den ursprünglichen Witz in dem
Artikel über Humor in der Zeitschrift der American Psychological Association, und in Amerika ist er unter Humorforschern so etwas wie
ein Standardwitz – vielleicht, weil man, wenn man immer den gleichen
Witz benutzt, die Lachreaktionen von Versuchspersonen besser miteinander vergleichen kann. Aber ich fand die Originalversion etwas problematisch. Da ging es nicht um einen Tierarzt, sondern um einen Bar-

keeper, und der Mann mit der Ente war ganz offensichtlich betrunken. Aber ich finde, Alkoholismus ist ein so ernstes Problem, dass ich über Alkoholikerwitze nicht lachen kann. Und der Spezialist für Tiere ist nun mal der Tierarzt, nicht der Barkeeper. Und so veränderte ich den Witz; ich finde, dass er so komischer ist. (Sie finden ihn nicht so komisch? Dann ändern Sie ihn: Probieren Sie es aus!)

d) Versuchen Sie aber nicht, den Alleinunterhalter zu machen. Die wenigsten haben das Zeug zum Berufskomiker; dies ist eine ausgesprochene Sonderbegabung. Überlassen Sie das also den Profis. Es geht nicht darum, dass Sie so lange Witze erzählen können, bis die anderen vor Lachen auf dem Boden liegen. Es geht darum, dass *Sie selbst* lachen können, von innen heraus.

e) Helfen Sie jeden Tag einem anderen Menschen zu lachen. Wie gesagt, nicht als Berufskomiker, sondern als Freund. Wir alle kennen Menschen, bei denen wir leichter lächeln können, einfach weil sie so sind, wie sie sind. Sie lachen z. B. darüber, wenn wir wieder einmal tierisch ernst sind, oder sie haben die Gabe, in den ernstesten Dingen etwas Komisches zu finden. Wir haben gerne solche Menschen um uns, weil sie unser Herz heller machen. Werden Sie selbst solch ein Mensch; Ihr LQ wird es Ihnen danken.

Übung 3: Trainieren Sie Ihren Lachreflex

Wie viele andere Fertigkeiten auch, ist der Sinn für Humor etwas, das man trainieren kann. Sie können es lernen, das Komische in einer Situation oder einem Text zu sehen – so lange, bis es ein spontaner Reflex geworden ist. Fangen Sie also an. Setzen Sie sich eine innere „Humorbrille" auf, die gezielt nach allem sucht, was irgendwie komisch ist. Solch eine Brille hilft Ihnen, eine optimistischere Sicht vom Leben zu bekommen.

> *Achten Sie darauf, wie komisch das ganz normale Leben ist.*

Wenn Sie das nicht ganz bewusst tun, sehen Sie womöglich immer nur das Negative in einer Situation. Diese innere Brille hilft Ihnen auch, mehr Humor in Ihrem Denken zu haben.

Wenn Sie z. B. die Zeitung lesen oder die Fernsehnachrichten anschauen, achten Sie bewusst auf Dinge, die lustig oder komisch sind.

Sie glauben nicht, wie viele Stilblüten und Versprecher es täglich gibt. Vor Kurzem hieß es in den Abkündigungen am Ende eines Gottesdienstes: „Am Donnerstagabend um sieben ist im Gemeindehaus das nächste Treffen der Selbsthilfegruppe für Menschen mit Depressionen und Minderwertigkeitsgefühlen. Bitte benutzen Sie den Hintereingang." Oder wie wäre es damit: „Lassen Sie sich nicht von Ihren Sorgen umbringen. Dazu ist Ihr Pastor da!"

Machen Sie diese Übung aus Spaß an der Freude, und nicht, um auf die Urheber solcher Stilblüten herabzusehen oder ihnen Beschwerdebriefe zu schreiben. Nutzen Sie einfach die unfreiwillige Komik des Alltags, um Ihre Humorantenne gut auszurichten. Achten Sie darauf, wie komisch das ganz normale Leben ist.

Übung 4: Legen Sie täglich ein Lachtraining ein
Wir tun oft viel für unseren Körper, aber wenig für unsere Seele. Dabei kann ein tägliches Lachtraining wahre Wunder für Ihren LQ wirken.

Wie man so ein Lachtraining macht? Nehmen Sie sich jeden Tag 20 oder 30 Minuten Zeit, in denen Sie sich einen lustigen Film ansehen oder eine entsprechende CD hören bzw. in einem Buch lesen. Ich kombiniere mein Lachtraining gerne mit meinem Gesundheitstraining, indem ich mir eine Komik-CD anhöre, während ich auf meinem Heimtrainer sitze. Ich habe inzwischen diverse Komiker-Serien „durchgearbeitet". Ich habe auch den Ton einer Filmkomödie auf MP3 aufgenommen, sodass ich ihn beim Joggen hören kann. Ich habe jede Menge Witzbücher und anderes Material zu Hause. Ein angenehmer Nebeneffekt meines Lachtrainings ist, dass es viele Beispiele für meine Seminare und Predigten abwirft.

Falls Sie ein Tagebuch führen, sollten Sie eine besondere Rubrik für das Komische und Lustige jedes Tages reservieren. Die lustigen Augenblicke, die Sie schwarz auf weiß besitzen, können Sie später jederzeit wiedererleben. Das hilft Ihnen, das Positive in Ihrem Leben wahrzunehmen.

Kurz: Humor und Lachen sind exzellente Methoden, unseren Stress zu reduzieren und etwas für unsere Gesundheit zu tun. Ein gesunder Sinn für Humor hilft Ihnen, die richtige Balance zwischen Ihrem inneren und äußeren Leben sowie zwischen Ihrer Arbeit und Ihrem Spiel zu finden. Vergessen Sie nicht: Heute ist nicht nur der erste Tag vom Rest Ihres Lebens, sondern auch vom Rest Ihres Lachens!

KAPITEL 12

Schritt Nr. 5: Lernen Sie Dankbarkeit

Denke über dein Glück nach,
von dem jeder Mensch viel hat,
nicht über dein Ungemach,
von dem jeder etwas hat.

(Charles Dickens)

In einem kürzlich durchgeführten psychologischen Experiment bekam eine Gruppe von Studenten die Aufgabe, sechs Wochen lang einmal die Woche fünf Dinge aufzuschreiben, für die sie dankbar waren. Das Ergebnis war, dass alle Studenten sich am Ende der sechs Wochen auf einer „Wie glücklich bin ich?"-Skala wesentlich höher ansiedelten als zu Beginn des Experiments.[30] Es ist schwierig, sich neidisch, gierig oder bitter zu fühlen, wenn man dankbar ist.

Wertschätzung und Dankbarkeit

Wertschätzung und Dankbarkeit sind zwei Dinge, die man gar nicht unterschätzen kann. Sie mögen jetzt vielleicht fragen, was Wertschätzung und Dankbarkeit mit dem Lustsystem in unserem Gehirn zu tun haben. Mehr, als Sie vielleicht denken. Und weil diese Gefühle starke religiöse Obertöne haben, kann ich gar nicht anders, als sie aus meiner Perspektive als Christ heraus zu beleuchten. Sie sind kein Christ, gar nicht religiös? Dann sind Sie in diesem Kapitel trotzdem gemeint, denn Wertschätzung und Dankbarkeit braucht jeder; beide helfen, den „Lusthaushalt" in unserem Gehirn im Gleichgewicht zu halten.

> *Wertschätzung und Dankbarkeit braucht jeder.*

Wertschätzung und Dankbarkeit sind emotionale Zustände, die beide mithelfen, die richtigen Bedingungen für das Entstehen von Lust und Freude am Leben zu schaffen – einer Lust, die nachhaltig und nicht süchtig machend ist. Und wenn Sie je dankbarkeitssüchtig werden könnten, wäre dies eine Sucht, die geradezu gesund ist.

Wertschätzung und Dankbarkeit helfen uns nicht nur allgemein, Lust und Freude zu empfinden, sie helfen unserem Lustsystem auch, nicht auf die schiefe Bahn der immer stärkeren Reize und Kicks zu geraten, die es letztlich nur betäuben. Sie sind eine potente Medizin für das überstrapazierte, missbrauchte Lustsystem.

Bevor wir weitermachen, hier eine Warnung vor Risiken und Nebenwirkungen: Die folgenden Übungen können Ihr Leben spürbar verändern; wenn Sie trotzdem weiterlesen, riskieren Sie es, ein richtig glücklicher Mensch zu werden.

Ein neues Thema für die Psychologen

Warum tun uns Wertschätzung und Dankbarkeit so gut, warum sind sie therapeutisch so wertvoll? Wie verbinden sie unser Denken mit unserem Lustsystem? Und ist es wissenschaftlich belegbar, dass sie uns tatsächlich helfen können, ein gesundes Lustsystem auf- und Anhedonie abzubauen? Die beiden ersten Fragen beantworte ich in den folgenden Abschnitten. Ich beginne mit der Antwort auf die dritte, und die lautet eindeutig *Ja*. Noch vor gut zehn Jahren interessierten die Psychologen sich kaum für Dankbarkeit und Co.; heute können sie gar nicht schnell genug ihre therapeutischen Schätze heben.

> *Eine Sache oder Person wertschätzen bedeutet sie anerkennen, ihren Wert für uns sehen.*

Dabei ist der Einfluss, den die Dankbarkeit auf unsere Gefühle hat, in der menschlichen Kultur seit Jahrtausenden schon bekannt. In der Bibel etwa ist Dankbarkeit ein häufiges Thema: „Dankt Gott für alles. Denn das erwartet Gott von euch", heißt es z. B. (1. Thessalonicher 5,18). Doch erst in den letzten zehn Jahren sind die

Psychologen so richtig darangegangen, die Puzzlestücke der Wertschätzung und Dankbarkeit zusammenzusetzen – mit gutem Erfolg. Es bräuchte ein eigenes Buch, um der ganzen Breite der Dankbarkeitsforschung in der Psychologie gerecht zu werden, aber ich hoffe, dass das, was ich Ihnen im Folgenden zeigen werde, ausreicht, um Sie von der enormen Bedeutung der Wertschätzung und Dankbarkeit für die Sanierung Ihres Lustsystems zu überzeugen. Ganz nebenbei wird es Ihnen auch beim Stressmanagement helfen und dabei, echtes Glück zu erreichen.

Wertschätzung

Wertschätzung und Dankbarkeit sind nahe Verwandte. So nah, dass es manchmal schwierig ist, zu sagen, wo das eine aufhört und das andere beginnt – und das eine ohne das andere haben, geht ganz sicher nicht. Aber wenn wir lernen wollen, mehr Wertschätzung und Dankbarkeit zu bekommen, müssen wir sie uns zunächst getrennt anschauen.

Eine Sache oder Person *wertschätzen* bedeutet sie anerkennen, ihren Wert für uns sehen. Es ist dabei nicht nötig, zu wissen, wie dieser Wert „technisch" zustande kommt. Ich kann einen romantischen Sonnenuntergang auch dann wertschätzen, wenn ich von den meteorologischen Phänomenen, die ihn erzeugen, wenig verstehe. Die Experten versichern mir, dass der ästhetische Effekt so eines Sonnenuntergangs auf der Verteilung von Staubpartikeln und Feuchtigkeit in der Luft beruht, aber was interessieren mich Staubpartikel, wenn der Anblick so schön ist? Wenn jemand mir ein schönes Geschenk macht, frage ich ja auch nicht danach, wie es hergestellt worden ist oder wie viel es gekostet hat.

Die *Dankbarkeit* unterscheidet sich von der Wertschätzung durch ihren Schwerpunkt: Bei ihr geht es mehr um Personen als Dinge und mehr um Motive als um Fakten. Ich schätze einen romantischen Sonnenuntergang, aber ich bin ihm nicht dankbar. Dankbarkeit fügt der Wertschätzung etwas hinzu: den emotionalen Bezug gegenüber der Person, der ich verdanke, worüber ich mich freue. Wenn ich erfahre, wie viel Zeit und Mühe ein Freund in ein Geschenk investiert hat, das er für mich gebastelt hat, werde ich diesem Freund wahrscheinlich sehr dankbar sein. Wenn dagegen die Verkäuferin im Laden mich kompetent bedient, weiß ich das zu schätzen, aber Dankbarkeit verspüre ich nicht unbedingt; die Verkäuferin hat schließlich nur das gemacht, wofür sie bezahlt wird.

> *Dankbarkeit fügt der Wertschätzung etwas hinzu: den emotionalen Bezug gegenüber der Person, der ich verdanke, worüber ich mich freue.*

Wenn wir dankbar sind, schätzen wir also nicht nur das, was der andere da für uns getan hat, sondern verspüren auch den starken Wunsch, ihm zu *sagen*, wie sehr wir ihn schätzen, ja den Wunsch, uns zu revanchieren.

Wir brauchen beides (Wertschätzung und Dankbarkeit), aber die Wertschätzung ist gleichsam das Fundament für die Dankbarkeit; sie ist der erste Schritt und die Dankbarkeit der zweite. Wenn ich dankbarer werden will, muss ich als Erstes lernen, das, was andere mir Gutes tun, mehr zu schätzen; ich muss ein offeneres Auge dafür bekommen. Erst dann kann ich lernen, konsequent dankbarer zu sein. Ehrlich gesagt: Ziemlich viele von uns können etwas Nachhilfe in der Kunst der Wertschätzung und Dankbarkeit gut gebrauchen.

Im Bereich des Glaubens geht der Begriff der *Dankbarkeit* noch einen deutlichen Schritt weiter. In der Bibel und anderen Schriften wird er oft benutzt, um das Überwältigtsein von dem, was Gott für uns getan hat, auszudrücken. Für viele Gläubige ist die Anbetung Gottes in Gottesdienst, Liedern und Gebeten eine Form der Dankbarkeit für den Segen, den er ihnen geschenkt hat. Wenn Dankbarkeit einen Schritt über die Wertschätzung hinausgeht, dann geht die Dankbarkeit gegenüber Gott einen Schritt über die Dankbarkeit gegenüber Menschen hinaus.

Wertschätzung im Alltag praktizieren

Eine der häufigsten Wertschätzungsübungen besteht darin, es sich zur Gewohnheit zu machen, mindestens einmal am Tag jemandem zu zeigen, dass man ihn schätzt. Das kann z. B. ein Wort der Anerkennung für die Verkäuferin sein, die Sie gut beraten hat, für den Postboten, der einem gerade ein Paket bringt, oder für den Vorgesetzten oder Kollegen in der Firma.

Ich habe in den letzten paar Jahren sehr bewusst daran gearbeitet, den Menschen öfter meine Anerkennung auszudrücken. Heute tue ich es bei jeder Gelegenheit, und das Ergebnis ist immer das gleiche: Ich fühle mich besser. Ich kann Ihnen nicht erklären, warum es mir so guttut, irgendeinem Wildfremden „Danke" zu sagen, aber ich habe den starken Verdacht, dass es etwas mit meinem Lustzentrum zu tun hat. Es ist geradezu so, als ob mein Gehirn so verdrahtet ist, dass es mich jedes Mal, wenn ich jemandem meine Wertschätzung ausdrücke, mit einer Extraportion Dopamin belohnt.

Eine zweite Übung zur Steigerung der Wertschätzung besteht darin, den Menschen bei jeder sich bietenden Gelegenheit schriftlich (Brief, Notiz, E-Mail etc.) seine Anerkennung auszudrücken. Ich selbst bin hier eher ein Stümper, aber ich kenne viele (darunter meine Frau), die diese Art Wertschätzung meisterhaft beherrschen.

Aber Wertschätzung ist mehr, als den Menschen mündlich oder schriftlich „Danke" zu sagen. Es geht bei ihr auch darum, eine sensiblere Antenne für die guten Dinge im eigenen Leben zu entwickeln. In der nächsten Übung werden wir sehen, wie aus Wertschätzung Dankbarkeit werden kann.

Dankbarkeit

Wenden wir uns jetzt dem Vetter der Wertschätzung zu – der Dankbarkeit. Die Veränderungen, die in den letzten Jahren in der Psychologie stattgefunden haben, haben die Wertschätzung stark in den Fokus gerückt. Regelmäßig praktiziert, ist sie eine gute Vorbeugung gegen

Wie Sie Ihre Wertschätzung steigern

Hier eine Übung, mit der Sie Ihre Wertschätzung trainieren können:

1. Wenn Sie sich gestresst und groggy fühlen, gönnen Sie sich eine Auszeit. Suchen Sie sich ein ruhiges Plätzchen, wo Sie die nächsten 20 bis 30 Minuten ungestört sein werden, setzen Sie sich bequem hin und entspannen Sie sich. Wenn Sie ein gläubiger Mensch sind, beten Sie einen Augenblick um innere Ruhe.

2. Als Nächstes versuchen Sie ganz bewusst, Ihre Aufmerksamkeit von dem, was Sie da so beschäftigt, weg und auf Ihre Herzgegend zu lenken. Stellen Sie sich Ihr Herz bildlich vor, so als ob Sie es schlagen sehen.

3. Versuchen Sie nun, sich bewusst an eine lustige Begebenheit oder eine glückliche Zeit aus Ihrem Leben zu erinnern und sie in Ihrer Fantasie wieder zu erleben. Wie fühlten Sie sich damals?

4. Bleiben Sie jetzt ganz ruhig und konzentrieren Sie sich auf Ihr Gefühl der Wertschätzung. Sagen Sie sich, was es ist, was Sie so schätzen. Und wen. Und warum. Versuchen Sie, diesen Zustand der Wertschätzung und Anerkennung so lange wie möglich festzuhalten. Ein Gebet kann eine Hilfe sein, sich auf all das Gute, das durch Gott und Menschen in Ihr Leben gekommen ist, zu konzentrieren.

5. Jetzt lauschen Sie auf Ihr Herz. Spüren Sie, wie es schlägt. Versuchen Sie, so lange wie möglich in diesem Zustand zu bleiben. Wenn Sie fertig sind, gehen Sie langsam zurück in Ihren Alltag und versuchen Sie, das Gefühl der Wertschätzung den Rest des Tages hindurch beizubehalten.

Ein guter Zeitpunkt für diese Übung ist auch abends im Bett, vor dem Einschlafen. Versuchen Sie sie einmal als Alternative zur Schlaftablette oder zu dem berühmten Schäfchenzählen. Die Fähigkeit, ein Gefühl der Wertschätzung aufzubauen und durchzuhalten, ist ein wirksames Antistressmittel.

viele psychische Erkrankungen. Sie ist auch ein Hauptmotor echten Glücks.

Heute, wo die Psychologie im Bereich der psychischen Krankheiten immer mehr auf Vorbeugung setzt, haben viele Forscher angefangen, sich solche positiven emotionalen Zustände wie Dankbarkeit und Optimismus genauer anzusehen. Die Forschung steht hier erst am Anfang, und wir werden in Zukunft noch viel über dieses Thema hören.

Was „bringt" Dankbarkeit?

Dankbarkeit ausleben schafft nicht nur ein neues Grundlebensgefühl, sondern hat noch einige positive Nebeneffekte. Das zeigte sich u. a. in einer Universitätsstudie. Darin bekamen Personen, die an einer schmerzhaften neuromuskulären Störung litten, die Aufgabe, Buch zu führen über Dinge, für die sie dankbar sein konnten, z. B. ein nettes Wort von einem Mitmenschen, ein Geschenk von der Nachbarin, der Duft der Kirschblüten im Frühling. Das Leben ist voll von kleinen Dingen, für die wir dankbar sein können, und diese Klienten lernten es, das zu sehen. Die Ergebnisse waren erstaunlich. Die Klienten kamen deutlich besser mit ihren Schmerzen zurecht und fühlten sich glücklicher und emotional stabiler.

> *Wie bekommen Sie eine dankbarere Einstellung? Ganz einfach: Indem Sie oft an Dinge denken, für die Sie dankbar sein können.*

Eine Vergleichsstudie ergab, dass Klienten, die ein wöchentliches „Dankbarkeitstagebuch" führten, sich regelmäßiger bewegten, über weniger Symptome klagten, ihr Leben positiver sahen und der kommenden Woche optimistischer entgegensahen als die, deren Tagebuch nur die Sorgen und Zwiste bzw. „neutralen" Begebenheiten vermerkte.

In einer anderen Vergleichsstudie hatten junge Erwachsene, die täglich Dankbarkeitsübungen absolvierten, höhere Werte in Sachen Aufmerksamkeit, Entschlossenheit, Begeisterung und Energie als Probanden, die ständig an ihre Probleme dachten oder auch „nach unten schielten" (das heißt, darüber nachdachten, wo sie es überall „besser hatten" als andere). Es gab zwischen den drei Gruppen keine Unterschiede bezüglich der unangenehmen Gefühle, über die sie berichteten. Kurz und gut: Die Dankbarkeit ist heute in der Glücksforschung vom Aschenputtel zur Prinzessin aufgestiegen.

Übung macht den Meister

Dass man Dankbarkeit üben kann, steht außer Zweifel. Aber wie fängt man das an? Der erste Schritt besteht ganz einfach darin, bewusst auf das zu achten, was um einen herum vorgeht. Wenn Sie das tun, werden Sie bald merken, wie der Same der Dankbarkeit fast von alleine aufgeht – einfach, weil er Platz zum Wachsen bekommen hat. Also: Nehmen Sie das viele Gute, das Sie jeden Tag erleben, bewusster zur Kenntnis. Und wie bekommen Sie eine dankbarere Einstellung? Ganz einfach: Indem Sie anfangen, sich oft an die unterschiedlichsten Dinge zu erinnern, für die Sie dankbar sein können.

Der zweite Schritt besteht darin, sich zu überlegen, wie Sie Ihre Dankbarkeit *ausdrücken*. Es genügt nicht, sich dankbar zu *fühlen*; es ist gut, dem anderen zu *zeigen*, dass wir dankbar sind. Dadurch, dass Sie Ihre Dankbarkeit in Worte fassen, verankern Sie sie sozusagen in Ihrem Gehirn und senden sie als Botschaft an Ihr ganzes Nervensystem.

Es kommt natürlich vor, dass man in manchen Situationen nichts findet, für das man dankbar sein kann. In solchen Zeiten haben schon viele ihre Zuflucht in der Bibel gesucht, um dort einen Schlüssel zur Dankbarkeit zu finden. Wenn ich Schwierigkeiten habe, dankbar zu sein, lese ich Bibelverse wie Psalm 31,8. In diesem Psalm fühlt König David sich bedrängt und bedrückt. Fast alle haben sich gegen ihn verschworen. In dieser Lage wendet er sich an Gott und sagt: „Ich juble vor Freude, weil du mich liebst. Dir ist meine Not nicht entgangen; du hast erkannt, wie niedergeschlagen ich bin." Seit vielen Jahrhunderten schon finden Menschen Trost und Kraft in solchen Bezeugungen der Dankbarkeit gegenüber Gott.

Dankbarkeitsübungen

Schauen wir uns jetzt ein paar Methoden an, die unser Dankbarkeitsgefühl heben können. Ich möchte Ihnen drei Übungen vorstellen: das „Ich freue mich"-Spiel, das „Danke"-Spiel und das „Ich wünsche dir genug"-Spiel.

Das „Ich freue mich"-Spiel

Freude ist ein Gefühl, und manchmal hängt es mit Dankbarkeit zusammen, wobei die Grenze zwischen Freude und Dankbarkeit nicht immer klar ist. Dabei kommt in der logischen Reihenfolge die Freude vor der Dankbarkeit. Wer nicht weiß, wie man sich freut, wird kaum lernen, wie man dankbar ist.

Der Sammler von Kinderbüchern kennt das „Ich freue mich"-Spiel vielleicht aus dem Buch *Pollyanna*, das Eleanor H. Porter 1913 schrieb und aus dem ich persönlich viel gelernt habe. Das Buch erzählt die Geschichte eines Mädchens, das nach dem Tod seines Vaters von seiner sehr reichen, aber unglücklichen und mürrischen Tante, Miss Polly, adoptiert wird. Miss Polly ist nicht begeistert davon, eine Elfjährige bei sich aufzunehmen, aber da sie Pollyannas einzige noch lebende Verwandte ist, hat sie keine Wahl.

Durch Pollyanna werden die mürrischen, unzufriedenen Bewohner der Stadt wie durch ein Wunder fröhliche, nette Menschen. Sie verwandelt sie durch das „Ich freue mich"-Spiel, das sie von ihrem Vater gelernt hat und in dem es darum geht, in jeder Wolkenwand einen Silberstreifen zu finden. Unter dem strengen Regiment der Tante braucht Pollyanna dieses Spiel mehr denn je, um den Alltag zu überstehen.

Gleich am ersten Abend bestraft die Tante sie, weil sie zu spät zum Dinner erschienen ist; sie schickt sie in die Küche, wo sie nur Brot und Milch bekommt. Das Dienstmädchen, Nancy, versucht, Pollyanna zu trösten: „Das mit dem Brot und der Milch tut mir ja so leid!"

„Mir nicht", erwidert Pollyanna, „ich freu mich."

„Du freust dich? Warum?"

„Nun, ich mag Brot und Milch, und dich mag ich auch. Warum soll ich mich darüber nicht freuen?"

Und Pollyanna erklärt Nancy das „Ich freue mich"-Spiel, das sie schon als kleines Mädchen gespielt hat: Suche immer etwas, worüber du dich freuen kannst, egal wie schlimm alles ist. Wieder und wieder demonstriert Pollyanna, dass das tatsächlich geht, und nach und nach verwandelt sie damit die ganze Stadt.

Die Regeln des „Ich freue mich"-Spiels sind einfach: Jedes Mal, wenn in Ihrem Leben etwas Schlechtes passiert, machen Sie nicht in Selbstmitleid, lassen Sie sich Ihren Blick nicht verengen, sondern suchen Sie etwas Positives in der Situation und richten Sie Ihre Gedanken darauf. So erhält Pollyanna einmal von einem Wohltätigkeitsverein für arme Frauen und Mädchen, dem die Puppen ausgegangen waren, zu Weihnachten ein paar gebrauchte Krücken geschenkt. Wie kann man sich über so ein Geschenk freuen? Doch Pollyanna sagt: „Es ist doch was Schönes, dass ich die nicht brauche." Jeder Horizont hat seinen Silberstreifen; wir müssen ihn nur finden – und dann packen und nicht mehr loslassen.

Haben Sie gerade die Montagmorgendepression? Seien Sie froh, dass Sie in Ihrem eigenen Bett schlafen konnten und gesund aufgewacht sind. Sie könnten auch schwer krank sein oder kein Dach über dem Kopf haben. Seien Sie dankbar, dass Sie genug zu essen haben. Und dass es Menschen gibt, denen Sie wichtig sind, ja die Sie lieben.

Schön, es gibt auch Dinge, die so schrecklich sind, dass man nur noch trauern kann. Pollyanna gibt das unumwunden zu, und als Expertin des „Ich freue mich"-Spiels muss sie es wohl wissen. „Manchmal", sagt sie, „ist es furchtbar schwer, zum Beispiel wenn dein Vater in den Himmel gegangen ist und dann ist niemand mehr da."

Vor einigen Jahren habe ich selbst das „Ich freue mich"-Spiel als Therapie benutzt, um dankbar werden zu können. Urplötzlich bekam ich von meinem Arzt die Diagnose, dass ich wegen fünf akuter Verschlüsse in meinen Herzarterien sofort eine Bypassoperation brauchte. Mein Terminplan war voll, in einer Woche sollte ich in Korea auf einer Konferenz sprechen. Ich war bestürzt und ärgerlich. Warum musste mir das passieren, und ausgerechnet jetzt? Und was, wenn die Operation nicht klappte?

Dann erinnerte ich mich an das „Ich freue mich"-Spiel. Also gut, gab es in dieser Situation irgendetwas, über das ich froh sein konnte? Nun, es dauerte nur einen Augenblick, und ich freute mich wie ein König. In der Linie meines Vaters sind Herzkrankheiten weitverbreitet, und ich hatte immer Angst vor einem Infarkt gehabt. Und hier saß ich jetzt, hatte immer noch keinen Herzinfarkt gehabt (was die Prognose sehr verbesserte) und würde in wenigen Tagen eine Operation bekommen, die mir sozusagen ein neues Leben schenken würde. Für was entschied ich mich also – todunglücklich zu sein, weil ich jetzt so viele Termine streichen musste, oder mich zu freuen, dass mein Leben rechtzeitig gerettet war? Ein Mal dürfen Sie raten. Ich öffnete die Tür zu der Dankbarkeit dafür, dass die Ärzte mein Leben retteten, bevor der Infarkt zuschlagen konnte.

Das „Danke"-Spiel

Das „Danke"-Spiel ist dem „Ich freue mich"-Spiel eng verwandt, aber doch anders. Die Psychologen betrachten die Dankbarkeit als ein „reiferes" Gefühl als das Sichfreuen, aber ich bin fest davon überzeugt, dass ein Mensch, der sich nicht freuen kann, auch nicht dankbar sein kann. In der Praxis geht Dankbarkeit meistens Hand in Hand mit Freude. Meistens, aber nicht immer. Sie können mir glauben, dass ich dankbar war, als die Ärzte die Verschlüsse in meinen Herzarterien noch rechtzeitig entdeckten, aber Freude wollte keine aufkommen. Dankbar sein und sich gleichzeitig freuen will gelernt sein. In seltenen Situationen müssen wir uns wahrscheinlich mit der Dankbarkeit zufriedengeben, weil es wirklich nichts gibt, worüber man sich freuen kann.

> *Nehmen Sie sich alle paar Tage, mindestens aber ein Mal in der Woche, ein paar Minuten Zeit, um sich zu notieren, für wen oder was in Ihrem Leben Sie dankbar sind.*

Bei dem „Danke"-Spiel versuchen Sie, herauszufinden, für was Sie alles dankbar sein können, auch wenn Sie sich vielleicht nicht darüber freuen können. In der letzten Zeit sind im Internet viele Übungen zur Steigerung der Dankbarkeit erschienen. Hier ist meine Version des ursprünglich von Martin Seligman entwickelten „Danke"-Spiels.[31] Sie brauchen dazu einen Kugelschreiber sowie einen kleinen Notizblock oder ein paar Karteikarten, die Sie bitte immer dabeihaben. Bei dieser Übung ist es wichtig, dass Sie Ihre Antworten tatsächlich aufschreiben (so wie diese Übung nur dann funktioniert, wenn Sie sie tatsächlich *machen!*); damit nehmen Sie Ihre Dankbarkeit bewusst wahr und können sich länger an sie erinnern.

Nehmen Sie sich alle paar Tage, mindestens aber ein Mal in der Woche, ein paar Minuten Zeit, um sich zu notieren, für wen oder was in Ihrem Leben Sie dankbar sind.

• Wer ist in den vergangenen Tagen alles freundlich, hilfsbereit, nett, entgegenkommend ... zu Ihnen gewesen? Dies können Freunde, Verwandte oder Fremde sein. Vielleicht hat jemand Ihnen seinen Platz im Bus angeboten oder Sie an der Supermarktkasse vorgelassen. Wie haben Sie sich dabei gefühlt? Schreiben Sie es auf.

• Erinnern Sie sich an Dinge aus der Vergangenheit, für die Sie heute, so viele Jahre später, dankbar sind. Z. B. ein weiser Rat Ihres Vaters oder von einem Freund oder wie jemand etwas Liebes für Sie tat, das Sie nie vergessen haben. Schreiben Sie auch dies auf und erlauben Sie es sich, diesem Gefühl der Dankbarkeit Raum zu geben. Spüren Sie ihm nach.

• Holen Sie sich all die Menschen, die Sie lieben und die Ihnen wert sind, ins Gedächtnis. Schreiben Sie sich ihre Namen auf, und dann notieren Sie neben jedem Namen drei Dinge, die an dieser Person besonders sind.

Und dann? Nun, jedes Mal, wenn Sie sich enttäuscht oder depressiv fühlen, aber auch, wenn Sie das Bedürfnis verspüren, sich ins Gedächtnis zu rufen, für was Sie alles dankbar sein können, holen Sie den Block oder die Karten hervor und erinnern Sie sich daran, dass Sie ein glücklicher Mensch sind, wenn Sie für so vieles dankbar sein können.

Das „Ich wünsche dir genug"-Spiel

Dieses Spiel entdeckte ich erst kürzlich. Es kann Ihre Dankbarkeit kräftig heben, indem es Ihnen hilft, zu einer zufriedeneren Lebenseinstellung zu kommen, ähnlich der, von der Paulus in Philipper 4,11 spricht: „Ich habe es gelernt, in jeder Lage zufrieden zu sein" (Bruns).

Kürzlich schickte mir ein Freund per E-Mail eine kleine Geschichte eines unbekannten Verfassers mit dem Titel: „Was ist genug?" Ich hoffe, dass sie Sie ähnlich anspricht wie mich. Die Geschichte geht ungefähr so:

> Kürzlich beobachtete ich, wie eine Mutter und Tochter sich im Flughafen voneinander verabschiedeten. Der Abflug war gerade ausgerufen worden. Die beiden standen vor der Sicherheitskontrolle und umarmten sich. Die Mutter sagte: „Ich liebe dich und wünsche dir genug."
>
> Die Tochter erwiderte: „Mama, unser Leben zusammen ist mehr als genug gewesen. Deine Liebe hat mir alles gegeben, was ich brauchte. Ich wünsche dir auch genug, Mama."
>
> Sie küssten sich und die Tochter drehte sich um und ging durch die Sperre. Die Mutter kam zu dem Fenster, an dem ich saß. Sie stand da, und ich sah, wie sie mit den Tränen kämpfte. Ich hatte Mitleid mit ihr, aber durfte ich sie ansprechen? Doch dann sprach sie mich an; sie fragte mich: „Haben Sie schon einmal jemandem Adieu gesagt und genau gewusst, dass es für immer ist?"
>
> „Ja", entgegnete ich. „Entschuldigen Sie, wenn ich Sie frage, aber warum ist das ein Abschied für immer?"
>
> „Ich bin alt, und meine Tochter wohnt so weit entfernt. Ich hab einiges vor mir, und es ist einfach so – das nächste Mal wird sie zu meiner Beerdigung kommen."
>
> „Als Sie sich vorhin verabschiedet haben, sagten Sie: ‚Ich wünsche dir genug.' Darf ich Sie fragen, was das bedeutet?"
>
> Die Frau begann zu lächeln. „Das ist ein Wunsch, der in unserer Familie Tradition hat. Meine Eltern haben ihn immer wieder benutzt."
>
> Sie hielt kurz inne und schaute hoch, als versuchte sie, sich an alle Einzelheiten zu erinnern. „Wenn wir sagten: ‚Ich wünsche dir genug', wollten wir, dass der andere ein Leben hatte, in dem es immer genug gute Dinge gab, um ihn über die Runden zu bringen." Sie sah mich an und zitierte:

,Ich wünsche dir genug Sonne, um dein Herz hell zu halten. Ich wünsche dir genug Regen, um die Sonne so richtig schätzen zu können.
Ich wünsche dir genug Glück, um deine Seele lebendig zu halten.
Ich wünsche dir genug Schmerz, damit die kleinen Freuden in deinem Leben größer werden.
Ich wünsche dir genug Gewinn, dass du satt wirst.
Ich wünsche dir genug Verlust, dass du das, was du hast, recht schätzen kannst.
Ich wünsche dir genug Begrüßungen, dass du den letzten Abschied besser ertragen kannst.'"

Was für eine eindrückliche Botschaft! Die meisten von uns haben mehr als genug in ihrem Leben, aber kein Auge für das, was wirklich wichtig ist – und merken nicht, dass gerade dieses *mehr als genug* sie daran hindert, das Wichtige zu sehen und zu schätzen. Also: Achten Sie mehr auf die alltäglichen Dinge, die wir für selbstverständlich nehmen, z. B. unsere Gesundheit, Freunde und Familie. Seien Sie zufrieden mit dem, was Sie haben, und die Dankbarkeit wird freier fließen.

> **Die meisten von uns haben mehr als genug in ihrem Leben, aber kein Auge für das, was wirklich wichtig ist.**

Ist es ein Wunder, dass wir uns nicht mehr richtig freuen können, wenn wir mehr als genug haben?
Je mehr wir haben, umso weiter drücken wir unser Lustsystem davon weg.

Ich möchte dieses Kapitel mit folgender Botschaft an alle meine Freunde, Lieben und Leser beschließen: Ich wünsche euch/Ihnen genug. Nicht mehr und nicht weniger.

KAPITEL 13

Schritt Nr. 6: Lernen Sie Entspannung und Meditation

Liebe Brüder, seid auf alles bedacht, was wahr und edel,
rechtschaffen und lauter, liebenswert und erfreulich ist.
Denkt daran, was es an Tugenden gibt
und Lob und Anerkennung verdient.
(Paulus in Philipper 4,8 [Bruns])

Haben Sie eine Minute Zeit? Wahrscheinlich nicht, ich mache es also schnell. Nach einer neueren Meinungsumfrage sind die Amerikaner das ungeduldigste Volk auf der Erde.[32] Wenn wir warten müssen, werden wir kribbelig. Ob man bei einem Anruf fünf Minuten warten muss, bis man weiterverbunden wird, oder zehn Minuten vor der Supermarktkasse steht, Warten macht die meisten Menschen schier wahnsinnig (ehrlich gesagt, mich auch).

Und das Problem geht noch tiefer. Unsere Nerven liegen schlicht und einfach blank. Fast den ganzen Tag sind wir wie ein Vulkan kurz vor der Eruption, und wenn wir einmal anhalten müssen, rasten wir aus. Und es braucht gar nicht viel, um unsere Geduld zu beenden. Wir alle sind viel zu beschäftigt, hektisch und gestresst. Wir werden mit Worten, Medienbildern, Terminen und Pflichten in einem Tempo bombardiert, für das wir nie geschaffen worden sind.

Geduld? Nein, danke!

Was hat all dies mit unserem Lustzentrum zu tun? Jede Menge, denn wir verlieren langsam, aber sicher die Fähigkeit, einmal ein paar Minuten still zu sein und gar nichts zu tun. Die Anhedonie macht uns ungeduldig und reizbar. Sie blockiert unsere Antenne für Gott und unsere inneren Leitungen für spirituelle Inspiration und Veränderung unseres Wesens. Wenn wir es schon nicht mehr fertigbringen, an der Supermarkt- oder Kaufhauskasse zu warten, wie sollen wir dann „auf den Herrn warten", wie es in der Bibel heißt; wie sollen wir dann Gottes leise, stille Gegenwart erfahren? Wenn hier etwas anders werden soll, ist es wichtig, uns von dem Joch des ständigen Beschäftigt- und Gejagtseins zu befreien.

Wir kommen aus diesem Dilemma wieder heraus, wenn wir lernen, den Körper zu entspannen, durch bewusste, einfache Muskelübungen z. B. – auf der einen Seite – und – auf der anderen Seite – den Geist durch Ruhe und entsprechende „innere" Übungen, die zu Ihnen passen. Das ist wesentlich für unsere Gesundheit und für ein ausgeglichenes Lebensgefühl. Damit (und mit der Kenntnis einfacher Techniken wie der Muskelentspannung z. B.) können wir dann auf und in Wartezeiten und hektischen Situationen ganz anders reagieren!

> *Wir verlieren langsam, aber sicher die Fähigkeit, einmal ein paar Minuten still zu sein und gar nichts zu tun.*

Entspannung, Andacht, Ruhe und Meditation gehen gegen den Strich unserer Kultur des ständigen Beschäftigtseins. Wir sind es gewohnt, Artikel und ganze Bücher zu überfliegen, von Musikstücken nur die ersten Takte zu hören, ein Fotoalbum in drei Minuten durchzublättern. Wir führen ein Leben an der Oberfläche – und ernten die Konsequenzen. Entspannung gibt Leib und Seele die Möglichkeit „herunterzufahren", sich fallen zu lassen, und die vernachlässigte Disziplin der geistlichen Meditation und Kontemplation verschafft uns innerlich und äußerlich Inseln der bewussten Ruhe – und damit auch Abstand von der immer lauten, hektischen und betriebsamen Welt, in der wir leben. Gebet und Meditation führen uns aus dem Lärm in die Stille, aus der Geschäftigkeit in die bewusste Muße, aus dem schnellen Tempo in ruhige Momente, in denen wir innehalten und uns fragen können, was wirklich zählt.

Was die Wissenschaftler sagen

Dass Entspannungsübungen funktionieren, ist in der Medizin seit vielen Jahren bekannt, und in der Bibel kommt das Wort *Ruhe* bzw. *ruhen* häufig vor. Im frühen 19. Jahrhundert und davor gab es etwas, was man den *Morgenschlaf* nannte. Der Ausdruck (auch *Schönheitsschlaf* genannt) meinte die frühen Morgenstunden, wenn der Schlaf nicht mehr so tief ist. Wenn man vor diesem Morgenschlaf etwas wach lag, um dann noch einmal einzuschlafen, meditierte man und ließ all das Gute, Stille im Leben auf sich einwirken. Diese Morgenschlafzeit, die meist etwa eine Stunde dauerte, war für viele eine der schönsten Zeiten des Tages.

Dann wurde das elektrische Licht erfunden, das den Tag verlängerte. Die Menschen gingen später zu Bett, und der Morgenschlaf wurde Geschichte. Heute geht man so spät zu Bett, dass an genügend Schlaf nicht mehr zu denken ist, geschweige denn an den Schönheitsschlaf.

Was sollen wir also machen? Eines der einfachsten, billigsten und effektivsten Gegenmittel gegen den Stress, das je entdeckt worden ist, ist die Entspannung. Ihre Wirkung ist wieder und wieder wissenschaftlich belegt worden. Der wissenschaftliche Bahnbrecher der Entspannungstherapie war Edmund Jacobson. Sein 1934 erstmals publiziertes Buch *You Must Relax*, das auch ins Deutsche übersetzt wurde, erlebte zahlreiche Nachauflagen.[33] Jacobson hat den therapeutischen Wert und die Technik der Entspannung so gut verstanden, dass sein Buch seit der Erstauflage kaum aktualisiert werden musste.

Die bewusst und regelmäßig praktizierte Entspannung hat eine enorme heilende Wirkung, weil sie an die Wurzel des Problems geht. Sie hilft unserem Körper, Stresshormone abzuschalten, und schafft die richtige Umgebung für die Heilung der Stressschäden. Ein enger Verwandter der Entspannung ist die Meditation, die ebenfalls ein potentes Antistressmittel ist. Wenn Entspannung (die den Körper beruhigt) mit Meditation (die die Seele zur Ruhe bringt) kombiniert wird, bekommen wir die ideale Therapie gegen Stress, Ängste und Sorgen.

Wie Entspannung funktioniert

Viele können sich nicht vorstellen, dass man durch Entspannung wieder ein Mensch werden kann, der sich freuen kann. Aber ich übertreibe nicht, wenn ich sage, dass Entspannung wahre Wunder an Leib und Seele wirken kann. Der Grund ist schlicht, dass sie den Spiegel der Stresshormone Adrenalin und Kortisol deutlich senkt und so als Schutzschild gegen die Folgeschäden von Stress wirkt. Lassen Sie mich das genauer erklären.

Zahlreiche Forscher, mich eingeschlossen, konnten in ihren Studien zeigen, dass Entspannung die Erregung des Körpers dämpft. Die *Entspannungsreaktion*, wie sie auch genannt wird, setzt im Körper folgende Prozesse in Gang:

- Reduzierung der Stresshormone, einschließlich Adrenalin und Kortisol
- Vermehrte Ausschüttung von Endorphinen (die „Schmerzmittel" des Gehirns)
- Vermehrte Ausschüttung der „Glücks"-Neurotransmitter des Gehirns
- Vermehrte Ausschüttung der natürlichen Beruhigungsstoffe des Gehirns
- Stärkung der Aktivität des Immunsystems
- Senkung des Blutdrucks und Verlangsamung bis Stopp der Arterienverkalkung
- Senkung des Cholesterinspiegels (verringert das Risiko, Herzkrankheiten zu bekommen)
- Erwärmung der Haut, vor allem an Händen und Füßen, durch Entspannung der Kapillargefäße

Wenn diese Wirkungen Sie nicht überzeugen, wird Sie wahrscheinlich gar nichts überzeugen. Und diese Liste der belegbaren Wirkungen von Entspannung und Meditation ist noch keineswegs vollständig.

Das ist die gute Nachricht; jetzt die weniger gute. Sie bekommen den Entspannungseffekt nicht dadurch, dass Sie im Sessel sitzen und die Zeitung lesen. Auch nicht dadurch, dass Sie Golf spielen, Rad fahren oder joggen. Diese Freizeitbeschäftigungen sind auch für etwas gut, aber nicht für die Entspannung. Tatsache ist, dass viele sogenannte „entspannende" Aktivitäten sogar Stress erzeugen, weil sie zusätzliches Adrenalin in den Körper pumpen. Sie können Ihnen helfen, die Sorgen des Alltags oder Berufes zu vergessen, aber Ablenkung ist noch lange nicht die Entspannung, die wir brauchen.

Muskelentspannungsübungen

Die meisten Entspannungsübungen beruhen auf dem Prinzip der Muskelentspannung: Man bringt die Muskeln dazu, eine Zeit lang „auszuruhen". Doch dies ist einfacher gesagt als getan. Viele Menschen finden es fast unmöglich, ohne fremde Hilfe und Anleitung ihre Muskeln zu entspannen.

Eine Hilfe kann hier das sogenannte *biologische Biofeedback* bieten, bei dem bestimmte Instrumente die diversen Spannungszustände beim Klienten, wie Muskelspannung, erhöhten Blutdruck oder kalte Hände, messen. Als einer der Biofeedback-Pioniere nutze ich selbst diese Techniken seit Jahren, um meinen Klienten zu helfen. Sobald der Klient merkt, wo er konkret verspannt ist, kann er besser lernen, durch die richtigen Entspannungstechniken gegenzusteuern. Biofeedback ist die beste Methode, Entspannung zu lernen, ist aber nicht jedermann ohne Weiteres zugänglich. Hier bieten geeignete Entspannungs-CDs Hilfe.

> *Entspannung kann wahre Wunder an Leib und Seele wirken.*

Dass so viele Menschen sich schwertun mit Entspannungsübungen, liegt daran, dass die Dauerverspannungen, die sich bei ihnen im Laufe der Jahre aufgebaut haben, ihre Fähigkeit, Verspannungen zu spüren, deutlich beeinträchtigt haben.

Wenn Sie also Entspannung praktizieren, vor allem wenn Sie sie immer mehr vertiefen – tiefer als Ihr Körper das seit Langem erlebt hat –, dann werden Sie merken, wie die Dauerverspannung zurückgeht. Sie werden auch merken, dass Ihr Körper es Ihnen wieder sagt, wenn Sie im Begriff sind, sich zu verspannen, und Sie können etwas dagegen tun. Bleiben Sie dabei – Sie werden die wohltuende Wirkung spüren! Und jetzt sind wir startbereit für eine einfache Entspannungsübung. Unterschätzen Sie sie nicht; ihre Schlichtheit ist ihr Geheimnis. Wenn Sie sich diese Übung zu eigen machen und täglich 30 Minuten lang durchführen, wird Ihnen das enorm guttun. Sie können dann anschließend zu fortgeschritteneren Übungen übergehen.

Eine einfache Entspannungsübung

Vorbereitung
Suchen Sie sich einen Ort, wo Sie sich bequem hinsetzen oder -legen können. Dies kann der Küchen- oder Schreibtischstuhl sein, die Badewanne oder auch das Bett, bevor Sie einschlafen.

Einstimmung
Ihr Ziel ist, sich ohne Störungen und Unterbrechungen zu entspannen, indem Sie die verschiedenen Muskeln Ihres Körpers bewusst anspannen und wieder loslassen und dabei bewusst langsam und regelmäßig atmen. Lassen Sie jegliche Spannungen in Ihrem Körper bewusst los; es kann hilfreich sein, dabei an eine beruhigende Szene zu denken, die für Sie ein Ort der Ruhe ist.

Übung
1. Schließen Sie die Augen, atmen Sie tief ein und aus und konzentrieren Sie sich darauf, was Ihr Körper gerade spürt. Wie fühlen Sie sich ... Beginnen Sie oben auf Ihrem Kopf und gehen Sie bis zu den Zehen. Wenn Ihnen etwas unbequem ist, ändern Sie Ihre Position bzw. machen Sie es sich mit einem Kissen o. Ä. bequemer. Tun Sie dies jetzt, damit Sie nicht später die Übung unterbrechen müssen.
2. Beginnen Sie jetzt, Ihre Muskeln einzeln zu entspannen. Beginnen Sie mit Ihren Kopfhautmuskeln, indem Sie die Stirn runzeln. Spannen Sie sie, halten Sie die Spannung fünf Sekunden lang (zählen Sie innerlich bis fünf), dann lassen Sie sie los. Jetzt die Gesichtsmuskeln –

anspannen, indem Sie eine Grimasse schneiden. Fünf Sekunden halten. Und loslassen. Als Nächstes kommen die Nackenmuskeln an die Reihe, indem Sie die Schultern hochziehen – halten – loslassen. Die Hände (Faust ballen), die Arme (beugen), der Po (zusammenkneifen), die Beine (in die Unterlage drücken) und so weiter bis hinunter zu den Zehen. Spannen Sie jeweils fünf Sekunden lang und lassen Sie dann los. Bleiben Sie zum Schluss in dieser entspannten Position und liegen Sie ganz locker und entspannt.

3. Während Sie die Muskeln entspannt halten, achten Sie auf Ihre Atmung. Sie werden merken, dass Sie mit der Brust atmen; beim Einatmen geht Ihr Brustkorb ein Stück nach oben. Sie können tiefer entspannen, wenn Sie von der Brust- auf die Bauchatmung (Zwerchfellatmung) wechseln – wie beim Singen. Atmen Sie tief in den Bauch hinein. Sie atmen mit dem Bauch (Zwerchfell), wenn sich beim Einatmen nicht Ihre Brust hebt, sondern der Bauch. Atmen Sie durch die Nase ein und „füllen" mit der Luft Ihren Bauch, zählen Sie bis fünf und atmen Sie langsam durch Ihren Mund wieder aus; Ihre Bauchdecke geht wieder nach unten.

> *Viele Menschen wissen nicht, wie sie ihre Muskeln entspannen können.*

4. Bleiben Sie für den Rest der Übung still sitzen bzw. liegen und machen Sie alle vier bis fünf Minuten die Bauchatmungsübung. Sie können jetzt auch Ihre Gedanken entspannen, indem Sie sich z. B. vorstellen, dass Sie an einem schönen, warmen, einsamen Strand liegen, wo die Wellen Ihre Füße streicheln. Stellen Sie sich das Gefühl der Sonne und des Wassers auf Ihrer Haut vor, den Geruch des Ozeans und die Schönheit und Ruhe der ganzen Umgebung.

5. Es braucht Übung und Geduld, eine wirklich tiefe Entspannung zu erreichen. Bleiben Sie dran; Übung macht den Meister. Seien Sie nicht entmutigt, wenn Sie die ersten Male zunächst eher unruhig werden; das ist normal. Wenn Sie weitermachen, werden Sie sich bald ruhiger fühlen. Planen Sie diese kleine Übung am besten mindestens ein Mal am Tag fest ein, in der Mittagspause z. B. oder als Ritual, um den Feierabend zu beginnen. Oder vor dem Einschlafen im Bett. Eine gute Sache, die sich lohnt!

Meditation

Entspannung lockert die Muskelspannung und löst dadurch den körperlichen Stress. Meditation reduziert die Spannung in Körper und Seele und nützt beiden. Wie schon erwähnt, lassen sich Entspannung und geistliche Meditation gut kombinieren.

Fast alle Religionen kennen Meditation. Die Praxis der Meditation ist dabei nicht auf eine ganz bestimmte Religion begrenzt, und viele der Übungen sind unabhängig von irgendeinem geistlichen Hintergrund. In diesem Kapitel schreibe ich von der kontemplativen Meditation mit christlichem Hintergrund, weil hier mein Glaube und meine Erfahrungen zu Hause sind.

Wie funktioniert Meditation?

Ich gehe einmal davon aus, dass Sie noch nie meditiert haben und wenig über Meditation wissen. Wie schon beschrieben, helfen Entspannungsübungen Ihre Muskelspannung zu verringern. Meditationsübungen lassen nun Ihr Inneres zur Ruhe kommen und bringen so Entspannung für Körper und Seele. Allein dieser Beruhigungseffekt hat bereits einen hohen therapeutischen Wert, egal ob die Übungen eine geistliche Ebene haben oder nicht.

Meditationsübungen lassen Ihr Inneres zur Ruhe kommen und führen zu körperlicher und seelischer Entspannung.

Im Grunde ist Meditation etwas ganz Einfaches: Es geht darum, innerlich ruhig zu werden, einen bestimmten Gedanken über Gott auf sich wirken zu lassen und zu betrachten, ihn zu wiederholen und schließlich zu verinnerlichen. Wenn wir immer wieder über ein bestimmtes Thema nachdenken, nennt man das Reflexion; wenn wir in der beschriebenen Weise über eine religiöse Aussage, eine Glaubensaussage nachdenken, nennt man das Meditation.

Meditation steht heute als effektives Mittel zu Stress- und Angstbewältigung zunehmend hoch im Kurs. Meditieren beruhigt das Gehirn;

die Ausschüttung der natürlichen Beruhigungsstoffe des Gehirns dämpft das Erregungssystem, und wir werden gelassener. Dieser Beruhigungseffekt hilft gleichzeitig unserem Lustsystem, wieder ins Lot zu kommen. Es ist unmöglich, gleichzeitig gestresst und ruhig zu sein. Lernen Sie es also, sich der Ruhe zu überlassen, und erleben Sie Erholung und Veränderung.

Christliche Meditation

Bei der christlichen Meditation geht der Übende in die Stille und konzentriert sich innerlich auf die Gegenwart Gottes. Im Mittelpunkt der Meditation steht meist ein Bibelvers (oder auch Liedvers u. a.), den man innerlich ausspricht, langsam wiederholt (gerne öfter) und dem man betend nachsinnt. Kontemplative Meditation ist eine ruhiges, konzentriertes Nachsinnen. Wenn Sie ein Mensch sind, der weiß, wie man sich Sorgen macht und ein Problem innerlich hin und her wälzt, sind Sie ein guter Kandidat für die Meditation; Meditieren ist sozusagen die gesunde Art, etwas innerlich zu bewegen. Sie verändern dabei den Fokus und Ihren inneren Blick auf die Dinge ... und ehe Sie es sich versehen, erleben Sie die lebensverändernde Kraft der kontemplativen Meditation.

Man kann die kontemplative Meditation auch als eine stille Form des Gebets sehen – ein Gebet des Herzens ohne die direkte Bitte (in der Bibel lesen wir, dass Gott unsere Bitten ja schon sowieso kennt; nachzulesen in Matthäus 6,8). Solche stillen Gebete, die wir im Laufe unseres Alltags öfter vor Gott bringen, bringen unsere Seele zur Ruhe und reduzieren die Spannungen – in unserem Inneren wie in unserem Körper. Wenn Sie alle Ihre Sorgen und Sehnsüchte im Gebet vor Gott bringen und dabei dankbar für allen Segen in Ihrem Leben sind, werden Ihre Gedanken und Gefühle zur Ruhe kommen und Sie werden mehr Frieden in Ihrem Leben haben.

Wenn Sie wollen, können Sie „ganz nebenbei" noch mehr entdecken. In der Meditation können Sie sich der Gegenwart Gottes bewusster werden und bei sich innere Veränderung erleben. Wenn Sie Ihr

Herz bewusst zur Ruhe kommen lassen und sich innerlich auf Gott und sein Wort konzentrieren, geben Sie dem Heiligen Geist die Möglichkeit, das Leben gebende Wort Gottes in Ihnen wirksam werden zu lassen und in Ihrem Leben Gestalt anzunehmen.

Aber was hat Gebet, was hat Meditation damit zu tun, dass es unserem Lustsystem besser geht? Nun, wir sind so geschaffen, dass wir uns freuen – auch und gerade an Gott, dem wir alles verdanken –, und diese Freude ist der absolute Schlüssel zur körperlichen Gesundheit und zum inneren Wachstum. Wenn Ihr Herz „satt" ist, weil es sich an Gottes Liebe und Gnade freut, werden Sie nicht mehr so unruhig sein oder von flüchtigen Ersatzbefriedigungen geködert und abgelenkt sein. Ich denke, wenn wir so „satt" leben, leben wir unsere Bestimmung – und dann „stimmt's".

> *In der Meditation können Sie sich der Gegenwart Gottes bewusster werden und innere Veränderung erleben.*

Meditation gehört zu einem gesunden Leben als Mensch und Christ dazu

Katholiken und Anglikaner haben eine lange Tradition der kontemplativen Meditation, die sich auch in ihren Gottesdienstformen ausdrückt. Dagegen hat sich in der evangelikal-freikirchlichen Szene in den vergangenen Jahrzehnten stärker ein stimulationsbetonter Gottesdienststil durchgesetzt. Viele, vor allem jüngere evangelikale Christen suchen Gottesdienste, in denen sie angeregt werden und sich begeistern können – und weniger die stillere Besinnung oder ein meditatives Zur-Ruhe-Kommen.

Wie wirkt sich das aus? Ich muss feststellen, dass eine von Stimulation geprägte Spiritualität nicht dazu beiträgt, Stress und Spannung abzubauen oder dass sie tiefere Veränderung erleichtert.

Womöglich sind viele von ihrer Arbeitswoche und vom Stress der Multitasking-Gesellschaft so aufgeputscht, dass sie kaum fähig sind, im Gottesdienst zur Ruhe zu kommen; ohne ihr gewohntes Adrenalin-

level landen sie nämlich zunächst (wie beim ständigen Alkohol„genuss")
in einer Art „Adrenalin-Kater". Wie also lernt ein Mensch es „herunterzufahren"? Leider wird Kontemplation, Meditation, Gebet, Stille in
vielen Kirchen wenig gelehrt. Es ist nur selten ein Thema. So gibt es
für Menschen von heute wenig Anknüpfungspunkte und Raum dafür,
und viele wissen nicht, wie sie Stille bewusst in ihr persönliches Leben
integrieren können.

So wird der allgemeine Lebensstil der unablässigen Hochspannung
und Jagd nach dem nächsten „Event" bis in den Gottesdienst hinein-
getragen, und das neue Mantra lautet: „Sorgt dafür, dass bei euch was
abgeht, dann komme ich auch in den Gottesdienst!"

Falls Sie jetzt auf Ihrem Stuhl hin und her rutschen und den Eindruck haben, dass das mit der Meditation aber etwas Langweiliges
und dabei womöglich noch Anstrengendes ist, kann ich Sie gut verstehen. Aber genau dieses Gefühl ist typisch für das Anhedonie-Problem.
Wie soll man Freude am Meditieren haben, wenn der bloße Gedanke
der Stille einem unerträglich scheint? Aber lassen Sie sich von diesem
Gefühl nicht irremachen. Erinnern Sie sich daran, dass Sie in der Stille
und in der Meditation körperlich, seelisch und geistlich entspannen
und auftanken können – gewusst wie. Machen Sie ein Experiment.
Kommen Sie mit zu den Leuten, die in unseren Tagen die alte Praxis
der Meditation neu entdecken. Prüfen Sie selbst, warum die christliche
kontemplative Meditation heute eine solche Renaissance erlebt.

Glücklicherweise ist die Meditation auch jenseits der Klöster nicht
völlig unbekannt. Im 19. Jahrhundert war der berühmte Erweckungs-
prediger Charles H. Spurgeon ein entschiedener Freund der Meditation, vor allem der Meditation über Bibelverse. In einer Predigt über
die Meditation sagte er, dass die Tatsache, dass ein Christ viele Predigten hört, noch lange nicht bedeutet, dass er „gut im Glauben unter-
richtet ist"; man kann viele Bücher lesen, ohne dadurch „ein besserer
Schüler in der Schule Christi" zu werden.[34]

Typen der christlichen kontemplativen Meditation und des kontemplativen Gebets

Von den ersten Tagen der Kirche an gehörte die Meditation im Leben der Christen genauso zu Bibellesen und Gebet wie die Anbetung und das Lob Gottes. Die Meditation schafft die Möglichkeit, sich ganz bewusst auf Gott in seinen Werken und seinem Wort zu konzentrieren – bevor wir einschlafen, beim Aufwachen und den ganzen Tag hindurch. Es gibt verschiedene Formen der Meditation und des kontemplativen Gebets. Hier einige Beispiele:

* *Lectio divina.* Ein Meditieren über Bibelverse, um Gott besser kennenzulernen und die Freundschaft der Seele mit Christus zu pflegen.
* *Religiöse Lektüre.* Hier meditiert der Gläubige über Lieder, liturgische Texte und religiöse Schriften.
* *Gottes Gegenwart leben.* Hier geht es darum, eine ständige Offenheit gegenüber Christus in mir und Gottes Gegenwart in meinem Leben zu entwickeln.
* *Entwicklung eines kontemplativen Lebensstils.* Bewusste Pflege des inneren Wachstums, der persönlichen Gottesbeziehung und der Dinge, die wirklich wesentlich sind.
* *Stille, Alleinsein, das „hörende" Gebet.* Hier sucht der Gläubige das ungestörte Alleinsein, um Zwiesprache mit Gott zu halten und sich ihm ganz zu öffnen.
* *Dankbarkeit.* Der Gläubige erinnert sich bewusst an Gottes Segnungen in seinem Leben. Pflege der Gefühle der Dankbarkeit im Herzen und Ausdrücken der Dankbarkeit gegenüber den Mitmenschen.
* *Das Jesus-Gebet.* Der Satz „Herr Jesus Christus, Gottes Sohn, erbarme dich über mich" wird wiederholt und von Herzen gesprochen.
* *Selbstprüfung.* Das tägliche Nachsinnen darüber, wofür ich am meisten dankbar bin und wofür ich am wenigsten dankbar bin.
* *Gebet des Herzens.* Schlichte, von Herzen kommende Wünsche und Sehnsüchte werden vor Gott gebracht.

- *Kontemplatives Gebet.* Wir öffnen unser Herz und ganzes Wesen für Gott, ernst und ehrlich. Ein Prozess intensiver Reinigung und Verwandlung des eigenen Wesens.
- *Gebetsspaziergang.* Während des Gehens öffne ich mich für Christus und bete darum, dass sein Reich kommt.

Ich kann im Rahmen dieses Buches nicht auf all diese Formen der christlichen Meditation eingehen und verweise Sie auf weiterführende Quellen. Ich möchte im Folgenden nur zwei vorstellen: die *lectio divina* und *Die Gegenwart Gottes praktizieren.* Diese beiden klassischen geistlichen Übungen sind ein guter Einstieg in die Welt der christlichen Kontemplation und tragen dazu bei, Stress zu reduzieren und Ihr inneres Leben zu bereichern. Hilfreich und vertiefend ist dabei die gute Gewohnheit, die Gedanken und Erlebnisse beim Meditieren in einem Tagebuch festzuhalten.

Biblische Meditation

Eine Variante der christlichen Meditation, die mindestens seit dem vierten Jahrhundert weit in Gebrauch ist, ist die *lectio divina,* bei der es darum geht, Gott zu lieben und durch sein Wort verwandelt zu werden. Traditionell eine Domäne der Klöster und Orden, erlebt sie heute eine Renaissance bei ganz normalen Christen, die sie als wertvolle Ergänzung des Bibelstudiums und des nicht liturgischen Gottesdienstes empfinden.

Der lateinische Ausdruck *lectio divina* bedeutet, wörtlich übersetzt, „heiliges Lesen". Diese Art Meditation besteht aus vier Abschnitten. Zuerst wird ein Bibelabschnitt gelesen *(lectio).* Sodann sinnt man über diesen Text nach *(meditatio).* Als Drittes folgt das Gebet *(oratio);* der Meditierende spricht mit Gott über das Gelesene und bittet ihn, ihm den Text aufzuschließen. Der vierte und letzte Abschnitt ist dann die *contemplatio,* das Ruhen in der Gegenwart Gottes.

Vorbereitung

Suchen Sie sich einen Ort im Haus oder draußen aus, der für die Dauer der Meditation Ihre „Kirche" oder „Kapelle" ist. Sie sollten dort möglichst ungestört sein. Beginnen Sie mit 20 Minuten, die Sie dann später, wenn Sie können und wollen, ausdehnen können. Viele Menschen haben die Erfahrung gemacht, dass die günstigste Tageszeit für diese Übung der Morgen oder der Abend ist.

Meditieren, nicht studieren

Über die Bibel meditieren ist nicht dasselbe wie sie studieren. Das Ziel der Meditation ist nicht Kopfwissen, sondern „Herzwissen". Wir öffnen uns einem tieferen Verständnis dessen, was der Text uns ganz persönlich sagen will, wir horchen auf Gott und laden ihn ein, in unser Leben hineinzukommen. Wir öffnen uns der Tiefendimension des Textes, bereit, zu hören und zu antworten.

Wie man es macht

1. *Lesen Sie den Bibeltext (lectio).* Beginnen Sie die Übung damit, dass Sie sich einen Text aussuchen. Dieser kann z. B. aus einer Predigt kommen, die Sie vor Kurzem gehört haben, aus der Tagesbibellese oder einfach eine Ihrer Lieblingsbibelstellen sein. Nehmen wir als Beispiel den 23. Psalm, der sich gut zur Meditation eignet. Wahrscheinlich kennen Sie ihn auswendig, aber fangen Sie damit an, dass Sie ihn langsam und mit Bedacht lesen. Hier der Anfang des Psalms:
Der HERR ist mein Hirte, mir wird nichts mangeln. Er weidet mich auf einer grünen Aue und führet mich zum frischen Wasser. Er erquicket meine Seele (Vers 1-3 Luther).

2. *Meditieren Sie über den Text (meditatio).* Teilen Sie den Text in seine Sinneinheiten auf. Ich würde bei diesem Beispiel die folgende Einteilung wählen:
   • Der HERR
   • ist mein Hirte.
   • Mir wird nichts mangeln.
   • Er weidet mich

- auf einer grünen Aue
- und führet mich
- zum frischen Wasser.
- Er erquicket meine Seele.

Nehmen Sie sich jetzt jeden Unterabschnitt einzeln vor. Wiederholen Sie ihn (still oder laut) mehrere Male. Lassen Sie ihn auf sich einwirken.

Fangen Sie dann an, über die Worte nachzudenken, z. B. über: „Der HERR". Stellen Sie sich dies ganz persönlich vor: Gott ist *mein* Herr. Der Herr über *mein* Leben. Was kommt Ihnen dabei alles in den Sinn? Stellen Sie sich Fragen wie: *Wie berührt dieser Abschnitt mein Leben? Worauf weist er mich hin? Wie finde ich das?* Versuchen Sie, Ihre Gedanken zu konzentrieren, ohne hektisch zu werden. Sinnen Sie darüber nach: Gott, der Herr – über Ihr Leben, Ihre Familie, das ganze Universum.

Bitten Sie den Heiligen Geist, Gottes guten Geist, zu Ihnen zu reden. Bitten Sie Christus, in Ihnen Gestalt zu gewinnen, während Sie über diese Worte nachdenken. Lassen Sie Ihren Gedanken und Assoziationen freien Lauf. Wiederholen Sie dies für jeden der Einzelabschnitte, sofern Ihre Zeit Ihnen dies erlaubt.

3. *Beten Sie den Bibelabschnitt durch (oratio).* Zu was für einer Antwort gegenüber Gott führt er Sie nach dem, was Sie gerade gelesen und meditiert haben? Der Übergang zur *oratio* kann unmerklich sein. Es geht um die Reaktion Ihres Herzens auf die Bibelstelle. Durch Gebete wie „Zeige mir, wie ...", „Danke für ..." und „Herr, hilf mir, zu ..." machen Sie sich den Text immer mehr zu eigen, nehmen ihn in sich auf. Dies führt Sie in eine hörende, annehmende, folgende Antwort.

4. *Versenken Sie sich in den Text (contemplatio).* In dieser letzten Phase ruhen Sie einfach in Gott. Das ist aktives Warten auf Gott: voller Hinwendung, Aufmerksamkeit und Hoffnung. Denken Sie nicht an Ergebnisse oder Gefühle, seien Sie einfach in der Gegenwart Gottes. Wenn Ihre Gedanken auf Wanderschaft gehen wollen, rufen Sie sie zur Ordnung, indem Sie ein Schlüsselwort oder eine Formulierung aus dem Text leise vor sich hersagen oder sich ein Bild aus dem Text

vorstellen. Bevor Sie die Meditation beenden, kann es sinnvoll sein, das, was Sie durch sie gelernt haben, in Ihrem Tagebuch festzuhalten, als Grundlage für die nächste Meditation.

Nehmen Sie sich so viel Zeit, wie Sie brauchen, bis Sie den Eindruck haben, dass es genug ist bzw. bis Sie aufhören müssen, weil andere Pflichten rufen. Beim nächsten Mal können Sie dann dort weitermachen, wo Sie aufgehört hatten.

Einige Vorschläge

1. Wenn Sie zum Persönlichkeitstyp A gehören oder an starker Anhedonie leiden, kann Meditieren für Sie zunächst schwierig sein; sie fühlen sich zappelig und können sich kaum konzentrieren. Keine Sorge, dies ist normal und legt sich. Deswegen: Akzeptieren Sie das und versuchen Sie nicht auch noch, es zu analysieren. Richten Sie Ihre Gedanken ganz bewusst auf die Dinge, die wahr und gut sind und die Sie für Gott öffnen.

2. Wenn Ihnen zwanzig Minuten zu viel sind, beginnen Sie mit kürzeren Meditationszeiten, die für Sie realistisch sind, damit Sie nicht frustriert das Handtuch werfen. Versuchen Sie es immer wieder. Sie werden merken, wie es immer besser geht und wie Sie anfangen, etwas für Ihr Leben davon zu haben.

3. Vergessen Sie nicht, dass Meditieren ein Prozess ist – eine Reise, nicht das Ziel. Es ist auch keine durchstrukturierte Bibelstunde. Lassen Sie es langsam angehen, haben Sie Geduld, beurteilen Sie sich nicht, lassen Sie Gott Ihre Gedanken leiten.

Die Gegenwart Gottes leben

Eine andere Variante christlicher Meditation ist das bewusste *Leben der Gegenwart Gottes* (manche sagen: „die Gegenwart Gottes praktizieren"). Es öffnet unsere inneren Augen für die Gegenwart Gottes in allen Dingen, lässt uns offen und auf ihn ausgerichtet sein, lässt uns ständig „mit ihm" sein, so wie wir gerade sind.

Diese Meditationsform wird oft mit dem französischen Mönch Bruder Laurentius (17. Jahrhundert) in Verbindung gebracht, dessen Ziel es war, ständig mit Gott im inneren Gespräch zu sein und sich an seiner Gegenwart zu freuen, egal was er gerade tat. Er fand zu innerer und äußerer Freude, indem er sich darin übte, in der heiligen Gegenwart Christi „zu ruhen". Sein Lebensstil wurde mehr und mehr durch ein vertieftes Bewusstsein der Nähe Gottes geprägt – und das ist uns genauso möglich.

Die Anhedonie beeinträchtigt leider nicht nur unsere allgemeine Fähigkeit, uns zu freuen, sondern auch die uns Menschen eigene Sehnsucht und den Wunsch, Gott zu lieben und anzubeten und die ganze Lebensfülle und Freiheit zu erfahren, die er für uns bereithält. Und solange von dieser Sehnsucht noch etwas da ist, machen Menschen sich auf die Suche nach dem, was ihnen abhanden gekommen ist. Sie fragen sich, ob sie Gott je „spüren" werden und ob ihr Glaube je mehr sein wird als die innere Dürre, die sie täglich erleben. Ein inniges Verhältnis zu Gott, es scheint in unerreichbarer Ferne zu liegen. Doch in diesem Dürregefühl liegt schon der Schlüssel zur Hilfe.

> *Wir können lernen, unsere Augen und Ohren für Gott offen zu halten, können den ganzen Tag lang gleichsam auf Schatzsuche nach Gott gehen.*

Es ist möglich, diese gesunde, erfüllte Freude wiederzufinden. Das *Leben der Gegenwart Gottes* ist ein gangbarer Weg, mitten in der Ungewissheit und Reizüberflutung unserer Welt heute das eigene innere Leben zurückzuerobern und Gott zu erfahren.

Ein Leben, das sich auf Gott ausrichtet, kann und soll also auch ein Leben sein, das sich täglich über ihn freut, ihn genießt, sich daran erinnert, wer er ist und was er alles für mich getan hat und noch tut. Wenn wir Christen sind, glauben wir natürlich, dass Gott immer bei uns ist, aber nur selten „pflegen" wir diese Tatsache, indem wir unsere Gedanken ganz bewusst auf ihn richten und uns Zeit nehmen, um uns ihm zu öffnen. Wir können aber lernen oder weiter lernen, unsere Augen und Ohren für Gott offenzuhalten, können den ganzen Tag lang gleichsam auf Schatzsuche nach Gott gehen. Hier einige Tipps, wie Sie damit anfangen können:

Einstimmung

Darum zu wissen und zu spüren, dass Gott in mir und um mich herum ist, bringt innere Ruhe und eine Vertiefung der Gottesbeziehung. Es gibt viele Methoden, die ständige Nähe Gottes zu suchen, z. B. das Herzensgebet (siehe unten) und das Vaterunser. Es geht dabei nicht darum, ein Ritual abzuspulen, sondern eine persönliche Beziehung zu pflegen – Gott zu lieben, sich über ihn zu freuen und durch Schönes und Schweres hindurch im Alltag mit ihm verbunden zu bleiben.

Vorbereitung

Die folgenden Fragen können Ihnen helfen, Ihre innere Antenne für die Gegenwart Gottes neu auszurichten. Wenn Sie sich weit weg von Gott fühlen, wünschen Sie sich dann, seine Liebe und Freude neu zu erfahren? Was müsste sich in Ihrem Leben ändern, damit Ihre Gemeinschaft mit Gott tiefer wird? Haben Sie schon einmal gespürt, dass Gott Ihnen ganz nahe war, und sich darüber gefreut? Wie einfach ist es wohl für Gott, Ihre Aufmerksamkeit zu bekommen?

Wann fällt es Ihnen am leichtesten, auf Gottes leise Stimme zu lauschen? Uns allen passiert es, dass wir zerstreut sind oder den Kopf voll von Sorgen, Pflichten und Terminen haben. Studieren Sie die folgenden Strategien, in Ihrem Alltag Gott näherzukommen.

Wie man es macht

1. Beginnen Sie damit, dass Sie Ihr Herz auf Gott ausrichten und ihm sagen, dass Sie in Gemeinschaft mit ihm leben möchten. Weihen Sie alles, was Sie im Laufe des Tages tun, Gott; reden Sie mit ihm darüber, bevor Sie anfangen, während Ihrer Tätigkeiten und danach.

2. Legen Sie morgens, wenn Ihr Tag beginnt, diesen Tag und sich selbst in Gottes Hand. Sie können dabei z. B. das Vaterunser als Anknüpfungspunkt nehmen und sagen: „Dein Reich komme, dein Wille geschehe heute in meinem Leben." Sagen Sie innerlich: „Herr, hier bin ich. Hilf mir, auf dich zu hören und deine Gegenwart zu spüren."

3. Bevor Sie zu Bett gehen, denken Sie an drei Dinge zurück, die an diesem Tag gut gelaufen sind, warum sie gut gelaufen sind und wie Sie Gottes Gegenwart dabei gespürt haben. Schreiben Sie diese drei

Dinge auf und meditieren Sie vor dem Einschlafen über sie. Tun Sie
dies eine Woche lang jeden Abend. Sie werden merken, wie Sie besser schlafen und schöner träumen. Am Morgen stellen Sie sich drei
Dinge vor, die an diesem Tag gut laufen werden, und wie Sie an
diesem Tag Gottes Gegenwart suchen werden.

4. Achten Sie im Laufe des Tages auf Lieder, Gedanken, Bibelverse,
Menschen und nette Gesten, die Ihnen in den Sinn kommen. Könnte dahinter Gottes Geist stehen, der Sie näher zu sich ziehen will?

5. Stellen Sie sich eine eigene Sammlung von Gebeten, Bibelstellen,
Sprüchen und Liedern zusammen, über die Sie beim Autofahren, in
der Dusche, beim Spazierengehen oder während der Arbeit nachdenken können. Lassen Sie sich von ihnen näher zu Gott ziehen.

6. Wenn Sie im Laufe des Tages ein Problem haben oder gestört oder
unterbrochen werden, strecken Sie Ihre Hände aus und legen Sie
das Problem symbolisch Gott hin; laden Sie ihn in diese Situation
ein.

Und jetzt einige Gebete, die Ihnen helfen können, in Gottes Nähe zu
bleiben.

Das Herzensgebet

Setzen oder legen Sie sich bequem hin und konzentrieren Sie sich auf
die Nähe Gottes und den Rhythmus Ihres Atems. Atmen Sie tief ein
und denken oder sagen Sie dabei einen der Namen Gottes; dann atmen
Sie tief aus und sagen Gott etwas, wofür Sie gerade dankbar sind oder
was Ihnen ein tiefes Anliegen ist. Denken Sie z. B. beim Einatmen *Mein
Hirte* und beim Ausatmen *Führe mich zum frischen Wasser.* Atmen Sie
ein: *Vater,* und aus: *Dein Wille geschehe in mir.* Atmen Sie ein: *Mein
Arzt,* und aus: *Heile meine Seele.*

Eine weitere Möglichkeit ist ein aus einem kurzen Satz bestehendes
Gebet, gefolgt von ein, zwei Worten, die zum Ausdruck bringen, was
Sie gerade auf dem Herzen haben. Verbinden Sie das Gebet mit Ihrer
Atmung, und tun Sie dies im Laufe des Tages wiederholt. Beliebte Bei-
spiele sind: „Meine Seele erhebt den Herrn" (Lukas 1,46 Luther),
„Meine Seele ist stille zu Gott, der mir hilft" (Psalm 62,2 Luther),

„Mein Hirte, führe mich zum frischen Wasser" (nach Psalm 23,2) und „Komm, Heiliger Geist."

Das Jesus-Gebet

Setzen Sie sich an einem ungestörten Ort bequem hin. Schließen Sie die Augen und atmen Sie ruhig und entspannt. Lassen Sie Ihre Gedanken aus Ihrem Kopf in Ihr Herz fließen und flüstern Sie: „Herr Jesus Christus, erbarme dich über mich." Sie können den Satz sprechen oder auch einfach denken und so oft wiederholen, wie Sie wollen. Eine andere Variante ist, beim Einatmen zu beten: „Jesus, du Sohn Davids", und beim Ausatmen: „Erbarme dich über mich und meine Schuld."

Einige Tipps

1. Beginnen und beenden Sie jeden Tag mit einem Gebet des Herzens.
2. Gibt es einen Menschen, für den Sie beten? Wenn er Ihnen im Laufe des Tages in den Sinn kommt, schicken Sie ein kurzes Gebet zu Gott. Sie brauchen Gott keine langen Vorträge zu halten; er hört das Gebet Ihres Herzens.
3. Gott benutzt meist kein Megafon, sondern spricht in der Stille zu uns. Warten Sie nicht auf große Erleuchtungen und sensationelle Erlebnisse, sondern achten Sie auf die ganz einfachen, normalen Dinge des Alltags.

Wagen Sie es zu meditieren!

Lassen Sie mich zum Schluss dieses Kapitels ein Wort der Ermutigung für die Christen unter Ihnen sagen, denen das mit dem Meditieren nicht geheuer ist. Ich bin den größten Teil meines Lebens in konservativen christlichen Kreisen aktiv gewesen und weiß um die Widerstände, die es dort gibt. Die einen verwechseln Meditation mit Esoterik, die anderen halten sie für eine Art Gehirnwäsche. Ein Pastor sagte mir einmal: „Es ist ein Unterschied, ob man das Wort Gottes liest, um seine Bedeutung zu verstehen, oder ob man es als bloßen Aufhänger für mystische Erlebnisse benutzt." Er schien sich nicht vorstellen zu können, dass die Verinnerlichung von Bibelstellen einen geistlichen Nutzen haben kann.

Es stimmt, dass es Menschen gibt, die im Meditieren nur das Gefühlserlebnis suchen. Doch dies ist nicht das, was ich Ihnen in diesem Kapitel vorgestellt habe. Ich glaube, dass es eine gesunde Art zu meditieren gibt, die selbst den konservativsten Gläubigen in seinem Gemüt und geistlich weiterbringen kann. Probieren Sie es so wie beschrieben auf ganz schlichte Weise aus; Sie werden sehen, dass Sie Gott ganz neu erleben werden – und viel mehr Freude an ihm und am Leben haben.

KAPITEL 14

Schritt Nr. 7: Schaffen Sie Raum für die Dinge, die wirklich wichtig sind

Und Gottes Friede, der all unser Verstehen übersteigt, wird eure Herzen und Gedanken im Glauben an Jesus Christus bewahren.
(Paulus in Philipper 4,7)

Unser Leben ist verstopft. Wir haben Geräte, Kleider, Bücher, Souvenirs und Schnickschnack aller Art. Und wir sind auch innerlich verstopft – mit schlechten Angewohnheiten, Hobbys und Beschäftigungen, die eigentlich allesamt unwichtig sind. Die sogenannten Errungenschaften des modernen Lebens sind nicht halb so großartig, wie sie oft gemacht werden. Dafür füllen sie jeden Quadratzentimeter Platz und jede Sekunde Zeit mit sinnlosen Zerstreuungen, die uns von den wirklich wichtigen Dingen nur ablenken. Jawohl, ich kenne das auch von mir.

Manchmal braucht es eine Lebenskatastrophe, um uns zurück auf den richtigen Weg zu schubsen. Bei mir passierte das vor etwa 15 Jahren, als mein Schwiegersohn Richard, der Vater zweier meiner Enkel, sein Leben durch einen tragischen Unfall verlor. Er war Lehrer und gerade auf dem Weg in seine Schule, als von einem vor ihm fahrenden Laster eine große Kiste auf die Fahrbahn fiel. Bei dem Ausweichmanöver verlor er die Kontrolle über sein Auto und stürzte die Böschung hinunter.

Der Schock und die Trauer waren tief. Ich trauerte um Richard, und ich fühlte mit meiner Tochter, die mit gerade einmal 34 Jahren Witwe geworden war, und mit meinen beiden Enkelsöhnen, die so abrupt ihren Vater verloren hatten. Ich teilte auch den Schmerz meiner Frau, der Richard sehr ans Herz gewachsen war.

Und dann merkte ich, wie in mir noch etwas anderes geschah. Ich war damals ganz mit meinem Beruf und meinen Büchern beschäftigt gewesen. Ich starrte auf die Dinge, die ich nicht hatte, aber gerne haben wollte, und auf die, die ich hatte und nicht mochte. Ich war ein unzufriedener Mensch. Gut, ich war Christ und glaubte alles, was ein Christ zu glauben hat, aber das Leben war zu kompliziert und stressig für mich geworden. Freude war fast ein Fremdwort geworden. Mein Leben war so vollgestopft mit mehr oder weniger sinnlosen Zerstreuungen, dass es nichts mehr gab, das mich in der Tiefe befriedigte.

> *Manchmal braucht es eine Lebenskatastrophe, um uns zurück auf den richtigen Weg zu schubsen.*

Als ich dort an Richards Grab stand, überwältigten mich zwei Gedanken regelrecht. Erstens: Das Leben ist kurz und unberechenbar. Ich hatte das immer gewusst, schon meine Großmutter hatte es mir eingetrichtert, aber wirklich packen tat es mich erst jetzt. Und zweitens: Wenn der Tod unerwartet zuschlägt, sind all die vielen Sachen, die man im Leben angesammelt hat, keinen Pfifferling wert. Nicht das Geld, nicht die schönen Möbel oder das Haus, noch nicht einmal die Träume vom großen Erfolg im Leben. Der Tod schreit einem laut in die Ohren: „Überlege dir, was wirklich wichtig ist, wenn du ein sinnvolles Leben haben willst!"

Seit diesem Augenblick am Grab meines Schwiegersohnes lässt mich das Gefühl nicht los, dass nur wenig zählt neben den Beziehungen, die wir zu unseren Lieben haben. Und dass wir dann, wenn wir ein sinnvolles Leben haben wollen, Platz schaffen müssen für die Dinge, die wirklich zählen – was das Thema dieses Kapitels ist.

Was uns die Freude nimmt

Bis auf ein paar Spezialisten wissen nur wenige etwas mit dem Wort „Anhedonie" anzufangen. Die Anhedonie macht keine Schlagzeilen, aber heimlich, still und leise ist sie eine handfeste Realität des modernen Lebens geworden.

Wie ist es Ihnen ums Herz, wenn Sie daran denken, dass so viele

Menschen, darunter unsere eigenen Kinder und künftigen Enkel, ein ganzes Leben hinter sich bringen werden, ohne je die tiefe Freude darüber, da zu sein, erlebt zu haben? Die meisten von ihnen stecken jetzt schon bis zum Hals in einem Sumpf aus Enttäuschungen, Süchten, Krankheit und Schmerz. Mindestens jeder Dritte wird später im Leben ein körperliches Leiden bekommen, das nicht nötig gewesen wäre, und jeder Fünfte wird ins Loch der Depression fallen – so die Statistik. Wir wissen heute, dass gesundheitliche Probleme leicht auch die Seele schädigen, ja traumatisieren können, und dass die Folgen solcher Schäden ganze Familien und Freundeskreise unter einer Lawine des Elends begraben können. Ich kenne keine einzige Familie, die ein traumatisches Erlebnis hinter sich hat und die jetzt eine unbefangen fröhliche Familie wäre. Wir Menschen können einiges aushalten, aber nur wenige von uns finden nach einer Lebenskatastrophe ihre ganze frühere Fähigkeit, sich zu freuen, wieder. Traurig, aber wahr.

> *Schaffen Sie Platz für die Dinge, die wirklich zählen.*

Sind wir an unserem eigenen Elend schuld?

Das Leben kann grausam sein. Aber ist unser Elend nur das Ergebnis von Lebenskatastrophen? Ich glaube, nein. Die meisten von uns sind Opfer ihrer eigenen Unfähigkeit, mit dem Leben fertigzuwerden. Wie jemand einmal sagte: „Viele Menschen sterben, weil sie es nie gelernt haben, zu leben." Will heißen: Sie sterben, obwohl sie noch leben, körperlich wie seelisch, und zwar deswegen, weil es ihnen an Verständnis, Einsicht, Entschlossenheit fehlte, trotz aller und in allen bewegenden Umständen ein gesundes, glückliches, gelingendes Leben zu führen.

Also ja, zu einem guten Teil sind wir selbst an unserem Elend schuld. Was der Grund für das Phänomen der Opfermentalität ist, meine ich, das in der westlichen Welt so weit verbreitet ist: Jeder sieht sich als Opfer irgendwelcher Umstände, die er nicht kontrollieren kann; wir neigen dazu, uns als macht- und hilflose Bauern im Schachspiel des

Lebens zu sehen, als Opfer der Taten anderer – und schon geht er los, der Selbstmitleidstrip. Dass wir es auf der letzten Arbeitsstelle zu nichts gebracht haben, kann ja wohl nur an unseren Eltern liegen … Dieser Teufelskreis aus Groll und Resignation wird sich nicht von alleine auflösen.

Es muss sich etwas ändern – und da wir unsere Vergangenheit und die Tücken des Lebens nicht ändern können, bleibt nur eine Möglichkeit: Wir selbst müssen uns ändern. Wir müssen lernen, die Wechselfälle des Lebens unter die Füße zu bekommen und dann, wenn wir zu Boden gegangen sind, wieder aufzustehen und einen Neuanfang zu machen. Das gehört zum Leben dazu. Egal, wie schlimm Ihre äußeren Umstände sind, Sie können sie nicht für ein „saures" Grundlebensgefühl verantwortlich machen oder für eine generelle Traurigkeit und/oder Unzufriedenheit. Leben ist Schweres und Schönes in einem. Und für jeden erwachsenen Menschen heißt es, sich selbst unter die Lupe nehmen und sich fragen, wo die Fähigkeit, sich zu freuen, blockiert ist.

Ich weiß, das klingt wie eine Zumutung, aber das kann und soll Ihnen Hoffnung geben. Vor allem dann, wenn Sie ein gläubiger Mensch sind. Wieder und wieder führt uns die Bibel ein absolut wichtiges Prinzip mehr als deutlich vor Augen. Es mag Ihnen abgedroschen vorkommen, aber das macht es nicht weniger wahr: Auch und gerade in schwierigen Zeiten können wir innerlich wachsen und weiterkommen. In Jakobus 1,2-4 heißt es: „Betrachtet es als Grund zur Freude, wenn euer Glaube immer wieder hart auf die Probe gestellt wird. Denn durch solche Bewährungsproben wird euer Glaube fest und unerschütterlich. Bis zuletzt sollt ihr so unerschütterlich festbleiben, damit ihr in jeder Beziehung zu reifen Christen werdet und niemand euch etwas vorwerfen kann oder etwas an euch zu bemängeln hat."

Was hat dies mit der Heilung unseres Lustsystems zu tun? Sehr viel! Die Kombination von Opfermentalität und der Unfähigkeit, das Schlimme, das einem widerfahren ist, hinter sich zu lassen, ist zerstörerisch: Es zerstört die Fähigkeit, echte Freude und Befriedigung zu erfahren. Freuen kann sich nur ein Mensch, der zufrieden, im Frieden mit sich selbst und frei von Bitterkeit und Verzweiflung ist – ein

Mensch, der die Vergangenheit hinter sich gelassen im Sinne von: den Ballast der Vergangenheit bewusst losgelassen hat und die Zukunft voll Hoffnung ergriffen hat. Hier spielt Vergebung eine zentrale Rolle. Ob Ihr Lustsystem gesund oder ruiniert ist, hängt also wesentlich mit davon ab, wie Sie mit den Wechselfällen des Lebens umgehen, ob Sie sie „gesund verdauen".

Es ist wichtig zu lernen, wieder aufzustehen und das Leben neu zu sich einzuladen.

Das Leben sollte eine großartige Erfahrung für jeden von uns sein. So ist es gedacht. Aber diese großartige Erfahrung gibt es nicht ohne Kampf. Echtes Glück kommt nicht „einfach so". Wir stehen tagtäglich neu vor der Entscheidung zwischen Vorwärtsgehen oder sich in die Umstände ergeben. Unser Glück und das der Menschen, mit denen wir täglich zusammenleben, steht auf dem Spiel. Wie gut es Ihnen gelingt, sich von kleinen Tücken oder großen Schicksalsschlägen zu erholen, hängt letztlich davon ab, wie bereit Sie sind, selbst Verantwortung zu übernehmen. Wohlgemerkt: Wir haben nicht die Verantwortung für das Schlimme, das geschehen ist, aber sehr wohl für die Art, wie wir darauf reagieren. Immer wieder geht es darum, das Ungute loszulassen, um wirklich frei nach vorne zu schauen.

Platz machen, bitte!

Es gibt viele Dinge, mit denen wir einfach leben müssen, weil wir es nicht in der Hand haben, sie hinter uns zu lassen. Oft müssen wir inmitten der widrigsten Lebensumstände Raum finden für die Dinge, die wesentlich und wichtig sind. Bildlich gesprochen: Wir müssen die unguten Dinge beiseiteschieben, um Platz für die guten zu gewinnen. Es geht darum, die richtigen Prioritäten zu setzen.

Das Leben wird aufs Ganze gesehen unnötig schwierig, wenn unsere Prioritäten nicht stimmen, wenn wir ungesunde Ziele verfolgen und die Grundbausteine für ein Leben der Freude und Zufriedenheit vernachlässigen. Wenn Sie Ihrem Lustzentrum nicht die richtigen Zutaten zuführen, wie soll es Ihnen Glück und Zufriedenheit liefern?

Und so möchte ich Ihnen am Schluss dieses Buches die „Zutaten" nennen, die ich für wesentlich halte für ein Leben, in dem gesunde Freude und Lust frei fließen können und ein gesundes Lebensgefühl von Glück und Dankbarkeit schaffen. Ich halte sie für *die* Essentials im Leben, für mich genauso wie für meine Familie, meine Freunde, Bekannten und meine Klienten, mit denen ich im Laufe der Jahre gearbeitet habe. Was immer sonst Sie tun und vorhaben: Schaffen Sie in Ihrem Leben Platz für diese Dinge.

Schaffen Sie Raum für Gott

An dieser Stelle will ich beginnen, weil sie so wichtig ist. Verstehen Sie mich bitte nicht falsch: Es geht nicht darum, Sie zu „bekehren"; das ist nicht mein Ding. Tatsache ist einfach: Ohne eine geistliche Basis, ohne Glauben in Ihrem Leben haben Sie keinen Boden unter den Füßen, sondern nur ein Loch wie eine leere Baugrube.

Viele denkende Menschen finden die Sache mit Gott und dem Glauben problematisch, weil sie der Ansicht sind, dass man nicht wissen kann, ob Gott wirklich existiert. Bei vielen sitzt der Zweifel so tief, dass sie gar nicht erst anfangen, den Wert des, sagen wir, christlichen Glaubens und seine Aussagen zu prüfen. Dazu kommt noch, dass viele Christen ein recht unvollkommenes Zeugnis von ihrem Glauben ablegen. Sie machen Fehler, sie versagen, sie sind unsympathisch. Aber Gott hat nun einmal nicht Vollkommene erlöst, sondern Sünder, also „normale" Menschen mit Ecken und Kanten, und es ist unrealistisch, zu erwarten, dass ein Christ das, was er predigt, pausenlos auch tut. Wir Christen sind keine perfekten Menschen, sondern „Leute, die auf dem Weg sind" und die sich in Gottes Dienst gestellt haben. Selbst der beste Christ hat mit seinen Zweifeln und mit seinen Fehlern und Macken zu kämpfen.

Ich hatte einen lieben Freund und Kollegen, der Professor für Ethik war und so ziemlich der ehrlichste Mann und Christ, den ich je kennengelernt habe. Ich bezweifle, dass es einen Menschen gibt, der offener zugibt, wie schwierig es ist, ein Leben aus dem christlichen Glauben heraus zu gestalten. Er starb vor gut drei Jahren, als ich meine Bypassoperation hatte. Er stürzte vor seinem Haus von einer Leiter, schlug mit dem Kopf auf dem Pflaster auf und starb ein paar Tage später. Er hieß Lewis Smedes und ist vor allem im englischen Sprachraum durch seine exzellenten Bücher bekannt geworden, darunter *Forgive and Forget*, das es auf die Bestsellerliste der New York Times schaffte.

> **Wir müssen auf etwas hoffen, denn jede Hoffnung ist besser als keine.**

Trotz seines brillanten Intellekts (oder vielleicht gerade deswegen) sprach er immer wieder über die massiven Glaubenszweifel, die er in seinem Leben gehabt hatte. Den größten Teil seines Lebens musste er sich förmlich an seinem Glauben festklammern, um ihn nicht zu verlieren. In einer kurzen Autobiografie, die er Wochen vor seinem Tod fertigschrieb, hat er das so ausgedrückt: „Manchmal klammere ich mich nur noch mit den Fingerspitzen an den Glauben. Wenn der Traum von einer neuen Welt, in der der Friede und die Liebe Jesu herrschen, über zweitausend Jahre alt ist und immer noch nicht wahr werden will, kommt der Glaube bei jedem ins Wanken."

Doch trotz dieser Zweifel (die wohl jeder Christ kennt) bekennt er, dass er seinen Glauben nie aufgeben würde: „Ohne Jesus haben wir nur zwei Möglichkeiten: utopische Illusion oder tödliche Verzweiflung. Ich verachte Illusionen. Ich habe Angst vor Verzweiflung. Und so setze ich alles auf Jesus."

Und selbst dann, wenn die Christen mit ihrem Glauben falsch lägen, würden sie immer noch mehr gewinnen als sie verlieren. Wir müssen auf etwas hoffen, denn jede Hoffnung ist besser als keine. Man muss an irgendetwas glauben, denn ohne einen Glauben kann man nicht leben. „Also", schreibt Smedes, „setze ich alles auf eine Karte."[35] Und ich tue gerne das Gleiche und schaffe in meinem Leben viel Raum für Gott. Er ist das Beste, was mir passieren kann.

Schaffen Sie Raum für Freundschaften

Als Teenager in Südafrika hatte ich drei Freunde, mit denen ich durch dick und dünn ging. Wir nannten uns „Die Vier Musketiere" und waren unzertrennlich. Wir waren alle als junge Teenager Christen geworden, was uns mehr als alles andere zusammenschweißte. Wir waren ein Gesangsquartett, das in Jugendgottesdiensten auftrat.

Dann wurden wir erwachsen, und unsere Wege trennten sich. Einer von uns wurde Zahnarzt, zwei Bergbauingenieure, und ich wurde zunächst Bauingenieur und begann dann, als ich über 25 war, Psychologie zu studieren. Wir alle heirateten und zerstreuten uns in alle vier Winde.

Ich habe seither viele neue Freundschaften geschlossen, aber keine ist so eng geworden wie die der Vier Musketiere. Zum Teil liegt dies sicher daran, dass unsere Teenagerjahre die ideale Zeit für Freundschaften sind; in keinem anderen Lebensabschnitt ist unser Gehirn so stark in diese Richtung verdrahtet. Doch der Hauptgrund ist, dass in unserer modernen Kultur das Klima für enge Freundschaften zwischen Erwachsenen zunehmend ungünstig geworden ist (für manche von uns ist selbst der Ehepartner kein bester Freund mehr). Man hat Freunde, aber die Beziehung geht nicht mehr so tief wie früher.

Da überrascht es nicht, dass eine von Soziologen an der Duke University und der University of Arizona (USA) durchgeführte Studie zu dem Ergebnis kam, dass die Amerikaner das Thema „Freundschaft" allmählich zu den Akten legen. Man hat nicht mehr so viele Freunde wie früher, und diese Tendenz lässt sich selbst unter Teenagern beobachten. Ade, Musketiere …

Was ist der Grund für diesen Niedergang der Freundschaft? Es ist derselbe Grund, der für unsere wachsende Anhedonie verantwortlich ist: In unserer stressgejagten Zeit haben wir nicht mehr so viel Freude an anderen Menschen wie noch unsere Großeltern. Wir fühlen das Glück der Gemeinschaft nicht mehr so, wie wir es könnten. Für mich bedeuteten meine Kindheitsfreundschaften alles. Wir wären bereit gewesen, füreinander in den Tod zu gehen (glaubten wir jedenfalls).

Die Duke-Studie war eigentlich ein Versuch gewesen, eine frühere

Studie zu widerlegen, die in einem von einem Harvard-Professor ver-
fassten Buch mit dem provokativen Titel *Bowling Alone* vorgestellt
worden war und die behauptete, dass unsere Gesellschaft immer einsamer wird. Die Duke-Sozio-
logen glaubten dies nicht und wollten das Gegenteil beweisen. Doch zu ihrer Überraschung
bestätigte ihre Studie die These des Harvard-Kol-
legen. Es stimmt: Wir vereinzeln immer mehr. Ob
nun absichtlich oder nicht, wir werden selbst in
unseren intimsten Beziehungen zunehmend zu
Einzelgängern. Experten sprechen hier von dem
Entfremdungssyndrom, und dieses Syndrom befindet sich unerbittlich
auf dem Vormarsch.

> *Legen Sie Wert auf bleibende Freundschaften und pflegen Sie sie, mit allem, was Sie haben.*

Wie kommt es zu diesem Trend? Ein Grund ist sicher, dass viele
Menschen heute mehr Zeit im Internet als im persönlichen Miteinander mit anderen Menschen aus Fleisch und Blut verbringen. Im Internet kann man Bilder und E-Mails austauschen, Chatgroups beitreten,
sein eigenes „Blog" (Internettagebuch) kreieren und sich so einen ganzen Stall von „Freunden" anschaffen, ohne sein Zimmer zu verlassen.
Aber sind dies wirkliche Freundschaften? Kann ich mich an der Schulter eines Bloggers ausweinen? Kann eine E-Mail mich in den Arm nehmen und trösten? Mir mit einem Lächeln eine Tasse heißen Kakao
anbieten?

Was ein echter Freund ist, es lässt sich nicht mit Worten beschreiben. Ich habe Freunde unter meinen Nachbarn, Freunde in anderen
Ländern, alte Schulfreunde, Freunde im Kollegenkreis, Lieblingsfreun-
de und Freunde, zu denen ich aufsehe. Alle diese Menschen sind mir in
gewissem Grade Freunde, aber nur wenige sind bzw. waren *echte* oder
enge Freunde.

Ein echter Freund ist jemand, den Sie mitten in der Nacht anrufen
können, wenn Sie in Not sind. Es ist jemand, mit dem Sie gerne zusammen sind und gerne etwas unternehmen, ja mit dem Sie sterben
würden. Echte Freunde kennen all die Leichen, die Sie im Keller haben, und halten trotzdem zu Ihnen. Durch dick und dünn sind sie an
Ihrer Seite. Und vor allem: Sie erwarten keine Leistungen von Ihnen,

außer dass Sie die Freundschaft erwidern. Sehnen Sie sich nicht auch nach solchen Freundschaften?

Echte Freundschaften entstehen nicht über Nacht, und darum muss man sie bewusst suchen und bauen und pflegen. Wenn Sie darauf warten, dass Ihnen ein paar Freunde vom Himmel fallen, können Sie lange warten. Also: Legen Sie Wert auf bleibende Freundschaften und pflegen Sie sie, mit allem, was Sie haben.

Schaffen Sie Raum für Familie

Freunde sind wichtig, aber Verwandte sind nicht weniger wichtig. Ob alleinstehend oder verheiratet, verwitwet oder geschieden, die Forschungsergebnisse sind eindeutig: Wir alle brauchen Familie; unser Gehirn und unsere Seele kommen ohne nicht aus.

Wenn Sie verheiratet sind, ist eine gute Beziehung zu Ihrem Ehepartner ein absolutes Muss. Arbeiten Sie mit aller Kraft daran. Wenn Sie Hilfe brauchen, zögern Sie nicht, einen guten Paarberater aufzusuchen. Es gibt auch etliche gute Bücher zu dem Thema.[36] Bedenken Sie, dass eine Scheidung Ihre Probleme meistens nicht löst. (Ich weiß das aus eigener Erfahrung; meine Eltern ließen sich scheiden, als ich zwölf war, und danach wurde nur alles noch schlimmer.) Wenn Sie nach einer Scheidung wieder heiraten, ist das Scheidungsrisiko noch höher, aus einem ganz einfachen Grund: Wenn Sie sich nicht ändern, schleppen Sie das ganze Problemgepäck Ihrer aktuellen Ehe mit in die nächste. Da ist es viel vernünftiger, die Ärmel hochzukrempeln und an seiner Ehe zu arbeiten.

Aber ein vielleicht noch ernsteres Thema als die Ehe ist heute die Beziehung zwischen Eltern und Kindern. In vielen Familien geht es heute so hektisch zu, dass das Familienleben auf der Strecke bleibt. Ein Artikel, der 2003 im Nachrichtenmagazin *Time* erschien, bringt das Problem auf den Punkt.[37] Die Autorin erzählt die Geschichte einer amerikanischen Mutter, die ihre Tochter von der Schule abholte und dann etwas Unerhörtes tat: Anstatt das Mädchen gleich weiter zu ihrem Fußballtraining zu fahren, fuhr sie mit ihm in die Buchhandlung, wo Mutter und Tochter sich eine zweieinhalbstündige Autorenlesung von Lemony Snicket gönnten, dem Lieblingsautor der Tochter, der aus seinem neuen Buch vorlas. Darauf fuhren sie nicht etwa zum nächsten Fast-Food-Restaurant, um sich etwas durchs Autofenster reichen zu lassen, damit sie zum nächsten Termin rasen konnten, sondern sie fuhren nach Hause, wo sie zusammen mit dem älteren Bruder des Mädchens im Garten grillten. Die Mutter erklärte der Reporterin: „Sie ist erst zehn, und in den Sportverein kann sie noch jahrelang, aber Lemony Snicket war nur an diesem Nachmittag in der Stadt." Diese Mutter hatte ihre Prioritäten klar gesetzt. Bravo, kann ich nur sagen.

Viele moderne Väter und Mütter sind gefangen in der Termintretmühle ihrer Kinder. Ständig auf Achse zwischen Schule, Sportverein, Klavierunterricht, Nachhilfeunterricht, Geburtstagseinladungen und Co., wissen sie bald nicht mehr, wo ihnen der Kopf steht. Der Artikel in der *Time* machte den Leser mit einer Gruppe bekannt, die beschlossen hat, dies zu ändern. Diese Leute haben in ihrer Stadt eine Initiative namens „Ready, Set, Relax!" („Achtung, fertig, lass los!") gegründet, die gestressten Familien hilft, ihr Lebenstempo bewusst zu drosseln. Das ist einmal eine Revolution, die man nur unterstützen kann.

Jahre des Multitasking und der Arbeitssucht haben ganze Generationen in einen Zustand des permanenten Ausgebranntseins (und der Anhedonie) geführt. Wir haben keine Zeit mehr für die Familie – und die Folgen, die das für das Glück unserer Kinder hat, sind überdeutlich. Was können Sie als Vater oder Mutter daran ändern? Hier ein paar ganz praktische Tipps:

- Setzen Sie sich regelmäßig „einfach so" mit Ihren Kindern zusammen und hören Sie ihnen zu. Lassen Sie sich erzählen, wie ihr Tag war, was sie in der Schule erlebt haben, was für Freunde und Pläne und Träume sie haben usw. Bauen Sie diese Stunden fest in Ihren Tagesablauf ein, sonst vergessen Sie sie.
- Unterhalten Sie sich ganz offen mit Ihren Kindern über ihren Stress in Schule und Freizeit und was man daran ändern kann.
- Sprechen Sie ein Machtwort, wenn Sie merken, dass Ihre Kinder sich zu viel zumuten. Manchmal sind unsere Kinder ihre eigenen ärgsten Feinde.

- Machen Sie regelmäßig Familienausflüge – bitte nur Sie und Ihre Kinder, keine Freunde. Ihre Kids werden anfangs protestieren, weil sie lieber mit ihren Freunden zusammen sind. Machen Sie ihnen klar, dass die Familie auch einmal unter sich sein muss und dass sie ja danach wieder etwas mit ihren Freunden machen können.
- Setzen Sie alles daran, als Familie gemeinsam zu Mittag bzw. zu Abend zu essen. Menschen, die ihr Essen im Familienkreis einnehmen, haben eine viel größere Chance, mehr Freude und ein glücklicheres Lebensgefühl zu haben.
- Versuchen Sie, so selten wie möglich Überstunden zu machen. Gut, manchmal können Sie wirklich erst später nach Hause kommen, aber wenn Sie nicht wild entschlossen sind, Ihre Familie an die erste Stelle zu setzen, werden Sie nie abends pünktlich zu Hause sein.

Schaffen Sie Raum für Vergebung

Das Thema „Vergebung" mag im Zusammenhang mit Lust und Freude auf den ersten Blick exotisch erscheinen, aber glauben Sie mir: Ihr Lustzentrum braucht Vergebung wie kaum etwas anderes. Heute bestätigen uns die Wissenschaftler, dass die Bibel richtig liegt, wenn sie Vergebung so sehr betont. Die Worte des Apostel Paulus im Epheserbrief sind heute gerade so aktuell wie vor bald 2000 Jahren: „Mit Bitterkeit, Jähzorn und Wut sollt ihr nichts mehr zu tun haben. Schreit einander nicht an, redet nicht schlecht über andere, und vermeidet jede Feindseligkeit. Seid vielmehr freundlich und barmherzig, und vergebt einander, so wie Gott euch durch Jesus Christus vergeben hat" (Epheser 4,31-32).

Ich würde sogar sagen, dass dieser Rat heute noch dringender ist als vor 2000 Jahren. Warum? Weil die neuere Gehirnforschung mit den modernsten bildgebenden Diagnoseverfahren zeigt, dass die Fähigkeit, zu vergeben und nicht nachtragend zu sein, eine der besten Vorbeugungen gegen psychische und seelische Krankheiten ist.[38] Sie wollen länger, glücklicher und zufriedener leben, mit einem gut funktionierenden Lustzentrum? Dann befolgen Sie den Rat des Apostels Paulus.

Die fantastischen Möglichkeiten, die wir heute haben, dem Gehirn bei seiner Arbeit buchstäblich zuzuschauen, ermöglichen uns ganz neue Einblicke in die Macht der Vergebung.

Was haben wir davon, wenn wir vergeben? Erstens werden wir damit Wut und Ärger los und damit einen der größten Risikofaktoren für die Entstehung von Herzkrankheiten. Zweitens schüttet unser Körper weniger Stresshormone aus, vor allem Adrenalin, das uns aufputscht, wenn wir kämpfen oder uns rächen wollen; weniger Stresshormone wiederum heißt, unser Lustsystem wird vor Überreizung und nachfolgender Anhedonie geschützt.

> *Die Fähigkeit, zu vergeben und nicht nachtragend zu sein, ist eine der besten Vorbeugungen gegen psychische und seelische Krankheiten.*

Denn das ist wichtig zu wissen: Wut, die vor sich hin gärt und zum Nachtragen und zu Verbitterung führt, zerstört unsere Fähigkeit, uns zu freuen und glücklich zu sein. Mag sein, dass Ihr Ärger sich in *einem* Bereich Ihres Lebens gut anfühlt, aber in allen anderen macht er Ihr Dasein elend.

Viele von uns werden viel zu oft ärgerlich oder wütend. Das moderne Leben ist durch ein hohes Maß an Frustration charakterisiert, und schon das Kindergartenkind weiß, dass „Frust" zu Ärger, Wut und Zorn führt. Nehmen Sie mir das Plastikauto weg, mit dem ich spielen will, anstatt der Erzieherin zuzuhören, und ich kriege einen Wutanfall, der es mit etwas Glück ins Guinness-Buch der Rekorde schaffen könnte. Spätestens bis zu meiner Volljährigkeit habe ich es dann gelernt, aus „der Mücke einen Elefanten" zu machen, sprich: aus Unannehmlichkeiten wahre Kapitalverbrechen, die ich partout nicht vergeben und vergessen kann, ja die ich ständig wiederkäuen und mit Rachefantasien umgeben muss. Sie merken: Da geht schnell das Maß verloren! Da kommt es zu überzogenen Reaktionen. Und vor allem: Da haben die Freuden des Alltags keine Chance mehr; sie gehen unter in diesem Ozean der Ärgerlichkeit und der Bitterkeit. Anders gesagt: Wenn Wut und Groll sich in unserem Lebenshaus breitmachen, verdrücken sich Freude und Glück durch die Hintertür.

Aber was ist denn das – Vergebung? Vergeben bedeutet im Prinzip, dass ich jemandem (ob nun einer Einzelperson oder der „Gesell-schaft"), der mir etwas Negatives zugefügt hat, vergebe und nichts mehr nachtrage. Ich lasse das Geschehene also bewusst los; es steht nicht mehr im Raum. Wo die Vergebung total ist, ist das, was einem zugefügt wurde, kein Thema mehr; es ist gerade so, als ob es nie ge-schehen wäre. Wie gesagt: wo das total möglich ist und wo der Verge-bungsprozess abgeschlossen ist.

Viele Menschen wissen nicht genau, was sie denn nun „tun" müs-sen, um zu vergeben. Ich möchte Ihnen daher im Folgenden meine persönliche Definition vom „Vergeben" erklären, die ich schon in mei-nen früheren Büchern beschrieben habe, als die „Vergebung" als aktu-elles Thema noch nicht so bewusst war wie heute. Ich lernte diese Definition von einem Prediger in Südafrika, als ich Anfang zwanzig war und mir einbildete, alles zu wissen, was man über das Leben wis-sen musste. Wir unterhielten uns über all das Schreckliche, das in Süd-afrika damals vorging. Ich fand, dass der Schaden, den die Politik der Apartheid angerichtet hatte, nicht mehr gutzumachen war. Der Predi-ger erwiderte, dass er sehr wohl wiedergutzumachen war – durch die Kraft der Vergebung.

Fünfzig Jahre danach geschah dieses Wunder tatsächlich, durch die von Bischof Tutu und anderen eingesetzte „Wahrheits- und Aussöh-nungskommission". Und es war jener Prediger von damals, der mir die folgende Definition von *Vergebung* gab: Vergebung ist der bewuss-te, freiwillige Verzicht auf mein Recht, zurückzuschlagen. Vergebung ist kein Gefühl (ja: Manchmal spürt man nichts, nachdem man verge-ben hat), sondern ein bewusster Willensakt, mit dem ich mein natürli-ches Verlangen nach Rache und Vergeltung fahren lasse.

Loslassen

Ein Aspekt der Vergebung, der oft übersehen wird, ist, dass ich in dem Augenblick, wo ich etwas vergebe, mit dem Nachtragen aufhören muss – indem ich den Groll bewusst loslasse. Das geht vielleicht nicht beim ersten Versuch, aber es ist möglich. Mit dem Nachtragen aufhö-ren, seinen Groll fahren lassen ist ein zentrales Thema in der soge-nannten Positiven Psychologie, einer Bewegung, die zur Zeit dabei ist, die Psychologie zu revolutionieren. Wenn Sie mehr über sie erfahren wollen, rufen Sie im Internet das Stichwort „Positive Psychologie" auf oder den Namen „Martin Seligman" (der Gründer dieser Bewegung).

Seligman begann seine Vergebungsforschung, indem er Experimente mit sogenannten „Vergebungsbriefen" durchführte: Personen, die sich als Opfer eines Unrechts fühlten, wurden aufgefordert, ihrem Widersacher einen Brief zu schreiben, in welchem sie ihm vergaben. Die Experimente scheiterten gründlich, weil die Adressaten dieser Briefe sich regelmäßig beleidigt bzw. angegriffen fühlten. Sie hatten doch gar nicht um Vergebung gebeten; warum kam der andere dann auf einmal damit? Oft sah der „Täter" überhaupt nicht ein, dass er sich etwas hatte zuschulden kommen lassen. Kurz und gut: Die Vergebungsbriefe machten die Sache nur noch schlimmer.

> *Vergebung ist der bewusste, freiwillige Verzicht auf mein Recht, zurückzuschlagen.*

Darauf fingen die Psychologen an, sich mehr auf das „Opfer" (also den, der sich als der Geschädigte fühlt) zu konzentrieren. Ich habe das schon immer für den richtigeren Weg gehalten. Vergebung dient psychologisch nicht so sehr dem Täter, sondern dem Opfer. Wir vergeben, um von unserem Groll frei zu werden. Klingt egoistisch, ist aber wahr – auch in der Bibel, im Neuen Testament.

Die Psychologen entwickelten darauf die *Lass-deinen-Groll-los*-Übung. Auch bei dieser Übung geht es um das Vergeben; aber nicht der Täter, sondern das Opfer steht im Mittelpunkt. Wenn ich aufhöre, etwas nachzutragen, eliminiere ich damit die bitteren, negativen Gefühle, die es mir unmöglich machen, mich meines Lebens zu freuen.

Das Ziel dieser Übung ist nicht, das Verhalten der Person, die mir wehgetan hat, zu entschuldigen, sondern mir zu helfen, es loszulassen und zu vergeben – und damit sozusagen die negative Bindung zu kappen. So wird auch der Drang zum „Wiederkäuen" nach und nach geringer, und das „Vergehen" nimmt in mir nicht mehr so viel Raum ein. Das Endziel ist, vom Groll wieder zur Dankbarkeit als Grundlebensgefühl zu gelangen. Wenn ich meine Dankbarkeitsgefühle pflege, gehen die Grollgefühle zurück, denn Dankbarkeit und Groll vertragen sich nicht. Daneben: Indem Sie Ihr Blickfeld weiten und den anderen insgesamt sehen und nicht nur, was er Ihnen Böses getan hat, gewinnen Sie eine neue Perspektive.

Karen Reivich hat folgende Übung entwickelt, die Jugendlichen und Erwachsenen helfen soll, Groll und Nachtragen zu überwinden:

Schritt 1: Suchen Sie sich jemanden aus Ihrem Leben aus, den Sie gut kennen und gegen den Sie einen Groll haben. Das muss nichts Weltbewegendes sein; Sie können zum Üben gerne mit einer Kleinigkeit anfangen. Malen Sie auf ein Blatt Papier einen Kreis und schreiben Sie in diesen Kreis, was Ihren Ärger auslöst. Fassen Sie sich kurz. Es geht z. B. um Ihren Ehepartner und darum, dass er zu wenig auf ihr Bedürfnis nach Nähe eingeht. Oder Ihr bester Freund hat sie versetzt.

Schritt 2: Füllen Sie jetzt den Rest des Blatts mit lauter leeren Kreisen – mindestens zehn, aber nicht mehr als 15. Schreiben Sie darauf in jeden Kreis ein Wort oder einen kurzen Satz, der eine Eigenschaft des Menschen, der Sie da verletzt hat, beschreibt, für die Sie dankbar sind – etwas Liebes, das er gesagt hat, eine nette Geste, ein Kompliment, etwas Wichtiges an der Beziehung, kleine Dinge, große Dinge, Dinge aus der Gegenwart oder aus der Vergangenheit. Nehmen Sie sich Zeit, diese Dinge auszusuchen. Es kann sein, dass Sie vor lauter Wut zuerst nichts Positives sehen können; schieben Sie Ihre Wut erst einmal beiseite.

Schritt 3: Sind Sie fertig? Dann halten Sie das Blatt mit ausgestrecktem Arm von sich weg und betrachten Sie es. Sehen Sie, wie Ihre Klage in dem Meer all der Dinge, für die Sie dankbar sind, fast untergeht?

Schritt 4: Und jetzt prüfen Sie sich, ob Ihre Gefühle gegenüber dem Schuldigen sich nicht vielleicht geändert haben, und sei es nur ein wenig. Sie sehen: Sie brauchen nur Ihren Blickwinkel zu ändern, und die Tür des Grolls öffnet sich einen Spalt weit und die hereinströmende Dankbarkeit fängt an, Ihren Ärger zu „verdünnen". Merken Sie, wie Ihre Perspektive sich ändert? Können Sie anfangen, über Ihre Verletzung zu reden, ohne dabei erneut in Rage zu geraten? Was für positive Aspekte Ihrer Beziehung zu dem anderen können Sie ausbauen? Können Sie Ihren Groll loslassen und vergeben?

Zum Schluss (und dies ist sehr wichtig) vernichten Sie das Blatt entweder oder verwahren Sie es an einem Ort, den nur Sie kennen – damit nicht der Schuldige es womöglich findet und sich angegriffen vorkommt.

Bewusst mit Versagen und Enttäuschung umgehen

Und jetzt das vielleicht Allerschwierigste: Es ist wichtig, ja überlebenswichtig, auch Versagen und Enttäuschung Raum zu geben. Also den beiden Dingen, die neben dem Tod das Zweite im Leben sind, mit dem wir früher oder später mit Sicherheit konfrontiert werden. Mein Motto: Raum geben statt verdrängen.

Ich kenne nur wenige Menschen, die hier vorgesorgt haben. Aber wenn es im Leben einen Glücksräuber von der besonders unerbittlichen Sorte gibt, dann ist es das Erlebnis, versagt zu haben oder von einem anderen Menschen schwer enttäuscht worden zu sein.

Aber es ist Fakt: Niemand kann durchs Leben gehen, ohne irgendwann so richtig enttäuscht zu werden und ohne selbst einmal „Mist zu bauen". Ich habe Klienten gehabt, die nach Jahren des beruflichen Erfolges, in denen sie genügend Geld verdienten, um in den Ruhestand zu gehen, plötzlich alles wieder verloren. Alles. Aber sie kamen wieder auf die Beine und wurden sogar widerstandsfähiger, weil sie ein absolut wichtiges Lebensprinzip begriffen hatten: Niederlagen sind dazu da, um an ihnen zu wachsen. Wenn Sie Niederlagen nicht verdrängen, sondern bewusst mit ihnen umgehen, können Sie sie überwinden. Und gut weiterleben. Also: Nicht „Augen zu und durch", sondern *„Augen auf* und durch".

Wo Menschen an Enttäuschungen und Versagen zerbrechen, dann gewöhnlich deshalb, weil sie das Schwere verdrängen anstatt die Chance zu nutzen, die im gesunden, sprich: im bewussten Umgang mit Widrigkeiten steckt.

Ich habe das Thema „Versagen" in mehreren meiner Bücher ausführlicher angesprochen.[39] Hier will ich in aller Kürze fünf Hilfen nennen, wie Sie in Ihrem Leben bewusst mit Enttäuschung und Versagen umgehen können – so, dass Sie rasch wieder auf die Beine kommen, wenn es Sie erwischt hat. Entscheidend ist unsere Resilienz, wörtlich „Elastizität" – so wie ein Bambusrohr elastisch ist: Bambus biegt sich im Sturm, darum bricht er nicht. Solche „Elastizität" – das ist der Schlüssel, wenn es um Versagen geht.

> *Wenn Sie bewusst mit Niederlagen umgehen, können Sie sie überwinden und sogar daran wachsen.*

Erstens: Lernen Sie, Niederlagen mit anderen Augen zu sehen. Jedes Versagen ist eine Chance, es das nächste Mal besser zu machen. Ich drücke das gerne so aus: Es gibt keine Fehler, es gibt nur Lernschritte.

Zweitens: Lernen Sie so viel wie möglich aus jeder scheinbaren Niederlage. Ich sage ganz bewusst *scheinbar*, denn oft erkennen wir erst am Ende unseres Lebens, ob das Schlimme, das uns da passiert war, wirklich schlimm oder nicht vielmehr ein versteckter Segen war.

Drittens: Nehmen Sie andererseits Niederlagen und Versagen nicht zu wichtig! Jeder macht Fehler. Es gibt im Leben kein größeres Handicap als ein perfektes Gedächtnis, das nach dreißig Jahren noch weiß, wie ich mich auf dem Geburtstag meiner Tante danebenbenommen habe. Solche Negativerinnerungen nehmen uns das Selbstvertrauen und den Mut, Neues zu wagen.

Viertens: Halten Sie nicht fest an alten, überholten Erwartungen. Überlegen Sie, was aktuell gute, realistische Erwartungen sind. Mit der größte Fehler, den man im Leben machen kann, ist das Festhalten an Zielen, die nicht wirklich „passen" oder nicht mehr „passen". Ja, setzen Sie sich Ziele, aber Ziele sind nicht unveränderlich; sie sollen uns nur helfen, eine Richtung zu finden. Wenn nötig, aktualisieren Sie sie.

Fünftens: Freuen Sie sich über Ihre Erfolge! Feiern Sie Fortschritte. Und erinnern Sie sich daran, wie möglicherweise Ihre Niederlagen zu diesen Erfolgen beigetragen haben. Das hilft Ihnen, eine positive Einstellung zu den Enttäuschungen in Ihrem Leben zu bekommen. Wenn Sie das tun können, gewinnen Sie auf jeden Fall, und die Freude, die Sie am Ziel erleben, wird all den Schmerz, den Sie vielleicht unterwegs erlebt haben, weit überwiegen.

Ein Wort zum Schluss

Wir sind eine vergnügungssüchtige Gesellschaft: Wir investieren unsere Energie, um Freude, Lust, Genuss zu suchen und Schmerz zu meiden – in der Hoffnung, so glücklich zu werden. Aber wirkliches, tiefes, bleibendes Glück bekommen viele gar nicht zu fassen.

Früher war Anhedonie, die Gefühlstaubheit, das Hauptsymptom ernster psychischer Erkrankungen – heute ist sie „normal" und allgegenwärtig, und zwar „dank" der Reizüberflutung, die mehr und mehr überhandnimmt. Besonders unsere Kinder und Enkel sind hier gefährdet: Schneller, lauter, spektakulärer, greller und „mehr" muss es sein.

Noch vor einiger Zeit bekam die Suche nach Lust und Freude von Philosophen den Stempel „unmoralisch und hedonistisch" aufgedrückt und bei den Psychologen galt sie als ungesund. Aber die moderne Gehirnforschung hat das Prinzip Freude rehabilitiert. In diesem Buch habe ich dieses neue Ernstnehmen der Freude noch einen Schritt weitergeführt und dargestellt, dass die Freuden unseres Lebens, ja dass das, was wir „Glück" nennen, direkt mit dem Lustsystem in unserem Gehirn zusammenhängt: Wenn wir unser Lustsystem schädigen (z. B. durch Sucht oder Reizüberflutung), zerstören wir unsere Fähigkeit, uns über die Dinge im Leben, die uns bleibendes Glück schenken, zu freuen.

Ich hoffe, dass es mir gelungen ist, Ihnen zu zeigen, wie wichtig das Lustsystem Ihres Gehirns ist. Es will gepflegt werden – indem Sie sich auf gute Weise Freude, Lust, Genuss, Entspannung und Glück im Leben suchen und finden … und gleichzeitig damit auch Ihren Kindern zeigen, wie das geht. Das Glück Ihrer Kinder und deren Kinder hängt davon ab.

Ich hoffe auch, dass ich meinen christlichen Lesern zeigen konnte, wie ihr Glaube zu einem erfüllteren Leben beitragen kann. Viele der Hilfen, die ich in diesem Buch dargestellt habe, haben für mich mit Gott und dem, was ich in der Bibel an guten Prinzipien finde, zu tun.

Ich meine auch, dass die neue Disziplin der „Positiven Psychologie", die im Abwerfen von seelischem Ballast und dem Aufbau echten Lebensglücks einen wichtigen Puffer gegen psychische Krankheiten sieht, Berührungsflächen mit meinem Glauben hat.

Es wird sich zeigen, ob die Freude, wie sie zurzeit wissenschaftlich erforscht wird, uns helfen wird, die psychische und die geistliche Dimension in unserem Leben besser zu integrieren. Ich kann nur von mir selbst sagen, dass ich, seit ich angefangen habe, mein Lustsystem zu respektieren und sozusagen mit den Glücksmechanismen in meinem Gehirn zusammenzuarbeiten, auch viel mehr Tiefe und Erfüllung in der spirituellen Seite meines Lebens erlebe. Es ist meine Hoffnung, dass auch Sie dies erfahren werden.

Anhang

1 „No Pleasure, No Reward – Plenty of Depression",
Mcman's Depression and Bipolar Web, John McManamy,
www.mcmanweb.com/no_pleasure.htm

2 „When Your Brain Goes Crash – Depression",
Mcman's Depression and Bipolar Web, John McManamy,
www.mcmanweb.com/depression.htm

3 „The Biology of Joy", *Time* vol. 165, no. 3, 17. Januar 2005.

4 Zak Stambor, „A Key to Happiness", *Monitor on Psychology*
(American Psychological Association), Oktober 2006, S. 34.

5 Wilfred McClay, „A Short History of Happiness",
Implications, 12. Dezember 2006,
www.ttf.org/index/journal/detail/short-history-of-happiness

6 Archibald D. Hart, *15 Principles for Achieving Happiness*
(Dallas: Word Books, 1988).

7 „Money Can't Buy Happiness", BBC-News, 2. Februar 2001,
www.news.bbc.co.uk/1/hi/health/1162153.stm

8 J. L. Moreau, *„Simulation of a Core Symptom of Human
Depression in Rats",* Current Topics in Pharmacology, 4, S. 37–50.

9 „Sense-sational: Celebrate and Sharpen All Your Senses", CNN.
com Health Report, 22. Januar 2007,
www.cnn.com/2007/HEALTH/01/22/healthmag.senses/index.html

10 Claudia Wallis, „Are Kids Too Wired for Their Own Good?",
Time, 27. März 2006, S. 23.

11 Madeline Levine, *The Price of Privilege* (New York:
HarperCollins, 2006), S. 3.

12 „But I Want It Now!!!" House of Joy, 23. Februar 2005,
www.houseofjoy.blogspot.com/2005_02_01_archive.html

13 Lindsay Tanner, „Resorting to Self-Injury: Students Inflicting
Wounds to Express Angst", *Pasadena Star News*, 6. Juni 2006.

14 Jim Dryden, „Depression in Preschoolers", Washington University
in St. Louis News & Information,
http://mednews.wustl.edu/tips/page/normal/4172.html

[15] Archibald Hart und Catherine Weber, *Stressed or Depressed* (Nashville: Integrity, 2005).

[16] „The Importance of Play in Promoting Healthy Child Development and Maintaining Strong Parent-Child Bonds", American Academy of Pediatrics, www.aap.org/pressroom/playFINAL.pdf

[17] Vgl. die Studien unter www.worklifebalance.org

[18] Associated Press, „Americans Addicted to High-Tech Gadgets", 21. Dezember 2005, www.msnbc.msn.com/id/10558581

[19] William Glasser, *Positive Addiction* (San Francisco: Harper and Row, 1976).

[20] Gerald May, *Addiction and Grace* (New York: Harper Collins, 1988).

[21] Robert T. Michael et al., *Sex in America: A Definitive Survey* (New York: Warner, 1995).

[22] „Loving With All Your … Brain", CNN.com Health Report, 14. Februar 2007, www.cnn.com/2007/HEALTH/02/14/love.science/index.html

[23] Archibald D. Hart, *The Sexual Man* (Dallas: Word Books, 1994), S. 34.

[24] Sadie F. Dingfelder, „Why We Sleep", *Monitor on Psychology*, Januar 2006, S. 50–58.

[25] „Wake Up America – A National Sleep Alert", *Report of the National Commission on Sleep Disorders Research,* United States Department of Health and Human Services, 1995.

[26] Vgl. die Beiträge unter www.chpa-info.org/ChpaPortal/International

[27] „Why is me time such a big deal?" CNN.com Health Report, 15. September 2006, www.cnn.com/2006/HEALTH/09/15/me.time.health/index/html

[28] „We Have This Moment Today". Text: Gloria Gaither; Musik: William J. Gaither, © 1975 William J. Gaither.

[29] Beispiele nach www.speicher.com/humor2a.htm

[30] Martin Seligman, „Gratitude", *Review of General Psychology*, vol. 9, no. 2, S. 111–131.

[31] Martin Seligman, „Gratitude", *Review of General Psychology*, vol. 9, no. 2, S. 111–131.

[32] Calvin Woodward, „AP Poll Finds Americans in a Hurry", *Pasadena Star News*, Associated Press Report, 29. Mai 2006, S. A9.

[33] Edmund Jacobson, *Entspannung als Therapie* (Stuttgart: Klett-Cotta, 6. Aufl. 2006).

[34] Charles H. Spurgeon, „Meditation", www.the-highway.com/meditation_Spurgeon.html

[35] Lewis B. Smedes, *My God and I: A Spiritual Memoir* (Grand Rapids: Eerdmans, 2003), S. 175.

[36] Vgl. z. B.: Gary Thomas, *Der heilige Hafen* (Wuppertal: R. Brockhaus, 2006).

[37] Sonja Steptoe, „Ready, Set, Relax!", Time, 22. Oktober 2003.

[38] „First study to watch brain patterns when forgiving", www.eurekalert.org/pub_releases/2003-10/cff-fst100803.php

[39] Archibald D. Hart, *15 Principles for Achieving Happiness* (Dallas: Word Books, 1988); ders., *Habits of the Mind* (Dallas: W Publishing Group, 1996).

Weiterführende Literatur und Internetadressen

Bücher

Brudereck, Christina, *Ankommen, wo ich geborgen bin* (Gießen: Brunnen, 2009)

Earle, Ralph und Laaser, Mark, *Wenn Bilder süchtig machen. Sexuelle Abhängigkeiten erkennen – Falsche Verhaltensweisen loslassen – Seelische Heilung erfahren* (Basel: Brunnen, 2005)

Hart, Archibald D., *The Sexual Man* (Dallas: Word, 1994)

Hart, Archibald D., *The Hidden Link between Adrenaline and* Stress (Nashville: W Publishing Group, 1995)

Hart, Archibald D., *Unmasking Male Depression* (Nashville: W Publishing Group, 2001)

Hart, Archibald D.; Weber, Catherine Hart, *Unveiling Depression in Women: A Practical Guide to Understanding and Overcoming Depression* (Grand Rapids: Revell, 2002)

Hart, Archibald D.; Weber, Catherine Hart, *Stressed or Depressed: A Practical and Inspirational Guide for Parents of Hurting Teens* (Nashville: Integrity, 2005)

Laaser, Mark, *Mann unter Feuer. Liebe – Sex – Sehnsucht – Sucht* (Gießen: Brunnen, 2009)

Malessa, Andreas und Giesekus, Ulrich, *Vergeben kann man nicht müssen* (Gießen: Brunnen, 3. Auflage 2005)

Parasie, Luitgardis und Wetter-Parasie, Jost, *Zum Glück fehlt nur die Krise. Vom Scheitern und von neuen Chancen* (Gießen: Brunnen 2009)

Peterson, Christopher; Seligman, Martin, *Character Strengths and Virtues* (New York: Oxford University Press, 2004)

Seligman, Martin, *Der Glücks-Faktor. Warum Optimisten länger leben* (Bergisch Gladbach: Ehrenwirth, 2003)

Seligman, Martin: *Pessimisten küsst man nicht. Optimismus kann man lernen* (München: Knaur, 2001)

Snyder, C. R.; Lopez, Sharon, *Positive Psychology: The Scientific and Practical Explorations of Human Strengths* (Thousand Oaks, CA: Sage Publications, 2007)

Wolfsberger, Hanspeter und Hauser, Evelyn, *Stille suchen – Im Schweigen hören* (Gießen: Brunnen, 2009)

Internetadressen

Anhedonie
Informationen über Anhedonie:
www.wikipedia.org/wiki/Anhedonie

Lustsystem im Gehirn:
www.duz.de/docs/artikel/m_07_07glueck.html
www.br-online.de/wissen/happylogie-glueck-gehirn-
ID1199959999632.xml

Depression und Traurigkeit:
www.angst-und-depri.info/depriarten.html
www.depressionen-verstehen.de/depression/

Christliche Meditation
www.betberg.de
www.klosterkirchberg.de
www.schwanberg.de
www.jesus-bruderschaft.de

Gesund essen
www.gesundheit.de/ernaehrung/gesund-essen/index.html

Gesund essen für Kinder:
www.fitkid-aktion.de/fitkit+aktion/startseite/

Positive Psychologie
www.wikipedia.org/wiki/Positive_Psychologie
www.spiegel.de/spiegelwissen/0,1518,622742,00.html

Hanspeter Wolfsberger / Evelyn Hauser

Stille suchen –
Im Schweigen hören

112 Seiten, Gebunden
ISBN 978-3-7655-1734-1

Stille tut gut – darum sollten wir sie suchen. Hanspeter Wolfsberger ist einer, der das durch seine persönliche Erfahrung verkörpert. Man merkt ihm an, wie das Hören auf Gott verändert und reich macht.

Schweigen, still sein vor Gott, das eigene Leben ihm hinhalten – das ist ein heiliger Weg. Wer ihn geht, wird Kräfte erfahren. Ein kleiner geistlicher Ratgeber, der Mut macht auf dem Weg zur Stille und zur inneren Balance.

Wer praktische Schritte in die Stille und Gottesbegegnung lernen will, der wird hier fündig.
Ulrich Eggers, Zeitschrift AUFATMEN

BRUNNEN VERLAG GIESSEN
www.brunnen-verlag.de

Jost Wetter-Parasie / Luitgardis Parasie

Zum Glück fehlt
nur die Krise

Vom Scheitern und von
neuen Chancen

144 Seiten, Paperback
ISBN 978-3-7655-1439-5

Krisen, Krach und inneres Chaos – wie geht es weiter nach dem Scheitern? Wohin mit den Ohnmachts- oder Schamgefühlen?

Die gute Nachricht: Scheitern passiert jedem – es gibt keinen Menschen ohne Fehler, kein Leben ohne Versagen. Patzer, Fehler und Fehlschläge müssen nicht überdeckt werden. Auch drastische nicht. Es gibt
bessere Möglichkeiten … und mit denen lässt es sich leichter leben!

Der eigene Umgang mit dem Scheitern entscheidet. Er kann zur
„reifen Leistung" werden. Kann die Persönlichkeit wachsen lassen.
Kann neue Chancen eröffnen und neue Perspektiven. Manchmal sogar
den Durchbruch.

Ehrliche Erfahrungsberichte und praxisnahe Hilfestellungen und Tipps
der kompetenten Autoren zeigen, was sich in Krisenzeiten bewährt
hat. Ein Ratgeber, der Mut macht, sich auch in den schweren Phasen
des Lebens nicht unterkriegen zu lassen.

BRUNNEN VERLAG GIESSEN
www.brunnen-verlag.de

Andreas Malessa / Ulrich Giesekus

Vergeben kann man nicht müssen

Weiterleben, wenn Unverzeihliches
passiert ...

80 Seiten, Paperback
ISBN 978-3-7655-1352-7

„Das musst du einfach vergeben!" – Vergeben. Geht das immer so
einfach?

Ein Mann, der Frau und Kinder verlor, ermordet den Fluglotsen, der
2002 die Flugzeugkatastrophe vom Bodensee mitverursachte. Eine
Frau wurde um die Ehe mit ihrer großen Liebe betrogen. Ein Kind
erfährt, dass seine große Schwester gleichzeitig seine Mutter ist. Weil
sich der Vater an ihr verging.

In Schilderungen und Kommentaren begründen ein Theologe und
ein Psychologe ihren entlastenden Rat: Vergeben kann man nicht müssen. Gleichzeitig sind sie überzeugt: Vergeben kann man wollen – und
es ist ein bis in die körperliche Gesundheit hineinreichender Heilungsprozess.

Aber „wie geht" Vergebung praktisch, wenn Unverzeihliches geschieht? Die Schilderungen realer Fälle und die praktischen Anmer-
kungen helfen, eigene Entscheidungen zu treffen, und zeigen gangbare
Wege zur Vergebung – für eine hoffnungsvolle Zukunft!

BRUNNEN VERLAG GIESSEN
www.brunnen-verlag.de

Mark Laaser

Mann unter Feuer

Liebe – Sex – Sehnsucht – Sucht

320 Seiten, Paperback
ISBN 978-3-7655-1443-2

Es gibt Sexualität, die wohltut und Menschen glücklich sein lässt. Es gibt aber auch Sexualität, die zerstört.

Mark Laaser spricht von seiner eigenen Sexsucht ... und wie er davon losgekommen ist. Er macht Vorschläge, wie man Rituale stoppen kann, wie man sexuellen Fantasien und der Verführung durch Pornografie begegnen kann.

Dieser Ratgeber bietet Kriterienlisten, durch die sich Sexsucht konkret erkennen lässt, Aufklärung über ungesunde soziale Strukturen, die zur Sucht führen können, praktische Informationen für Berater und Betroffene über Auswege und neue Wege zum Umgang mit Sexualität, Kriterien, mit denen Gemeinden und Organisationen die Gefährdungen ihrer Verantwortlichen besser einschätzen und vorbeugend tätig werden können.

BRUNNEN VERLAG GIESSEN
www.brunnen-verlag.de